CARLO HUBER S.J.

CRITICA DEL SAPERE

EDITRICE PONTIFICIA UNIVERSITÀ GREGORIANA
ROMA 2001

IMPRIMI POTEST
Romae, die 13 maii 2000
R.P. FRANCISCO J. EGAÑA, S.J.
Vice Rector Universitatis

IMPRIMATUR
Dal Vicariato di Roma, 6 marzo 2001
✠ LUIGI MORETTI
Vescovo tit. di Mopta
Segretario Generale

© 2001 - E.P.U.G. - ROMA

ISBN 88-7652-885-7

EDITRICE PONTIFICIA UNIVERSITÀ GREGORIANA
Piazza della Pilotta, 35 - 00187 Roma, Italia

Prefazione

Questo è un libro nuovo e vecchio allo stesso tempo. Esso nasce da quasi mezzo secolo di insegnamento di Filosofia alla Pontificia Università Gregoriana a Roma, ed ha cominciato a prendere forma negli anni come "dispense ad usum studentium" per il corso di Filosofia della Conoscenza del primo anno di studi. La preoccupazione didattica, di una introduzione alla filosofia per giovani che appena si accostavano ad essa, e quella speculativa propria della mia materia, si fondevano, in un testo che nella sua vecchia forma restava legato all'insegnamento orale che lo accompagnava. La stessa doppia preoccupazione rimane però ancora oggi, che ho dato al testo una nuova forma, meno schematica di quanto non fosse in precedenza, più discorsiva, e quindi capace di conferire al libro una sua autonomia dalla stessa esperienza di insegnamento da cui nasce. In questa sua nuova forma il libro, mentre non cessa di rivolgersi agli studenti, acquista l'ulteriore ambizione di rivolgersi ai cultori della materia, non per cercare un loro acritico consenso, ma certamente con la speranza di dar spunti di pensiero e di discussione.

Sono consapevole che il libro può risultare, malgrado tutto, di non facile lettura, e, per quanto può dipendere da me, me ne scuso, assicurando che ho fatto del mio meglio per rendere chiara una materia che presenta notevoli asperità di cammino. Ma sono anche certo che è una strada che vale la pena di percorrere.

Le difficoltà sono quelle proprie di una riflessione che necessariamente si allontana dal senso comune, per farci prestare attenzione a ciò che ordinariamente facciamo, senza però rendercene conto. Per questo sono da sempre convinto che non esiste in filosofia un unico metodo, che dia accesso alla intera complessità del nostro operare come soggetti intelligenti. Tra quelli proposti nel secolo appena trascorso, ho trovato particolarmente proficui l'analisi linguistica del secondo Wittgenstein, utilizzato soprattutto nelle prime parti del libro, e l'analisi della intenzionalità della fenomenologia di Husserl, utilizzata soprattutto nelle sue parti centrali.

Essi ben si innestavano nella mia originaria formazione filosofica, all'interno del così detto "Tomismo trascendentale" della scuola di Marèchal, dei PP. Lotz, Brugger, Coreth, eccetera. Ad essi sono debitore dell'avvertenza al carattere trascendentale della riflessione filosofica, che mi avvicina anche a Kant ed a tutta la Filosofia detta appunto trascendentale. A indicare questa complessa ispirazione sta già il titolo proposto per il libro: *Critica del Sapere*.

Essenziale dunque, per il mio approccio al problema della conoscenza umana, è considerare ogni pensare, sapere, parlare, come *attività*; in opposizione netta ad ogni forma di rappresentazionismo, per il quale la conoscenza consiste nel formarsi una immagine o *picture* dell'oggetto conosciuto, e quindi in opposizione ugualmente forte allo scetticismo che ne segue; si tratta però di una attività alquanto peculiare, costituita attraverso un prendere le distanze, da un immediato coinvolgimento nell'agire, come in un passo indietro, grazie al quale acquistiamo coscienza di ogni cosa nel mondo, inclusi noi stessi. La conoscenza, in tutte le attività che la compongono, viene quindi da me considerata in inscindibile connessione con la volontà e con la libertà umana, come partecipazione alla intelligenza e libertà creativa di Dio: lo sottolineo con vigore nella conclusione. In questa linea si inserisce anche la soluzione da me proposta al problema del valore dei termini, non solo universali, ispirata al realismo referenziale della *impositio nominis* della logica medievale, in particolare di Ockham, riletto alla luce della riflessione di Wittgenstein sugli usi del linguaggio nei giochi linguistici.

Un utile accompagnamento a questo libro è perciò costituito dai miei libri, precedentemente pubblicati o in via di pubblicazione, sulla *Filosofia del Linguaggio* in generale, e del linguaggio religioso in particolare, *E questo tutti chiamano Dio*; nonché, per il sapere come attività, di *Vegliate dunque! La costituzione della realtà. Introduzione al pensiero trascendentale*.

Ringrazio, adesso che il libro vede la luce, tutti i miei studenti che nel corso degli anni hanno fatto "da cavia" alla sua preparazione, ed in particolare quegli studenti che, divenuti a loro volta professori e colleghi, mi hanno aiutato nella sua messa a punto.

PARTE PRIMA

IL PROBLEMA DEL SAPERE

INTRODUZIONE

In questa prima parte si tratta di elaborare il *Problema del Sapere*: se esiste un tale problema, come nasce necessariamente (cap.I), in che cosa consiste ed in quale forma fu espresso (cap. II), come può essere espresso esattamente (cap. III) e quali sono le sue caratteristiche filosofiche. Come si elabora una domanda prima di dare risposte: la domanda priva di chiarezza non avrebbe senso. La storia del problema e delle sue soluzioni saranno trattati nella seconda parte nel contesto della sfidadello scetticismo, che ritorna continuamente.

Capitolo I

LA QUESTIONE SULLA VALIDITA' DEL SAPERE UMANO

Prima di elaborare una teoria della conoscenza umana, dobbiamo sapere quale *problema* si pone rispetto ad essa. Prima di dare risposte si deve determinare la questione.

TESI I: Per la conoscenza umana si pone un problema radicale, che consiste nella questione: il sapere umano è valido?

1. La formulazione del problema

Nella *Critica della ragion pura*, Immanuel Kant centra tre questioni fondamentali per l'uomo: «Tutto l'interesse della mia ragione (così lo speculativo, come il pratico) si concentra nelle tre domande seguenti:
1° Cosa posso sapere?
2° Cosa debbo fare?
3° Cosa mi è concesso di sperare?»[1]

---

[1] I. Kant, *KrV*, B 833. Nella traduzione italiana da noi citata, a cura di G. Gentile, G. Lombardo-Radice e rivista da V. Mathieu, compare la versione «Che cosa posso sperare?» (*Critica della ragion pura*, 612), che noi abbiamo corretto in «Cosa mi è concesso di sperare?». In tedesco, infatti, le tre domande sono scandite dal succedersi di tre diversi verbi con tre differenti sfumature di significato «Was *kann* ich wissen? Was *soll* ich tun? Was *darf* ich hoffen?» (sottolineatura nostra). La traduzione scorretta non solo non lascerebbe emergere questa differenza identificando il verbo della prima domanda con quello della terza, ma non terrebbe soprattutto conto del significato caratteristico del terzo verbo che non indica la possibilità in quanto *capacità, essere in grado di* (questo è il significato proprio del termine *kann* della prima domanda), ma piuttosto in quanto *qualcosa mi è concesso*: posso in quanto *ho il permesso di*.

La prima questione è quella alla quale vogliamo dare una risposta in questa parte della filosofia, in questa disciplina particolare, che si chiama *Critica del Sapere*. Possiamo formulare tale questione in vari modi: Posso sapere qualcosa? Cosa posso sapere? Come, con quali mezzi posso saperlo? Entro quali limiti posso sapere qualcosa? (aspetto critico[2]). Il sapere umano è valido, è legittimo?

Si fa un vero e proprio processo alla ragione che pretende di sapere; infatti, il termine *critica* viene dal greco *krisis* che significa: «separazione, scelta, giudizio», e quindi «contestazione, sentenza, tribunale», ma anche «risoluzione, evento, crisi».

Kant pone, anche in questo modo, il problema nella introduzione alla Critica che per lui equivale alla domanda: "Come è possibile la scienza?"

2. L'origine del problema

a. *Come nasce il problema?*

Il problema che abbiamo formulato sopra nasce dalla *certezza ingenua* (*doxa*), passa attraverso il *dubbio* (*aporia*), alla *ricerca* (*zetesis*) della *certezza fondata* (*epistemè*).

All'inizio c'è nel singolo, come nella collettività umana, non il dubbio o l'incertezza e nemmeno una domanda, ma la sicurezza (*doxa*) ingiustificata e priva di domande, per quanto spesso giusta. Noi ci comportiamo, normalmente, come se sapessimo.

Il *dubbio* sorge quando l'iniziale ingenua certezza viene scossa dall'insuccesso (*atopia*) che subentra. Facciamo l'esperienza dell'errore e della differenza delle opinioni. Qualcuno mi dice: «non è così!» e allora, mi chiedo: «come è, dunque?». Oppure, un altro mi risponde: «per te è così, per me

---

[2] Cfr. I. KANT, *KrV*, B 19 trad.taliana, *Critica della ragion pura*, Prefazione: «[Come] è possibile la scienza?» Le due formulazioni sono – per Kant – equivalenti.

è differente!»; ma allora, mi domando: «com'è realmente?».
Che ne siamo coscienti o no, l'infondata pretesa della nostra ragione riguardo al conoscere, è messa, in ogni caso, sotto processo dalla vita stessa[3]. La nostra pretesa di conoscere prima o poi entra in *crisi* (da cui *critica*). Tuttavia, sebbene in crisi, ora *sappiamo*, quanto meno, *di non sapere*; e sempre, in ogni caso, sappiamo di non sapere ciò che crediamo di sapere (*aporia*)[4].

Si ricorda il detto di Socrate "scio me nescire" ("oida me oudeis"): "So che non so niente", frase pronunciata da Apollo attraverso l'oracolo di Delfi: Socrate è il più saggio degli uomini viventi[5]

A quella coscienza di non sapere segue il desiderio di giungere, attraverso la *ricerca* (*zetesis*, che letteralmente significa «cercare la risposta a una domanda»), a un vero e fondato sapere, all'apprendere (*manthanein*)[6].

Solo la domanda che fa seguito alla messa in questione della certezza ingenua può condurre alla conoscenza vera e fondata (*epistemè*). Ciò può avvenire soltanto, però, passo dopo passo (*methodos*)[7], cioè con un metodo. Domanda e dubbio, difetto ed errore non possono essere lasciati fuori: anzi sono necessari come impulso per la ricerca[8].

È importante sottolineare che la domanda può sorgere solo sulla base della previa e ingenua certezza di vivere e di com-

---

[3] Cfr. l'immagine del processo contro la pretesa della ragione in I. KANT, *KrV*, B XXXIII-XXXIV; trad. italiana, *Critica della ragion pura*, 30-31.

[4] Cfr. il «so di non sapere» di Socrate, «il più sapiente tra gli uomini», secondo il motto dell'ingresso dell'oracolo di Delfi; oppure anche NICCOLÒ CUSANO, *De docta ignorantia*.

[5] PLATONE, *Apologia*, 21 b 5.

[6] Cfr. la meraviglia (*thauma*) e l'ignoranza (*agnoia*) come moventi per la ricerca filosofica in ARISTOTELE, *Metaph.*, I 2 982b 17-18.

[7] Il termine greco *methodos* è composto letteralmente dalla preposizione *meta,* che significa «con» e da *odos* «cammino».

[8] Cfr. K. POPPER, *Logik der Forschung*: Learning by trial and error. Cfr. HEGEL, *Il potere del negativo*.

portarsi. Nessuna domanda è in grado di riepilogare totalmente la certezza iniziale. E non solo ogni domanda deve presupporre questa certezza, ma ogni domanda, ultimamente, attesta il valore **globale** di questa certezza sempre presupposta[9]. È ciò che Socrate, nel *Menone*, fa sperimentare allo schiavo[10].

b. *Perché il problema nasce come questione astratta e generale*

Le espressioni che abbiamo usate per il nostro problema, anche quelle di Kant, non sono identiche. Si pone la domanda: «Perché ho preferito l'espressione "cosa posso sapere?" e poi " e valido il sapere umano? o piuttosto **non lo è?**"». La questione cosí non è concreta e specifica: "posso sapere questo o quello?", "posso sapere qualcosa in un determinato campo?". Ma la questione è diventata generale e percio astratta: "Cosa si può sapere?" Proveniente dall'esperienza dell'errore si vorrebbe porre limiti a priori ad un possibile errore. La questione è generale: "Si può sapere qualcosa?". Dall'esperienza singola dell'errore, la messa in crisi della pretesa del sapere si estende, si generalizza.

c. *Perché la questione si radicalizza*

La questione viene espressa anche in un modo che si avvicina alla posizione scettica: "Posso conoscere qualcosa?" Tre questioni spingono progressivamente in direzione dello scetticismo[11]:

Io la vedo così. — Tu la vedi diversamente.
Il sapere è soggettivo (Soggettivismo).

Oggi è così. — Domani sarà diverso.
Il sapere è relativo (Relativismo).

---

[9] F. MORANDINI, *Critica*, ed. PUG, Roma 1963, cap. I.
[10] PLATONE, *Meno*, 79e-86e. Cfr. C. HUBER, *Anamnesis bei Plato*, 307.331.
[11] Vedi cap.V, **2. c.** La genesi dello Scetticismo.

Non si sa com'è realmente.
Non c'è vero sapere (Agnosticismo).

d. *Perché la questione nasce in questa forma?*

L'interesse finale del nostro trattato volge verso il sapere **organico, metodico, preciso** e perciò verso la conoscenza scientifica. Questo tipo di conoscenza umana sta al centro dell'interesse filosofico, almeno in Occidente, dal tempo del Rinascimento. In greco "epistemè" da "epistanai" e in latino, anche medioevale, "scientia" da "scire", intendono non soltanto le "scienze" nel senso moderno e contemporaneo, che sono "scientiae particulares", ma ancor più la filosofia e la teologia come "scientiae universales".

Inoltre, perchè si parla della *validità* del sapere? "Il sapere umano è valido?"[12]. Essere "valido", "valere" per una cosa, significa che essa fa quello che deve fare, quello che è il suo scopo; in greco: ciò che possiede la sua "aretè". Lo scopo del sapere è la **verità**. Un sapere è un buon sapere soltanto se quello che si sa è vero[13].

PERCHÉ proponiamo il problema del sapere umano in forma kantiana?

Solo con Kant, dopo Cartesio e Locke, il nostro problema ha trovato la sua formulazione precisa[14]. Kant, oltre ad intraprendere il tentativo di dare un fondamento ulteriore alla nostra conoscenza della realtà e alla realtà stessa con il **metodo trascendentale**, ha anche dato il nome al nostro trattato: "**critica**", con il quale prende le distanze sia dal **dogmatismo**, come chiama la posizione filosofia pre-critica, specialmente il razionalismo, che presuppone la realtà e l'essere conoscibile da parte dell'intelletto umano, sia dallo **scetticismo**, con par-

---

[12] Vedi cap. II, **2. a.** La determinazione della questione.
[13] Sarà spiegato in dettaglio nel cap. III.
[14] Vedi cap. II, **5. e.** La storia della questione.

ticolare riferimento a Hume. Proprio per questa doppia distanza chiama la sua filosofia: "**filosofia critica**".[15]

3. L'importanza del problema

a. *Il sapere è una condizione necessaria per l'agire umano*

L'uomo agisce, anzi l'uomo non può non agire, deve agire[16]. Egli non è quello che può essere e il suo mondo non è quello che può divenire: il mondo diventa solo progressivamente quello che attualmente è soltanto *in potentia*. Tutto questo non avviene senza l'azione umana consapevole. L'uomo deve agire in maniera strumentale, verso un fine, uno scopo: infatti non tutti i modi di agire portano allo scopo desiderato; l'uomo deve agire moralmente, raggiungere lo scopo che non è un fatto indifferente ma un dovere. In più l'uomo non è solo, ma raggiunge i propri scopi e costruisce il suo mondo in collaborazione e nella convivenza con gli altri[17].

Inoltre, deve agire con una, almeno minima, certezza, non solo casualmente: senza di essa egli non *sopravvive*, senza certezza gli uomini non possono *convivere*, né possono *vivere felici*.

La certezza del raggiungimento dello scopo per le azioni umane non è data: *necessariamente* per le leggi naturali, *automaticamente*, grazie al funzionamento di una macchina o *spontaneamente* a causa dell'istinto animale, proviene spesso *dal sapere*, specialmente nei casi importanti e difficili. In questo senso è vero il 3° aforisma di Bacone: «Scientia et potentia humana in idem coincidunt, quia ignorantia causae destituit effectum. Natura enim non nisi parendo vincitur»[18].

---

[15] Ne parleremo di più nel contesto della storia dello scetticismo nel cap. V.

[16] Sulla necessità e l'obbligazione morale dell'agire umano, cfr. anche M. BLONDEL, *L'action*, (1893), VIII-XI.

[17] Cfr. M. BLONDEL, *L'action*, 201-244.

[18] R. BACONE, *Novum Organon*, lib I, aph. 3: «La scienza e la potenza umana coincidono, perché l'ignoranza della causa prelude l'effetto e alla natura si comanda solo ubbidendole».

b. *Tutte le questioni dell'uomo implicano la questione: Cosa posso sapere?*

La questione «Cosa posso sapere?» è importante non solo per le altre questioni relative a Kant, ma anche perché implicita in esse: infatti ho bisogno di *sapere* cosa *posso sperare* altrimenti non è possibile sperare! Ho bisogno di *sapere* cosa *debbo fare* altrimenti non lo posso fare!

c. *Importanza ultima cristiana*

Per annunciare la fede e per testimoniarla non basta la testimonianza **silenziosa** della carità cristiana, quanto mai indispensabile, ma bisogna spiegarne la sua bellezza, in quanto è **vera**. Perciò dobbiamo imparare a "dare ragione alla nostra fede e alle nostre scelte".

4. I nomi del trattato filosofico sul sapere

Nel nostro trattato ci sono vari termini diversificati secondo la diversa impostazione sistematica, ma anche secondo i vari periodi della storia della filosofia, pure se solo di quella moderna, che bisogna conoscere in base ai riferimenti bibliografici:

Critica, logica maior, logica applicata materialis, gnoseologia, epistemologia. Filosofia della conoscenza, metafisica della conoscenza, fenomenologia della conoscenza.

Sono affini ma distinti: psicologia della conoscenza, sociologia della conoscenza ecc.

5. Bibliografia ragionata

ARISTOTELE, *Metafisica.*
R. BACONE, *Novum Organon*, London 1978.
N. CUSANO, *De docta ignorantia.*
I. KANT, *Critica della ragion pura*, Bari 1993, Introduzione A e B.
C. HUBER, *Anamnesis bei Plato*, München 1964.
F. MORANDINI, *Critica*, ed. PUG, Roma 1963.
PLATONE, *Apologia, Menone.*
K. POPPER, *Logica della scoperta scientifica.*
M. BLONDEL, *L'action* (1893), pp. VIII-XI; pt. III, sz. IV.

Capitolo II

IL SIGNIFICATO DEL PROBLEMA DEL SAPERE

1. L'esposizione dello schema

Quando cominciamo a riflettere sulla nostra conoscenza della cose, sul nostro sapere, ci facciamo spontaneamente la seguente rappresentazione schematica:

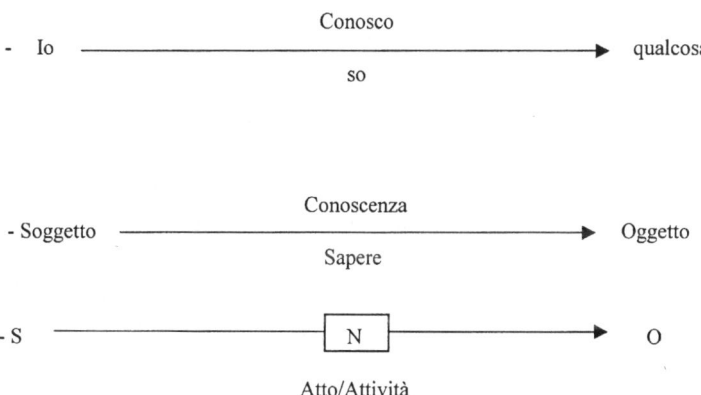

Terminologia:
S = *soggetto*: "io, in prima persona", "ciascun'altra persona umana, in quanto agisce in prima persona".

N = *noema*: "il pensiero secondo il suo contenuto" (*thought, content, Denkinhalt*), "concetto", "*termine*" (nome). Oppure: "giudizio", "*proposizione*" (frase); "ragionamento", "*argomento*" (discorso).

O = *oggetto*: "quello, del quale si pensa la realtà". *Res*: o nel senso di "cosa" (*thing*, e termine) o in quello di "fatto" (*fact, Sachverhalt*, e proposizione).

2. Applicazione dello schema per la determinazione del significato della questione sulla validità del sapere umano

TESI II: La validità del sapere consiste nella relazione noetica di adeguazione (corrispondenza) del contenuto (noema) all' oggetto del sapere.

a. *La determinazione della questione*

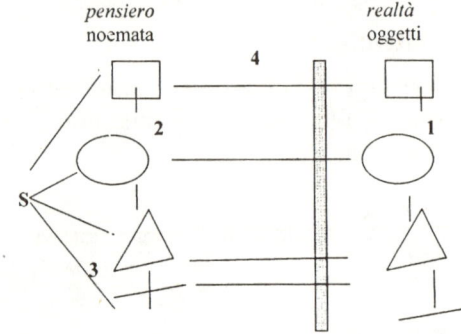

1) Le relazioni fra le cose:
scienze+ontologia.

2) Le relazioni fra i noemata:
logica.

3) Le relazioni fra il soggetto e i neomata:
psicologia.

La questione sulla validità della conoscenza non è la questione sull'origine, sviluppo ecc. della conoscenza, né va confusa con essa. In questo consiste propriamente l'errore dello psicologismo, ma non quello dell'empirismo inglese![1] Il valore del sapere è il suo valore *per* la realtà. La validità del sapere umano consiste, perciò, nella corrispondenza del noema (contenuto rappresentativo del pensiero) all'oggetto reale. Il problema della critica è se questa corrispondenza possa esistere ed esista in realtà, sotto certe condizioni, o meno. Gli oggetti del nostro trattato sono perciò:

4) Le relazioni fra i noemata e gli oggetti:
critica.

---

[1]C. HUBER, "Der Englische Empirismus"; ID., "Die Vollendung des englischen Empirismus".

In questo senso la *critica* è distinta dall'ontologia e dalle scienze, dalla logica e dalla psicologia. La relazione fra il noema e l'oggetto reale è essenzialmente doppia: di *corrispondenza* fra noema e oggetto reale, cioè di "verità", o di *discrepanza* fra noema e oggetto reale, di "falsità". Si noti bene che la discrepanza non è la semplice assenza di corrispondenza ma una *specifica* non corrispondenza, perché è anche in una proposizione falsa che si **dice** qualcosa, si prende posizione rispetto alla realtà. Proprio per questo prefisco per la definizione della verità il termine "adeguazione"; manca però un termine corrispondente per la falsità.

La corrispondenza e la discrepanza fra noema e oggetto reale, cioè verità e falsità del noema, si trovano direttamente solo fra proposizione e *res* (fatto, *Sachverhalt*). Negli argomenti si trova qualcosa di analogo: sono *legittimi* o specificamente *illegittimi* (*richtig - falsch, right - wrong*). Non si trova una corrispondenza o discrepanza, se non indirettamente e in modo riduttivo, nei termini che possono essere *giusti* o *sbagliati* rispetto alle cose alle quali si riferiscono; ma questo loro essere giusti o sbagliati dipende dalla terminologia, rispettivamente dal linguaggio ai quali appartengono i termini in questione.

Vale però anche per i termini e le argomenti, cioè per tutti i noemata, perché la relazione fra noema e realtá **non è una relazione reale**, come lo è la relazione fattuale fra le cose e anche quella psicologica fra il soggetto e i suoi pensieri, specialmente nel nascere e nello sviluppo dei pensieri. La relazione di verità e di falsità fra noemata e realtà, che chiamiamo "relazione noematica", non è una relazione fra cose o fatti semplicemente perché i noemata **non** sono cose, come non sono cose le idee[2].

---

[2] Questo fa capire a Socrate Parmenide nella prima parte del dialogo platonico Parmenide 2-5.

b. *Le relazioni*

Le relazioni fra le cose, e fra il soggetto e i noemata, sono *reali* (*relatio realis*), fra i noemata sono *logiche* (*relatio rationis*), fra i noemata e le cose sono di un terzo tipo, possiamo chiamarle *noiematiche*: in concreto sono le relazioni di *verità* e di *falsità*.

3. La radicalizzazione dello schema

TESI III: La rappresentazione schematica del sapere umano, se portata all'estremo, implica conseguenze assurde (il *parallelismo noetico* e il *problema del ponte*); ciononostante, è utile per la comprensione del problema della validità del sapere e della sua storia.

a. *Il parallelismo*

La rappresentazione schematica che ci facciamo spontaneamente del sapere insinua un parallelismo fra pensiero e realtà, fino a una corrispondenza biunivoca fra pensiero e realtà sia a livello della relazione tra *nome/termine* e *cosa*, sia a livello della relazione tra *proposizione* e *res* (fatto, *Sachverhalt*). Questa conseguenza è *implicita* nello schema, ma diventa esplicita in Cartesio[3], in Locke e in Hume[4]. Wittgenstein, seguendo in questo punto posizioni precedenti di Meinong ("unum nomen, unum nominatum") e di Russell, dà a questo parallelismo la sua espressione più precisa, rigorosa e radicale, ampliando lo schema a tre livelli:

---

[3] R. Descartes, *Meditationes de prima philosophia*, med. III.
[4] D. Hume, *An Inquiry*, sez. II.

linguaggio	pensiero	realtà
Terminologia tradizionale:		
Signum/verbum externum	Signum/verbum internum	Res, ens
Signum signi	Signum rei	('factum')
	idea, Begriff	

Il parallelismo wittgensteiniano è doppio: a livello di relazione tra proposizione e fatti, e a livello di relazione tra nomi e cose

Quello che conta *realisticamente* è il livello di rapporto tra proposizione e fatti. Il parallelismo sussiste realmente solo per l'ultimo risultato dell'analisi logica, cioè per le relazioni tra *proposizioni elementari* e *fatti atomici*.

Linguaggio	Pensiero	Realtà[5]
Complesso: Satz (proposition, proposizione)	Gedanke (thought, pensiero)	Tatsache (fact, fatto)
Semplice: Elementarsatz (prop. Elementare)		Sachverhalt (fatto atomico)
Solo semplice: Name (name, nome)		Gegenstand/Ding (object/thing) (oggetto/cosa)

NB: Il livello del pensiero conta poco preso in se stesso: Wittgenstein svolge tutta la sua analisi a livello dell'espressione del pensiero, cioè a livello[6] del linguaggio, ma è il pensiero la raffigurazione (immagine) logica dei fatti[7].

b. *Il problema del ponte*

Solo il nome fa parte della regione del soggetto, dell'Io;

---

[5] Cfr. L. WITTGENSTEIN, *Tractatus*, 1, 2, 2.01, 2.1, 2.12-2.14, 3, 3.01, 3.1.
[6] L. WITTGENSTEIN, *Tractatus*, 3.1: "Nella proposizione il pensiero si esprime in modo percettibile mediante i sensi".
[7] L. WITTGENSTEIN, *Tractatus*, 3: "L'immagine logica dei fatti è il pensiero".

esso sta nella coscienza ed è dentro di me. L'oggetto reale sta fuori, all'esterno di questa regione del mio Io. Da quando, dopo Cartesio, si insiste, sul fatto che il soggetto sia immediatamente consapevole solo di se stesso e dei suoi pensieri, cioè dei noemata, che Cartesio chiama *idee*, si pone inevitabilmente il problema della validità del sapere umano in forma pienamente generalizzata e radicale: come posso sapere, che i miei pensieri corrispondono alla realtà? Anzi: come posso sapere che esiste una qualsiasi realtà extramentale, alla quale possono corrispondere o dalla quale possono essere diversi i miei pensieri?

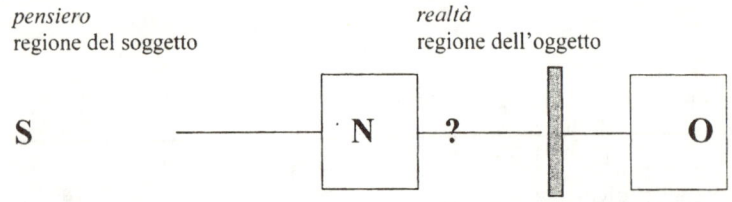

Forse, i miei pensieri e la loro sequenza non sono altro che un *film* nel mio cinema mentale che gira dentro la mia coscienza? Forse, alle ombre cinesi dentro la caverna di Platone non corrisponde proprio niente fuori di essa?[8]

Nasce così il cosiddetto *problema del ponte*, cioè come dalla *riva* del soggetto si possa arrivare all'altra *sponda*, quella dell'oggetto reale, dal quale la prima è separata da un abisso, un fiume (il *Lethe*?[9]). Questo problema, evidentemente, può nascere solo quando l'attenzione filosofica si è spostata dal mondo alla coscienza stessa del soggetto, dell'Io, cioè nella filosofia moderna, che perciò viene caratterizzata come

---

[8] Cfr. PLATONE, *Repubblica*, 514-521b.
[9] Cfr. M. HEIDEGGER e la sua spiegazione della verità, in greco *a-letheia*, come "non dimenticanza", "non essere nascosto, velato", (es., in *Sein und Zeit*, § 7 b).

filosofia della coscienza (*Bewusstseinsphilosophie*) in opposizione alla filosofia antica e medioevale, che giustamente viene chiamata *filosofia dell'essere* (*Seinsphilosophie*).

NB: Il problema del ponte non coincide col cosiddetto "problema critico" di Kant.

4. La critica della rappresentazione schematica che ci facciamo spontaneamente del sapere umano

Sembra che dalla nostra rappresentazione schematica della conoscenza nasca un problema, che è, a dir poco, difficile a risolvere, e che può portare, come vedremo, allo *scetticismo*, cioè alla negazione della possibilità del sapere umano.

La ragione di tutto ciò è forse insita nello schema stesso, che è una rappresentazione semplicista e sbagliata? Allora bisogna riconsiderare lo schema stesso per scoprire le sue implicazioni sbagliate. Tenteremo di farlo alla luce delle tre critiche classiche, che lo schema parallelistico ha ricevuto: la critica kantiana, la critica hegeliana e la critica wittgensteiniana.

a. *Critica Kantiana*

La critica di Kant alla rappresentazione schematica che si rivolge specialmente all'empirismo e al razionalismo che a partire da Cartesio determinarono la scena filosofica precedente a Kant e che abbiamo spiegato sopra, non esponiamo con i testi diello stesso Kant[10], ma con un testo di un ottimo riassunto di **Ernst Cassirer**[11].

"Per una concezione **ingenua** la conoscenza (umana) si presenta come un processo nel quale noi diventiamo consci di una realtà esistente, ordinata e strutturata in se stessa in modo puramente **rappresentativo**. L'attività, che in ciò svolge la

---

[10] Vedi specialmente I. KANT, *KrV*, cap. I, note 1 e 2.
[11] E. CASSIRER, *Das Erkenntnisproblem*, Berlin, 1906, Ia parte, pp.3s.

mente, è ridotta ad un atto di (pura) **ripetizione**: si tratta solo di raffigurare un contenuto nei suoi dettagli singoli che (giá) ci è dato nella sua piena struttura (Fügung) e di appropriarselo".

Fra l'"essere" dell'oggetto e il modo come esso si rispecchia a questo livello nella conoscenza non si trova né tensione né opposizione. Non nel loro modo di essere (Beschaffenheit) ma soltanto secondo il grado (di completezza) i due si possono distinguere . Il sapere, che si pone il compito di comprendere l'ampiezza delle cose e di esaurirla può soddisfare soltanto progressivamente (col tempo) questa esigenza. Lo sviluppo (Entwicklung) del sapere si svolge in singoli passi successivi, nei quali afferra passo dopo passo tutta la molteplicità degli oggetti opposti a lui e li eleva ad essere rappresentati.

Cosi la realtà è concepita sempre come sostanza fissa e riposante in se stessa (als ein in sich selbst ruhender fester Bestand), e la conoscenza deve soltanto transitarla nella sua totalità per rappresentarsela in tutte le sue parti in modo chiaro e distinto[12].

La *tesi doppia* della rappresentazione ingenua dice:

- La realtà esiste indipendentemente dalla conoscenza in forma completamente organizzata e strutturata.
- La conoscenza è puramente passiva e ripetitiva.

La *critica* di Kant con le parole di Cassierer insiste:
- La conoscenza forma, trasforma, forse sfigura la realtà; in ogni caso la organizza sistematicamente:
Vedi: terminologie, lingue; punti di vista; scienze, sistemi; formule.
- La realtà, perciò, non è già qualcosa di "definito".
Vedi: lo sviluppo del concetto di realtà fisica delle scienze naturali nell'epoca moderna da Galileo in poi.

---

[12] Di eredità cartesiana: delle idee chiare e distinte.

b. *Critica Hegeliana*

La critica hegeliana presuppone quella kantiana e, per la maggior parte, si rivolge alla soluzione kantiana del problema, cioè al suo "apparente" superamento del parallelismo.

NB: Hegel dà un'idea abbastanza semplicista, della posizione kantiana, ma sufficientemente fedele rispetto a un certo kantismo di divulgazione, anche neoscolastica.

"Secondo una *rappresentazione naturale*[13], prima di affrontare la cosa stessa, ossia la reale conoscenza di ciò che è in realtà, nella filosofia ci si dovrebbe preliminarmente intendere circa quel conoscere che viene considerato come strumento con cui ci si impadronisce dell'Assoluto o come mezzo con cui si possa scorgerlo. Sembra giustificata la preoccupazione che, da una parte, ci possano essere diverse specie di conoscenza delle quali l'una sia più idonea dell'altra al raggiungimento di quel fine supremo; — giustificata, cioè, dalla possibilità di una falsa scelta fra esse; d'altra parte, che essendo il conoscere una facoltà di specie e comprensione determinate, si possa senza una più precisa determinazione della sua natura e del suo limite, incappare nelle nubi dell'errore invece di raggiungere il cielo della verità. Questa preoccupazione deve mutarsi fin nella convinzione che tutta l'impresa del conquistare alla coscienza, mediante il conoscere, ciò che è in sé, sia, nel suo concetto, un controsenso, e che tra il conoscere e l'Assoluto interceda una netta linea di divisione. Se infatti il conoscere è lo strumento per impadronirsi dell'Assoluto, viene fatto di pensare che l'applicazione di uno strumento a una cosa, anziché lasciarla come essa è per sé vi imprima una forma e inizi un'alterazione. Oppure, dato che il conoscere non sia uno strumento della nostra attività, ma un mezzo passivo attraverso il quale giunga a noi la luce della verità, tuttavia nemmeno così riceviamo quest'ultima come è in sé, anzi

---

[13] La sottolineatura è nostra. Cfr. la Critica di Wittgenstein: vedi sotto **c.**

come è in e mediante tale mezzo. Nei due casi noi facciamo uso di un mezzo che produce immediatamente il contrario del suo scopo. Sembra bensì che a questo inconveniente si possa ovviare con la conoscenza del modo come lo strumento agisce; infatti tale conoscenza renderebbe possibile di detrarre dal risultato l'apporto dovuto, nella rappresentazione che noi con lo strumento ci facciamo dell'Assoluto, allo strumento stesso, ottenendo così il vero al suo stato di purezza. Se non che, questa correzione ci riporterebbe, in effetti, al punto di prima. Se da una cosa formata togliamo l'apporto dovuto allo strumento, essa allora, — nel nostro caso l'Assoluto, — è di nuovo ciò che già era avanti questa fatica la quale, dunque, è superflua. Se mediante lo strumento l'Assoluto, come un uccello preso alla pania, dovesse solo venirci avvicinato alquanto, senza che nulla vi si mutasse, qualora in sé e per sé non fosse e non volesse essere già presso di noi, esso si farebbe beffe di questa astuzia; un'astuzia sarebbe infatti in tal caso il conoscere; perché col suo molteplice affaccendarsi si dà l'aria di fare tutt'altro che stabilire un immediato e quindi gratuito rapporto. Ovvero, se l'esame di quel conoscere che noi ci rappresentiamo come un mezzo, ci fa conoscere la legge della rifrazione dei raggi in quel mezzo, non giova ancor nulla detrarre dal risultato questa rifrazione; giacché non il rifrangersi del raggio, ma il raggio stesso attraverso il quale la verità scende a toccarci, è il conoscere; e, detratto questo, non ci resterebbe che l'indicazione della pura direzione o il lungo vuoto"[14].
La critica hegeliana si riassume così:
— La conoscenza non è un mezzo o uno strumento per procurarsi o possedere l'oggetto reale (*l'Assoluto*).
— L'opposizione fra Soggetto e Oggetto non è assoluta né originaria: altrimenti la conoscenza, come unione delle due, sarebbe impossibile.

---

[14] G.W.F. HEGEL, *Phänomenologie des Geistes*, Introduzione 2, trad. italiana Negri, *Fenomenologia dello Spirito,* I, pp.65s.

c. *Critica wittgensteiniana*

La critica di Ludwig Wittgenstein si rivolge direttamente contro la propria posizione nel *Tractatus logico-philosophicus*, che abbiamo esposto sopra (2.a.).

Wittgenstein comincia le *Ricerche filosofiche* citando Agostino e da lì sviluppa la propria critica. Riportiamo il testo per intero.

«1) "Quando (gli adulti) nominavano qualche oggetto, e, proferendo quella voce, facevano un gesto verso qualcosa, li osservavo e ritenevo che la cosa si chiamasse con il nome che proferivano quando volevano indicarla. Che intendessero ciò era reso manifesto dai gesti del corpo, linguaggio naturale di ogni gente: dall'espressione del volto e dal cenno degli occhi, dalle movenze del corpo e dall'accento della voce, che indica le emozioni che proviamo quando ricerchiamo, possediamo, rigettiamo e fuggiamo le cose. Così, udendo spesso le stesse parole ricorrere, al posto appropriato, in proposizioni differenti, mi rendevo conto, poco a poco, di quali cose esse fossero i segni, e, avendo insegnato alla lingua a pronunziarle, esprimevo ormai con esse la mia volontà[15]".

In queste parole troviamo, così mi sembra, una determinata immagine della natura del linguaggio umano, e precisamente questa: le parole del linguaggio denominano oggetti — le proposizioni sono connessioni di tali denominazioni. — In quest'immagine del linguaggio troviamo le radici dell'idea: ogni parola ha un significato. Questo significato è associato alla parola. È l'oggetto per il quale la parola sta.

Agostino non parla di una differenza fra tipi di parole. Chi descrive in questo modo l'apprendimento del linguaggio pensa, così credo, anzitutto a sostantivi come "tavolo", "sedia", "pane" e ai nomi di persona, e solo in un secondo tempo ai nomi di certe attività e proprietà; e pensa a rimanenti tipi di parole come a qualcosa che egli disporrà. Pensa poi a

---

[15] Cfr. AGOSTINO, *Confessiones*, I, viii.

questo modo di impiegare il linguaggio: Mando una persona a fare la spesa. Gli consegno un biglietto su cui è disegnata la raffigurazione di: "cinque mele rosse". Questi porta il biglietto al fruttivendolo, il quale apre il cassetto dove c'è il disegno delle "mele"; cerca poi in una tabella la parola "rosso" e, in corrispondenza ad essa, trova un campione dello stesso colore; ripete la successione dei numeri cardinali — supponiamo che la sappia a memoria — fino al numero "cinque" e ad ogni numero pronunciato tira fuori dal cassetto una mela dello stesso colore del campione.— Così, o pressappoco così, si opera con le parole.— "Ma come fa a sapere dove e come deve cercare la parola 'rosso', e che cosa deve fare con la parola 'cinque'"? — Bene, suppongo che agisca nel modo descritto. A un certo punto le spiegazioni hanno termine. — Ma che cos'è il significato della parola "cinque"? — Qui non si faceva parola di un tale significato; ma solo del modo in cui si usa la parola "cinque".

2. Quel concetto filosofico di significato è al suo posto in una *rappresentazione primitiva*[16] del modo e della maniera in cui funziona il linguaggio. Ma si può anche dire che sia la rappresentazione di un linguaggio più primitivo del nostro"[17].

La *tesi* implicita nel parallelismo, che Wittgenstein rifiuta, spingendola alle sue assurde conseguenze, è la seguente: ogni parola, ogni termine è un nome con il quale si chiama un oggetto. Questa funzione di nominare è la stessa e identica per tutti i termini.

Spiegazione del testo:
mela è il nome per l'oggetto (cosa)
rosso è il nome per l'oggetto (colore)
cinque è il nome per l'oggetto (insieme) •

Comprare le cinque mele si fa nell'ordine indicato nel testo: mele → rosse → cinque. Di fatto gli oggetti nelle botteghe del fruttivendolo sono sistemati secondo i diversi tipi di frutta: mele, pere, pomodori, ecc. E nell'ipotesi che la funzio-

---

[16] Sottolineatura nostra.
[17] L. WITTGENSTEIN, *Philosophische Untersuchungen*, I, 1-2.

ne di tutti i termini sia identica - cioè anche quella di cinque, mele, rosse - l'ordine dell'operazione è veramente casuale: si dovrebbe poter fare anche in questo ordine: rosse → mele → cinque. Allora gli oggetti nella bottega del fruttivendolo dovrebbero essere sistemati secondo i vari colori, il che è poco pratico ma non impossibile. Ma, si dovrebbe poter fare anche in questo ordine: cinque → mele → rosse (così è scritto!) Allora gli oggetti nella bottega del fruttivendolo dovrebbero essere sistemati secondo la diversità (?) degli insiemi, il che è impossibile e privo di senso. Ne segue, come *critica* del parallelismo, che le parole, i termini, ma anche le proposizioni non hanno un'unica identica funzione, ma una varietà di funzioni; che sapere, conoscere, parlare, nominare, si fanno in molti modi diversi e non hanno un'essenza comune univoca. Viene, perciò, a mancare la base logica al parallelismo.

d. *Critica speculativa*

Secondo la rappresentazione schematica del sapere umano, il sapere come conoscenza della realtà è impossibile: per sapere debbo discriminare fra opinioni, idee, proposizioni ecc. *vere* e *false*. Per fare questo debbo confrontare le mie idee con la realtà. Per tale confronto dovrei — secondo lo schema! — farmene un'ulteriore immagine... e così via; il che porta a un regresso all'infinito[18].

5. Il valore della rappresentazione schematica del sapere

a. *Lo schema non è stupido*

Lo schema non esprime un errore stupido, ma è il risultato di un errore spontaneo e fortemente naturale[19].

---

[18] Vedi cap. IX: Refutazione delle teorie rappresentazionistiche della conoscenza umana.
[19] Cfr. G.W.F. HEGEL, *Phänomenologie des Geistes*, 3; trad. Italiana, *Fenomenologia dello Spirito*, I, 66: "Una rappresentazione naturale". Cfr. L. WITTGENSTEIN, *Philosophische Untersuchungen*, I, 340: "Non è un pregiudizio *stupido*".

L'idea che rappresenta il sapere umano nasce spontaneamente da considerazioni come le seguenti: si comincia a riflettere sulla verità e la falsità, stimolati generalmente dall'esperienza dell'errore commesso a seguito di proposizioni, opinioni, idee che non corrispondono ai fatti. Di qui l'idea di un'immagine che corrisponde o — piuttosto nel caso dell'errore — non corrisponde alla realtà viene spontanea, in quanto, almeno apparentemente, spiega bene l'errore, cioè la falsità di un'opinione, che ci si era fatta. Un'idea di rappresentazione è, inoltre, fortemente suggerita dalle illusioni dei sensi e dagli sbagli di percezione visiva e uditiva. Come la scrittura umana nasce dai geroglifici, cioè da una raffigurazione pittorica delle *cose*, così — forse! — anche il linguaggio e la conoscenza. I fatti non dipendono dal pensiero umano, ma lo determinano.

b. *Lo schema non è falso*

— Se, considerato come rappresentazione *schematica*, senza che da esso si traggono delle conclusioni. Il suo scopo sarà poi solo esplicativo è organizzativo.

— Se, compreso in senso *analogo* e applicato in maniera *differenziata* a campi diversi della conoscenza e del sapere umano; per esempio: conoscenza sensibile e intellettiva, conoscenza storica, matematica e morale, conoscenza di Dio!

— Se, compreso come espressione di un atteggiamento fondamentalmente *filosofico*, cioè, del realismo, della finitudine e passività dell'intelletto umano.

c. *Lo schema resta ingenuo, primitivo e semplicista*

Lo schema rappresentazionistico del sapere umano è unilaterale, insufficiente e riduttivo: non spiega l'attività dell'intelletto umano e la sua creatività.

Esso deve essere superato internamente, a partire da una sua dinamica interna.

d. *Lo schema è utile*

Lo schema è utile per la determinazione del significato preciso del problema riguardo la validità del sapere umano[20], e per l'articolazione della problematica filosofica del sapere umano[21].

e. *Lo schema è necessario*

Lo schema è necessario per *capire filosoficamente l'origine* della questione generalizzata sul valore del sapere umano. È precisamente dall'idea rappresentazionistica, cioè che noi ci facciamo delle rappresentazioni mentali delle cose all'interno della nostra coscienza, che nasce il problema generale se, a queste rappresentazioni, corrisponde qualcosa extramentale o meno, e come il soggetto cosciente si possa accertare di questa corrispondenza.

Inoltre, è necessario per *capire filosoficamente lo svolgimento storico* del problema.

NB: Sul valore del sapere umano e il susseguirsi dei tentativi di sua soluzione, benché l'ordine cronologico e di dipendenza delle varie soluzioni proposte sia quello raffigurato nello schema sottostante, la nostra esposizione seguirà un ordine parzialmente diverso, al fine di facilitare la comprensione filosofica delle diverse soluzioni proposte.

```
                        Locke                                   (Marx)
          (linea empiristica)  Berkeley                          Lenin
                       /       Hume      \                    (Empiro-
                      /                   \                  critcismo)
     Cartesio        ⟨                     ⟩ Kant-Fichte-Hegel ⟨
                      \                   /                    Neo
                       \                 /                     positivismo
                        Malebranche                            (logico!)
          (linea razionalistica) Spinoza
                        Leibniz
```

NB: La differenza fra empirismo e razionalismo non ha alcuna importanza per l'impostazione generale del problema del valore del sapere per la sua soluzione generale. Perciò, l'opzione razionalista

---

[20] Vedi **2.a.** di questo capitolo.
[21] Vedi **6** di questo capitolo.

o empirista non risolve già il problema, né decide sul tipo di soluzione: certi tipi di soluzioni si ripetono sia nell'uno sia nell'altro filone di tradizione. La differenza fra empirismo e razionalismo, evidentemente, è di forte importanza per altri problemi della filosofia della conoscenza, connessi col problema del valore del sapere, per esempio, e in prima linea, la questione dell'origine delle nostre idee.

Soluzioni di mentalità realista (nel contesto di una filosofia della coscienza)

Cartesio: *Dio*

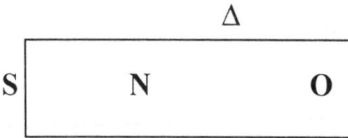

La corrispondenza fra idea (noema) e realtà è garantita dalla veracità di *Dio*.
Similmente: Malebranche: "in Dio".
Spinoza: "comprendere se stesso in Dio!"
Leibniz: armonia prestabilita da Dio fra N e O.

Locke: *Causalità*

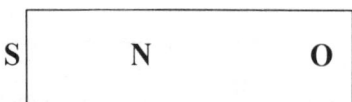

Il soggetto è passivo; l'oggetto produce *casualmente* un effetto impressione nel soggetto.

Similmente: la scolastica razionalista, e molti neotomisti.

Hume: soluzione *scettica*

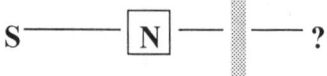

Il soggetto assume *con necessità psicologica* l'esistenza reale di oggetti.

Berkley: *messaggio di Dio*

Le nostre idee (passive, sensibili) sono prodotte in noi da Dio, come un messaggio suo (linguistico).
Soluzioni di mentalità idealista (nel contesto della filosofia trascendentale)

Kant: lo *sdoppiamento* dell'oggetto

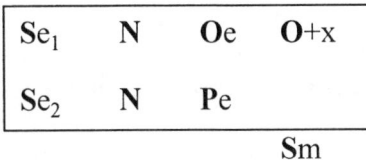

Il soggetto empirico, (cioè della conoscenza teorica, scientifica) costituisce l'oggetto empirico (cioè *Ding für uns, mundus phaenomenon*) verso la realtà trascendente (cioè *Ideen, Ding an sich, Noumenon*) che non può raggiungere. Il soggetto morale si trova con la sua scelta morale, libera e assoluta nell'ordine noumenale.

Hegel: *identificazione dialettica* dell'oggetto sdoppiato

(S) N e O sono dialetticamente, progressivamente identici: la loro totale identità è assoluta.

Fichte: *idealismo morale*

| S | O | N |

La costituzione originaria è quella libera dell'Oggetto da parte del Soggetto; la conoscenza teorica, rappresentativa è successiva e derivata.

Neopositivismo/Empirocriticismo: *eliminazione* dell'oggetto assoluto

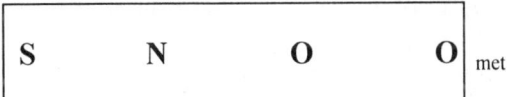

Lo schema è poi necessario per la *comprensione speculativa* del sapere. Attraverso la concezione rappresentazionistica della conoscenza e il susseguirsi delle soluzioni del problema del ponte si verificano tre posizioni filosofiche di estrema importanza speculativa:

Primo: emerge gradualmente la realtà specifica dei noemata (*Idee, objektiver Geist*) come una realtà di un mondo secondario, fatto dall'uomo in un processo storico-sociale, che allo stesso tempo acquista valore di costruzione trascendentale, fino al punto dove questa realtà appare almeno relativamente indipendente e sussistente.

Secondo: la filosofia diventa sempre più esclusivamente filosofia della coscienza (*Bewusstseinsphilosophie*), che ha come suo unico oggetto la coscienza e i contenuti della medesima.

Terzo: con ciò la realtà appare sempre di più come puro oggetto di coscienza.

6 L'articolazione della questione sulla validità del sapere umano e la conseguente divisione del nostro trattato

Anche questo avviene attraverso lo schema esposto:

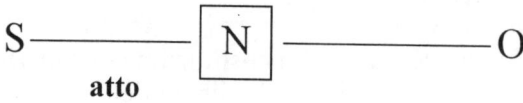

La **prima parte** sulla validità del sapere prende spunto dal sapere come attività, cioè dall'**atto** del sapere.

La **seconda parte** sulla validità del sapere **per la realtà** ha come centro la relazione fra **soggetto e oggetto** del sapere, cioè la **coscienza e l'intenzionalità**.

La **terza** (e la quarta) **parte** trattano della organizzazione del sapere e del suo sviluppo, cioè del **noema, del contenuto** del sapere:
del giudizio: verità, oggettiva, assoluta e
delle ragioni: strutturalità aperta, e illimitata
e dei termini: linguaggio, società, storia.

7. Bibliografia ragionata

AGOSTINO, *Le confessioni*
E. CASSIRER, *Das Erkenntnisproblem*, Berlin 1906.
R. DESCARTES, *Meditazioni metafisiche sulla filosofia prima*, Bari 1996.
G.W.F. HEGEL, *Fenomenologia dello spirito*, Milano 1995.
M. HEIDEGGER, *Essere e Tempo*, Milano 1976.
C. HUBER, *Der englische Empirismus als Bewusstseinsphilosophie*, in: Gregorianum 58/4 (1977) pp. 645s.
———, *Die Vollendung des englischen Empirismus*, in: Gregorianum 59/1 (1978) pp. 120-174.
D. HUME, *Ricerca sull'intelletto umano*, Bari 1992.
PLATONE, *Parmenide, Repubblica*.
L. WITTGENSTEIN, *Tractatus logico-philosophicus*, Torino 1976.
———, *Ricerche filosofiche*, Torino 1974.

Capitolo III

IL SIGNIFICATO DEL TERMINE *SAPERE* E IL SUO CAMPO LINGUISTICO

Abbiamo precisato nel capitolo precedente il problema della validitá del sapere. Ci manca però ancora come punto di partenza per le nostre ulteriori indagini sul sapere umano una chiarificazione del significato del termine – o forse meglio della **parola** – "sapere".

1 Il problema

Infatti per decidere sul valore del sapere debbo già sapere che cosa è il sapere del quale voglio conoscere il valore. Di un qualsiasi preconcetto del sapere, sia filosofico, sia psicologico, sia anche storico, non posso sapere se non sia falso o almeno unilaterale. In più, non posso sapere che cosa è il sapere, se ancora non so se il sapere è valido o meno. Sembra che ci troviamo in un circolo chiuso.

Platone fa esporre a Menone, nel dialogo omonimo, una simile possibilità[1]. Menone la usa come argomento — evidentemente di origine sofista — per il suo scetticismo e per giustificare il suo scoraggiamento intellettuale. Per Socrate e Platone essa serve invece a introdurre la teoria della reminiscenza, con la quale supera lo scoraggiamento e lo scetticismo dello schiavetto e di Menone stesso[2].

È vero che non possiamo cominciare con un'idea precisa e

---

[1] PLATONE, *Menone*, 9c-81c.
[2] PLATONE, *Menone*, 81b-86c.

definitiva del sapere, ma abbiamo pur bisogno di un preconcetto provvisorio. Un tale preconcetto lo possediamo nel linguaggio che parliamo.

La parola *sapere* fa parte del vocabolario della lingua che parliamo, e di tutte le altre lingue umane (*to know*, *saber*, *savoir*, *Wissen*, *scire*, *eidenai*, ecc).

2 Il concetto linguistico di *sapere*

TESI IV: *Sapere* **significa «essere capace di fare proposizioni vere e di dare valide ragioni per esse».**

a. *Definizioni*

La maggior parte dei nostri concetti sono *termini quotidiani*, cioè termini di competenza umana *comune*. Li acquistiamo imparando a capire e a parlare una determinata lingua e li possediamo in quanto fanno parte del vocabolario di una lingua naturale. In questo senso sono concetti linguistici, cioè presi dal significato delle parole di una lingua e appresi con l'apprendimento di essa.

Dai concetti linguistici sono distinti: i *termini tecnici*, che fanno parte di una terminologia specifica, e i concetti di riflessioni, che si capiscono solo attraverso una riflessione esplicita su una determinata attività, generalmente complessa.

Per esempio: i termini della filosofia del linguaggio si capiscono attraverso una riflessione sull'attività linguistica; molti termini della logica; una parte dei termini filosofici.

NB: La filosofia ha un certo numero di termini tecnici suoi; i termini fondamentali e centrali della filosofia sono termini volgari e perciò di origine linguistica, cioè appresi imparando una lingua naturale e parlata, per esempio: *essere*, *uno*, *vero*, *buono*; ma anche *pensare*, *sapere* ecc.

Per termini di uso comune, cioè per i concetti linguistici, vale la seguente definizione: *il concetto* è «il significato di una parola», cioè quello che si intende, quando si dice e quando si sente una parola.

Per *significato* poi s'intende: «Il significato di una parola è il suo uso nel linguaggio»[3].

Per il termine *uso*, in questo famoso detto di Wittgenstein, s'intende «l'uso che la parola ha nel linguaggio», non come l'uso che io faccio di essa, cioè come qualcosa di essenzialmente *pubblico* e *istituzionale*.

b. *Il metodo*

Anche il termine *sapere* è — almeno originariamente — un concetto linguistico. Il significato del termine *sapere* è, perciò, «l'uso della parola *sapere* nel linguaggio che parliamo». Tutti gli uomini che sanno una *lingua* sanno usare le parole di competenza comune di questa lingua. In questo senso tutti sanno cos'è il sapere. Questo saper usare, esercitato cioè nell'uso stesso della parola, è di validità pratica e, come tale, *incontestabile*. Ogni tentativo di contestare la validità pratica deve presupporre la validità pratica stessa del linguaggio. Ma qui si tratta di una validità pratica ed esercitata nel saper usare una parola, ma non già della validità teoretica di sapere riflessivamente come è usata una parola. La differenza fra questi due modi di sapere è simile a quella fra saper parlare una lingua e averne studiato la grammatica.

Sapere usare la parola *sapere* non ci fornisce già immediatamente un preconcetto sufficiente per la nostra indagine sul sapere. Abbiamo bisogno di un termine riflesso, cioè dobbiamo sapere, riflessivamente, come è usata la parola *sapere* dentro un linguaggio.

Dal punto di vista metodico, questo significa che dobbiamo elaborare in maniera consapevole e riflessa l'uso reale della parola *sapere*. Il nostro interesse in questa impresa non è né filosofico, né grammaticale, nel senso comune del termine. La nostra indagine, perciò, non è linguistica nel suo intento; essa è invece *concettuale* e *logica*. Se si vuole chiamarla *gramma-*

---

[3] L. WITTGENSTEIN, *Philosophische Untersuchungen*, I, 43.

ticale, questo va inteso nel senso di «grammatica profonda» di Wittgenstein[4].

Oggi una tale indagine viene generalmente chiamata *analisi linguistica* (dall'inglese *linguistic analysis*) ma fa capo a quella che da sempre è la prima parte della logica, cioè alla logica dei termini.

L'analisi logica del termine *sapere* la condurremo secondo gli stratagemmi metodici, che Ludwig Wittgenstein usa nelle *Ricerche filosofiche*. Dato che un metodo si capisce meglio applicandolo che descrivendolo, non ci dilunghiamo ulteriormente sul metodo di analisi linguistica del secondo Wittgenstein.

C'è da aggiungere solo che l'uso di una parola nel linguaggio è evidentemente l'uso in una lingua determinata; nel caso della parola *sapere* è l'uso di questa parola in italiano. Ciononostante, l'analisi linguistica della parola *sapere* non ha valore solo per la lingua italiana, ma è *universalmente* valida per il linguaggio umano. Le sue ragioni sono due: *Primo*, una parola o più parole connesse che hanno un significato, cioè un uso che corrisponde a quello della parola *sapere* in italiano, si trovano in tutte le lingue umane. La ragione di questo sta nel fatto che il sapere stesso — come anche molte altre cose — fanno essenzialmente parte della vita e della natura umana, come vedremo nel capitolo V. *Secondo*, la nostra analisi non è del tipo filologico grammaticale, ma sarà un'indagine logica e perciò universalmente valida.

c. *Analisi linguistica del termine* sapere

Sapere è un termine *quotidiano*, di competenza linguistica comune. Non è un termine tecnico, non è un termine filosofico.

- È un termine *analogo (pollachos legetai, multipliciter dicitur)*; ad esempio: «Lo so! Io so nuotare». «So che questo è il caso di ...». «So che Dio mi aiuterà!».

---

[4] L. WITTGENSTEIN, *Philosophische Untersuchungen*, I, 664.

In quanto ci interessa nella critica, è un termine *proposizionale*. Per una classe di casi, nei quali la parola *sapere* è usata secondo le regole della lingua (italiana), vale: «S sa P» è vero solo se è vero «S è capace di fare certe proposizioni vere»: «p» («q», «r»...)»[5].
- È un termine di *capacità* (intellettuale), (*habitus intellectualis*). Non è un concetto di evento o di attività, ad esempio: *pensare*; infatti, io so molte cose, alle quali nel momento non penso. *Non è un concetto di stato mentale*, ad esempio: *esser triste*. *Non* è uno stato mentale *conscio*: so delle cose, delle quali non sono conscio[6]. *Non* è uno stato mentale *inconscio* (macchina programmata): so delle cose, delle quali non sono mai stato conscio. È un concetto di *capacità*, di poter formulare delle proposizioni «p», «q»..., e inoltre di poter fare certe cose connesse, «di trovarsi».
- È un termine *psicologico*. I termini psicologici (*aver dolore, esser triste, pensare, credere, esser convinto, sapere* ecc.) hanno un'asimmetria logica fra il loro uso nel presente della prima persona singolare e tutti gli altri usi[7]. I criteri di verità per «Io ho dolore», da una parte, e «Lui ha dolore», dall'altra parte, sono diversi. I termini psicologici *non* si riferiscono a un'esperienza *privata*, altrimenti non potrò mai sapere se la stessa parola *dolore* abbia lo stesso significato per me e per te. I termini psicologici *non* si riferiscono a un *comportamento pubblico*, altrimenti le parole *inganno, insincerità* ecc. non avrebbero senso. È tipico, per i termini psicologici, che la stessa parola abbia un uso asimmetrico e che lo stesso concetto abbia un'applicazione asimmetrica: solo così il linguaggio può funzionare pubblicamente. Avere, sentire qualcosa internamente è già l'inizio dell'articolazione e dell'espressione.

---

[5] L. WITTGENSTEIN, *Philosophische Untersuchungen*, I, 78. Cfr. anche G. RYLE, *The Concept of Mind*, cap.2.

[6] Cfr. L. WITTGENSTEIN, *Philosophische Untersuchungen*, I, 150.

[7] L. WITTGENSTEIN, *Philosophische Untersuchungen*, I, 243-246. 257-258. 281-293.

Questo fatto ha delle conseguenze importantissime per l'antropologia e per il problema della relazione fra anima e corpo.
- È un termine *logico*. Sapere si usa solo se quello che si sa è considerato *vero*. Non si dice «Sapevo, ma non era vero», ma si dice, cambiando parola, «Pensavo, ma non era vero». *Sapere* è un concetto di successo (es.: *battersi* e *vincere*, *guardare* e *vedere* ecc.)[8]. *Sapere*, in opposizione a *indovinare*, si usa solo se si possono dare delle ragioni valide, per quello che uno dice di sapere (*epistemè = doxa meta logou*)[9]. Le ragioni considerate valide sono diverse a seconda del campo del sapere (matematica, storia, religione ecc.). Inoltre, il poter dare delle ragioni ha vari gradi, dal sapere sperimentale al sapere scientifico[10].

d. *Il preconcetto storico di* sapere

Il concetto linguistico di *sapere*, che abbiamo appena elaborato, corrisponde al primo concetto che incontriamo nella storia della filosofia, che ha, però, influito sulle elaborazioni seguenti: «*Ephe de ten meta logon alethe doxan epistemen einai*», o «[*Episteme =*] *doxa alethes logismoi dedomene*»[11]. È l'opinione certa, la convinzione vera per la quale posso dare delle ragioni. Non è solo un'opinione, ma un'opinione *certa*, cioè una convinzione: non è passeggera ma stabile. Determina delle azioni, anzi, un comportamento. Non è solo una convinzione, ma una convinzione *vera*: una convinzione può essere certissima e ciononostante falsa; allora porta ad azioni sbagliate, nocive, controproducenti. Non già ogni convinzione è vera, ma solo quella per la quale si possono dare delle *ragioni*. Una convinzione che di fatto, ma solo casualmente, è vera, e per la quale non possiamo dare delle ragioni, non la chiamiamo *sapere*, ma *indovinare*. Questo avviene, per esempio,

---

[8] Cfr. G. RYLE, *The Concept of Mind*, p. 130.
[9] PLATONE, *Theaet*, 201c-d.
[10] Cfr. ARISTOTELE, *Metaph.*, I, 1.
[11] PLATONE, *Theaet*, 201c-d.

nelle scommesse. Se in una scommessa so qual è la risposta giusta, non debbo scommettere, sarebbe sleale e barerei.

In questo senso è da capire la determinazione dell'*epistemè*, che Platone dà nel *Teeteto*: *doxa* «opinione» (→ convinzione), *alethes* «vera», *logismoi dedomene* «per la quale posso», *logon didonai*: sia «dare ragioni» (*Gründe*), oggettivamente (*in sé*); sia «rendere conto» (*Rechenschaft*), intersoggettivamente (ad altri).

Questo stesso significato è contenuto anche nella definizione aristotelico-scolastica «*Scientia est cognitio ex causis*», nella quale il termine *causa* significa: tanto proprio «causa» (causa, *Ursache*, *cause*), quanto anche «ratio» (ragione, *Grund*, *reason*).

e. *Il campo concettuale al quale appartiene il termine* sapere

Il campo concettuale al quale appartiene il termine *sapere* (*epistemè*) è quello di *conoscenza*. È un campo molto vasto, che comprende moltissimi termini, sia originari, sia trasferiti analogicamente (ad esempio *comprendere*, *capire*), sia semplici, sia complessi. I termini centrali di questo campo sono, oltre *sapere*: *pensare*, *verità*, *scienza* e *conoscere* stesso, ecc.

Sul termine *pensare*, e sulla sua relazione al termine *sapere*, abbiamo già parlato brevemente (**2 c.**): *pensare* è un termine di attività, sia esplicita e speciale, sia implicita e contenuta in altre attività[12].

Abbiamo visto sopra (**2 c.**) che *sapere* comprende in sé *vero*. Più in là (sub **4**) daremo un'analisi linguistica di *vero* e di *falso*.

Il termine *scienza*, nell'uso contemporaneo, ha una *comprensione maggiore* e un'*estensione minore* del termine *sapere*. Oggi *scienza* si definisce «un sapere organico e metodico», con una sistematicità almeno iniziale, e il sapere quotidiano e artigianale non è chiamato *scientifico*. L'uso antico e medie-

---

[12] Vedi cap. XIII, **1**.

vale di *scientia* e di *epistemè* era più esteso e comprendeva non solo, insieme alle altre *scientiae*, anche la filosofia e la teologia, ma definiva in questo modo anche il sapere artigianale, persino quello quotidiano ed esperienziale. In Kant e Fichte troviamo un uso di transizione da quello medioevale, più ampio, a quello contemporaneo, più ristretto.

C'è una differenza fra il tedesco e l'italiano, da una parte, e l'inglese e il francese dall'altra: filosofia, teologia, storia ecc. sono *scienze* o *Wissenschaften*, ma non sono *sciences*.

3 Spunti per un'analisi linguistica del termine *conoscere*

TESI V: Il termine *conoscenza*, in senso generico, è usato in molti sensi e non può facilmente essere ridotto a un unico senso.

a. *Problema*

Per stabilire il valore conoscitivo della conoscenza umana dobbiamo sapere che *cosa sia* ciò di cui dobbiamo determinare il valore[13]. Se ciò che chiamiamo *conoscenza umana* non è qualcosa di semplice e di omogeneo, ma esiste in forme diverse e differenti, allora quelle varie forme *non hanno il medesimo valore*, allo stesso modo che non tutte le forme della conoscenza umana possono dirsi vere o false[14].

b. *Le corrispondenze linguistiche*

Altre parole corrispondono in altre lingue alle voci *conoscenza/conoscere*, ad esempio: *gnosis/gignoskein, cognitio/cognoscere dahad/jada, connaissance/connaître, knowledge/to know, cognoscimento/conocer, Erkenntnis/erkennen* ecc.

La corrispondenza non è perfetta. Spesso possiamo esprimere il significato di una parola di una lingua solo con molti termini di un'altra lingua (es., *conoscere: to know*).

---

[13] Vedi questo capitolo n. **1**.
[14] Vedi cap. X, **3**.

c. *L'uso del termine* conoscere

Il sostantivo (*conoscenza*) è astratto, raramente lo usiamo nella vita quotidiana. Il verbo (*conoscere*), come pure il sostantivo, non indica la conoscenza in genere, ma determinate attività e situazioni conoscitive. Comunemente usiamo *vari* termini per designare varie forme di attività o di situazioni conoscitive.

In filosofia, i termini *conoscenza/conoscere* non sono usati semplicemente e allo stesso modo che nella vita quotidiana, sono termini, ormai, quasi tecnici. In modo generale — e in quanto concetti generici — essi designano tutte le attività, disposizioni, situazioni, che contengono qualche elemento conoscitivo, in quanto tutte queste attività contengono qualcosa di comune e di simile, almeno analogamente.

NB: Ciò che il termine generico *conoscenza* indica non è necessariamente un elemento determinato e comune, che possiamo determinare per astrazione con un solo concetto universale (qual è l'elemento comune del complesso delle attività che chiamiamo con una sola parola *gioco*?)

Il riferimento del termine *conoscere*. Quali sono le varie attività, situazioni, disposizioni conoscitive, e anche le altre attività che hanno un elemento conoscitivo, accolte sotto il termine generale *conoscenza*?

NB: Per trovare tutte le diverse cose, che in senso generale ormai quasi tecnico chiamiamo *conoscenza*, dobbiamo già avere qualche idea — e l'abbiamo — su ciò che è comune a queste cose.

Si raccolgano le espressioni che in vario modo designano una conoscenza o qualche elemento conoscitivo.

Si classifichino, secondo vari criteri, le espressioni che designano in qualche modo una conoscenza.

I termini, che esprimono in qualche modo una situazione conoscitiva — e così le varie situazioni conoscitive stesse — possono essere classificati e distinti in moltissimi modi. Queste varie classi, che si intersecano a vicenda, presentano varie proprietà grammaticali e logiche, e possiamo facilmente cadere in errori filosofici se non le esaminiamo attentamente. D'altra parte, l'esame di queste proprietà logiche sarà molto utile per determinare più esattamente la natura della conoscenza.

NB: Parliamo di *situazioni conoscitive* perché non tutti i termini che in qualche modo implicano una conoscenza riguardano un'attività o un'unica attività conoscitiva vera e propria.

Esistono varie espressioni che designano la conoscenza stessa o un'altra attività, o una situazione che contiene qualche elemento conoscitivo. Esistono espressioni disposizionali o episodiche; espressioni che designano un'attività, una possibilità, un'attività incoativa, il successo o l'insuccesso di un conoscere; espressioni che designano un'attività, ovvero l'attenzione a un'attività; espressioni che designano un'attività o una situazione conoscitiva: in quanto pubblica, in quanto privata, come comunicabile, come non comunicabile; secondo il soggetto di cui possono essere predicate; secondo qualche linguaggio speciale; secondo la certezza; secondo una facoltà e una relazione con gli organi del corpo ecc.

Questo quadro di distinzione è importante, non perché debba essere imparato a memoria, ma perché ci permette le seguenti osservazioni: si raccomanda all'attenzione, anzi alla vigilanza, generale, l'uso così vario e differenziato delle espressioni che in qualche modo indicano un'operazione o una situazione conoscitiva. Molte espressioni in diversi contesti e situazioni non indicano sempre la stessa cosa; ma hanno accezioni e sensi diversi (ad esempio *vedere*). Inoltre, non tutte le espressioni che in qualche modo — anche se in forma verbale — designano una conoscenza, riguardano un'operazione, un'attività, oppure un atto della conoscenza. Oltre all'attività conoscitiva ci sono attitudini, capacità, potenzialità, facoltà ecc. Esistono, inoltre, situazioni e anche attività che talora vengono denominate *conoscitive*, solo a motivo di qualche relazione. La maggior parte delle varie espressioni più o meno designanti una conoscenza non implica una reale varietà corrispondente di *atti* di conoscenza, in modo che questi atti nella loro struttura psichica e ontica differiscano specificamente; ma sono diverse (realmente!), fra di loro, e denominate con nomi differenti, secondo le molteplici relazioni agli *oggetti*, a varie circostanze, a qualche totalità, a qualche altra cosa. Infatti, non ha valore il detto «Unum nomen unum nominatum». Parlando, l'uomo classifica la realtà secondo vari, innumerevoli aspetti: secondo le più diverse esigenze della comunicazione. Tuttavia già i modi diversi di parlare della conoscenza indicano la complessità reale di ciò che con termine tecnico-filosofico si chiamano *conoscenze*. Così è già possibile constatare che il termine *conoscenza* è un termine analogo, cioè «si dice in sensi molteplici di diverse cose», il suo significato non è unico e omogeneo, ma almeno parzialmente diversificato. Se tuttavia esso sia anche parzialmente uno, almeno analogicamente, lo vedremo fra poco.

d. *L'uso centrale del termine* conoscenza

L'uso centrale del termine *conoscenza* è proprio dell'attività conoscitiva considerata in se stessa. Le situazioni conoscitive e le altre attività umane, che sono dotate di qualche elemento conoscitivo, gli oggetti, i contenuti, i prodotti e gli elementi della attività conoscitiva, sono chiamati *conoscenza* per una certa relazione con l'attività conoscitiva considerata in se stessa (es.: *vedere, udire, pensare, affermare* ecc.). E, dato che la stessa attività conoscitiva esiste in molte forme, in seguito dovremo di nuovo chiederci se qualche forma di conoscenza sia detta *conoscenza* nel senso più proprio, e quale sia.

e. Conoscere *e* sapere

Il significato del termine *sapere* comprende il significato del termine *conoscere*: *sapere* è una forma di *conoscere*. Anche *conoscere* implica in qualche modo, anche se non nella stessa misura di *sapere*, la verità, rispettivamente, la realtà di quello che si dice di conoscere. Se quello che dico di conoscere non esiste, non posso più usare il termine *conoscere* per riferirmi all'oggetto in questione. Tuttavia, il termine *cono-*

scere è più ampio del termine *sapere*: *sapere* implica il «poter dare delle ragioni»; *conoscere* non lo implica, infatti, anche indovinare è una forma di conoscere.

D'altra parte, si usa il termine *conoscere* quasi esclusivamente per esprimere un evento o un'attività attuale conoscitiva, non però per una capacità, come nel caso di *sapere*.

NB: In inglese *to know* significa quello che in molte altre lingue, specialmente in italiano, si esprime sia con il termine *conoscere*, sia con *sapere*.

4 Il significato dei termini *vero* e *verità*

Il termine *sapere* comprende nel suo significato il termine *vero*. Quello che si dice di sapere, è considerato vero. Se si scopre che non è vero, non si usa più il termine *sapere*. Per completare, perciò, la determinazione del significato di *sapere*, dobbiamo ancora chiarire il significato di *vero*. Intendiamo, perciò, analizzare in maniera preliminare la domanda: Cos'è la verità? Utilizzeremo, a questo scopo, lo stesso metodo di analisi linguistica, che abbiamo già adoperato per i termini *sapere* (**3. 2**) e *conoscere* (**3. 3**). In concreto, analizzeremo la frase «... è vero» e le frasi linguisticamente equivalenti.

TESI VI: Una proposizione si dice vera se ciò che dice corrisponde alla realtà. Si dice falsa se ciò che dice non corrisponde alla verità.

a. *L'uso comune del termine* vero

Come usiamo nella nostra lingua il termine *vero*, l'espressione: «... è vero» ecc.? Di quali oggetti si dice vero o *è vero*?

Si dice delle cose, se le caratteristiche normali spettano loro realmente, forse in modo speciale ed eminente (cioè genuino, reale; per esempio: un diamante vero, un vero pasticcio). Si dice degli uomini, delle loro azioni e del modo con cui si comportano con gli altri e con se stessi, (ad esempio: sincero, coraggioso ecc.). Si dice soprattutto della proposizione.

Questo è l'uso principale, centrale, per la nostra ricerca. Si dice, dipendentemente dall'uso della proposizione, anche dei giudizi, dei pensieri, delle opinioni: di tutto ciò che *dentro di noi* corrisponde alla proposizione enunciata.

NB: Possiamo parlare e dire qualcosa internamente a noi stessi, perché possiamo parlare e dire qualcosa che possono sentire, capire anche gli altri.

Si dice poi *vero*, *è vero* ecc., in modo derivato, di altre forme di conoscenza: della percezione (vista, udito), delle singole parole e dei concetti, di un sistema di conoscenze e di proposizioni.

Esistono, poi, numerose espressioni equivalenti a *vero*, *è vero*, per esempio: «Hai ragione!», «Giusto!», «Hai detto bene!», ecc. La ripetizione della proposizione, anche abbreviata: «È proprio così». La semplice affermazione: «Sì!».

Andando a ricercare l'etimologia del termine *vero* nella nostra e nelle altre lingue, sembra che l'uso originale non riguardasse la proposizione, ma le cose. Infatti, sembra che il significato originale fosse: «sicuro», «genuino», «fedele». Per approvare la proposizione pare si usasse la ripetizione della proposizione stessa; solo più tardi si adoperò per questo scopo un termine generale, già riflesso. Per le proposizioni, sembra che l'uso della parola *vero* come opposta a *menzognero* sia anteriore all'uso di *vero* come opposto a *falso*.

Nella vita di ogni giorno non si dice esplicitamente che una proposizione è vera, neanche quando è vera e si sa che è vera. Si dice vera solo quando si ha una *ragione speciale* per dirlo; per esempio, per approvarla o raccomandarla in modo speciale; per rispondere a una negazione o a un dubbio, o a una domanda che in qualche modo esprime dubbio; per premunire la proposizione quando si preveda, o comunque siano possibili, dubbio o negazione; per dar peso alla proposizione, in un particolare momento (per esempio, davanti a un giudice). Quindi le proposizioni si dicono vere solo mediante una certa riflessione sul fatto che sono vere. Anche le cose, generalmente, non si dicono esplicitamente vere, ma solo quando la loro genuinità o realtà sia in dubbio, oppure quando debba essere espressa in modo speciale o si opponga a qualcosa di meno genuino; oppure quando qualche loro qualità faccia spicco in modo speciale, eminente, ideale.

b. *Analisi linguistica del termine* vero

Vero è un termine estimativo, esso riguarda in modo speciale la proposizione in quanto proposizione; dice, quindi, qualcosa sulla proposizione in quanto tale, cioè sull'intenzione della proposizione, che è quella di dire la cosa così come è: dice esplicitamente che l'enunciazione esprime le cose così come sono.

È, inoltre, un termine metalinguistico, un termine che appartiene già alla riflessione. Se si conosce la verità, la si conosce come verità della conoscenza, cioè della proposizione. Se si dice la verità, la si dice come verità della proposizione.

NB: La parola *vero* non si usa per se stessa. Ad esempio il sofisma: «Dice il cretese: ogni cretese è bugiardo», oppure: «questa stessa proposizione è falsa». Non si è detto niente di cui si possa dire *è vero* o *è falso*.

Vero non *si dice* di ogni proposizione vera, ma lo si può dire se è necessario dire in maniera riflessa ciò che in ogni proposizione si dice di fatto, nell'esercizio stesso della proposizione: la cosa è così come la dico. Nell'espressione *p è vero*, la parte *è vero* è logicamente superflua, in quanto non aggiunge niente di nuovo a *p*, ma dice solo in maniera riflessa ciò che già *p* dice di fatto. Non è invece logicamente superflua, laddove si debba esprimere esplicitamente la verità dell'enunciazione, per escludere in modo riflesso la possibilità della falsità.

Vero è un termine sostanzialmente oppositorio. Il vero si oppone al falso. Possiamo usare la parola *vero* perché usiamo anche la parola *falso*. Se non potessero esistere proposizioni false, necessariamente tutte le enunciazioni sarebbero vere, e nessuna avrebbe bisogno di un nome particolare. La stessa cosa vale, a maggior ragione, del falso: la proposizione non può essere falsa, se non esistono proposizioni vere e se alcune di queste proposizioni non si dicono anche vere. Perciò la proposizione si dice falsa solo in opposizione alla verità conosciuta riflessivamente. In genere anche le proposizioni singole e concrete si dicono vere solo se si dà anche la possibilità che siano false, ma non si possono escludere a priori proposizioni che sono necessariamente vere: per esempio in metafisica e teologia.

NB: Le proposizioni tautologiche, anche solo in modo riduttivo tautologiche, cioè analitiche, normalmente non si dicono vere, ma *rette*; sono infatti puramente formali.

Tra il vero e il falso *non c'è un medio indifferente*. Altri termini estimativi e oppositori ammettono nell'uso comune un medio indifferente, di cui dire l'uno o l'altro estremo sarebbe senza senso: per esempio: *bene-male, bello-brutto* ecc. (non ogni birra che non si possa dire cattiva, si può per questo dire buona). Tutte le proposizioni, invece, se non sono vere, sono e si possono dire false e viceversa.

NB: Pare che si possa dare una proposizione che non è né vera né falsa; e questo obiettivamente, non solo perché io non so se sia vera o falsa. Ma una tale proposizione di fatto manca di senso: non dice nulla. Piuttosto, non è una proposizione, benché ne abbia la forma grammaticale. Una frase senza senso non è un medio tra il vero e il falso; è qualcos'altro, estraneo all'ambito di ciò che può essere vero o falso. L'enunciazione può essere descrittivamente definita come ciò che è o vero o falso. Tuttavia, usiamo in modo intelligibile le espressioni *più vero-meno vero, più falso-meno falso*. Il motivo primo è questo: la cosa (il fatto) che si enuncia può essere espressa più o meno precisamente e delimitata più o meno esattamente da altre cose (fatti). Generalmente, però, si dice semplicemente: vero o falso.

c. *Definizione della verità*

In senso proprio la verità *non si può definire*. Nel definire la verità, infatti, ci serviamo della conoscenza vera, già ammessa come vera. Si danno dei concetti originari, nel senso che non possono essere ridotti ad altro. Ad essi appartiene anche il concetto di conoscenza e quindi anche il concetto di verità.

Vero si dice con significato molteplice, perciò la nozione di verità è *analoga*. *È vero*, riferito a vari oggetti, non si dice semplicemente nello stesso senso. Si ha tuttavia un uso, e conseguentemente un significato, *centrale*: nel nostro caso l'uso centrale delle parole *vero* e *falso* è quello della *proposizione*.

La determinazione di cosa sia la verità — come ogni definizione e quasi-definizione — contiene un certo elemento di decisione. Quale sia l'uso principale dell'espressione *è vero* (e di ogni espressione!) viene determinato: in parte, da elementi fattuali (quale sia l'uso attuale di quella espressione, quale la sua etimologia), forse non completamente convergenti; in parte, da elementi sistematici e aprioristici (quale sia il mio sistema in qualche modo preconcetto, quale il mio preconcetto di verità, quale la mia lingua, e così la mia struttura conoscitiva che categorizza i fatti); in parte da decisioni (quale degli usi di quella espressione è per me l'uso centrale). In ogni caso, la definizione di verità sarà parzialmente diversa. Tuttavia, in ogni caso, si deve porre attenzione, oltre che al significato preso come centrale, anche a quelli marginali; questi vanno riferiti a quello. Così, di fatto, la definizione viene sempre temperata e forse anche in parte mutata. Per esempio: la verità principalmente delle proposizioni vocali o interiori, principalmente del giudizio o del concetto o delle idee o dell'apprensione o della sensazione, la verità principalmente della proposizione o della cosa, la verità principalmente della proposizione singola o del sistema.

Anche se non si può dire che l'uso del termine *vero* per le proposizioni sia l'uso centrale e focale, e indichi, perciò, l'analogato primario dell'analogia della verità, questo è l'uso più interessante per noi, in quanto è l'uso collegato col significato del termine *sapere*. La verità della proposizione consiste nella *corrispondenza della proposizione alla realtà*, ai fatti. La verità, perciò, si determina come relazione speciale della proposizione al fatto. La proposizione e i fatti si possono determinare soltanto nella relazione reciproca. Per *proposizione* intendiamo: ciò per cui si dice che una cosa è in un certo modo, con la pretesa che sia davvero così e conseguentemente con la pretesa di *conoscere* la cosa così com'è. Perciò: la proposizione è quella forma di conoscenza, che conosce in quanto dice le cose così come stanno, e che è vera o falsa (in senso proprio). *Cosa* è identico a *fatto* ed ha una molteplicità di significati.

5 Conclusione

Dopo aver stabilito cosa intendiamo con la parola "sapere", del quale significato intendiamo stabilire la validità, ci resta solo sottolineare che, in tutto il resto delle nostre indagini, tratteremo sempre del sapere in questo senso universale e generico e non di una sua forma rarefatta come potrebbe essere il "sapere scientifico", "il sapere logico" o "il sapere vissuto" ecc.

6. Bibliografia ragionata

Per **2.** e **3.**:

PLATONE, *Menone*.
G. RYLE, *The Concept of Mind*, II, 4, 7, 9.
L. WITTGENSTEIN, *Ricerche filosofiche*, I, 10-15. 23-27. 108.

Per **4.**:

TOMMASO D'AQUINO, *De veritate*, q. 1.
ARISTOTELE, *Metaph.*, IV 29; III 1–2.
J.L. AUSTIN, *Sense and Sensibilia*, VII, 62ss.
———, *Philosophical Papers*, 85ss.
H.U. VON BALTHASAR, *Wahrheit*.

Per l'inizio:

G.E. MOORE, *The Commonplacebook*, 170ss. 378ss.
R.M. CHISHOLM, *Theory of Knowledge*, cap. 7 (What is the Truth), pp. 130ss.
J. PASSMORE, *Philosophical Reasoning*, cap. 6 (Arguments to Meaninglessness: Excluded Opposits and Paradigm Cases), pp. 100ss.
L. WITTGENSTEIN, *Ricerche filosofiche*, I, 136.

CAPITOLO IV

IL CARATTERE FILOSOFICO DEL PROBLEMA DELLA VALIDITA' DEL SAPERE UMANO

Abbiamo già visto come le singole incertezze e le questioni sulla validità del sapere umano acquistano una dimensione generale (c. I, **2**). È così che cominciano ad essere trattate dalla filosofia e costituiscono un problema specificamente filosofico. Anche quando, più tardi, le varie scienze cominciano a svilupparsi e a occuparsi della conoscenza umana (psicologia, sociologia, neurologia ecc.) il problema generale della validità del sapere umano è riaffermato come problema non scientifico, ma filosofico.

TESI VII: Il problema della validità del sapere umano è un problema non scientifico ma filosofico.

1. Lo sviluppo storico del problema della validità del sapere umano

a. *Problematica parziale: Antichità e Medio Evo*

Il nostro problema del sapere, cioè se il sapere umano sia valido o no, si pone inevitabilmente già all'inizio della filosofia antica con i Sofisti che rifiutano la fondazione del sapere umano, ma ancor più quella della convivenza umana nella polis, nel mito e nella religione tradizionale greca[1], ai quali si

---

[1] Cfr. I dialoghi giovanili, specialmente Eutifone.

oppongono Socrate e Platone, opposizione alle convinzioni puramente tradizionali-culturali. Socrate scopre la razionalità riflessa all'interno dell'anima e Platone in opposizione al relativismo[2] sofista afferma la validità assoluta del sapere attraverso la conoscenza delle idee.

Aristotele colloca il problema del sapere umano all'interno dell'attività **vitale**, cioè immanente all'essente vivo e autoperfezionante se stesso nella sua triplice forma: vegetativa, sensitiva e intellettuale (solo umana) e ne applica l'analisi dell'essente per atto e potenza[3].

La filosofia medioevale scolastica, specialmente san Tommaso, seguono in questo Aristotele[4]. La conoscenza umana è considerata come attività/atto dell'anima.

Nella filosofia moderna tale filone continua nella «Psychologia rationalis» del razionalismo e nel neotomismo.

A questa problematica della conoscenza umana si aggiunge però il problema «de universalibus» con l'opposizione fra ultrarealismo, **realismo** e nominalismo.

b. *Problematica generale: Epoca moderna*

Soltanto nella filosofia moderna a partire da Cartesio si pone, con lo spostamento dalla filosofia dell'essere a quella della filosofia del cogito (Bewusstseinsphilosophie), il problema generale, cioè il «problema del ponte».

Locke scrive il primo trattato *An Essay Concerning Human Understanding* e da allora si parla con Hume, accanto alla Philosophy of Nature della «Philosophy of Mind», della filosofia della conoscenza.

Kant, nella sua *Kritik der reinen Vernunft*, dà a questa parte della fisolofia il nome di «Critica». E ne determina il metodo: cioè il metodo trascendentale, il che vuol dire che si cerca le

---

[2] Cfr. Specialmente i Dialoghi: Parmenide e Menone.
[3] I testi di Aristotele si trovano nel suo "Peri psyches".
[4] Perciò i testi importanti si trovano nei commenti "De anima" del testo di Aristotele, specialmente nel "De anima" di san Tommaso.

condizioni della possibilità della conoscenza umana all'interno dello soggetto stesso.

2. L'aspetto filosofico del problema della validità del sapere umano.

Nella vita vissuta — anche quella intellettuale —, rispetto al sapere, ci rendiamo conto direttamente solo dei suoi *contenuti*, cioè di quello che sappiamo e di quello che invece non sappiamo. Solo implicitamente e in modo confuso ci rendiamo conto della nostra *facoltà* di sapere, cioè del fatto che possiamo sapere qualcosa. Per accertarsi che realmente siamo in grado di sapere qualcosa, è invece necessario che sappiamo non solo quello che sappiamo, ma anche che sappiamo che cosa sia il sapere e che siamo in grado di sapere. Il sapere deve diventare un «sapere del sapere», una «epistemè epistemes» una «Wissenschaftslehre» (scienza della scienza, Fichte).

3. Le caratteristiche di filosoficità del problema della validità del sapere umano, in quanto opposte a quelle di un problema scientifico

a. *Il problema del sapere è universale*

Il problema della validità del sapere riguarda tutto il sapere in tutte le sue forme, dal sapere quotidiano al sapere delle diverse scienze, il sapere matematico, il sapere filosofico e perfino al sapere di fede.

L'oggetto del sapere è universalissimo, estendendosi su tutto ciò che è reale in quanto è, e a tutto che non è in quanto non è.

b. *Il problema del sapere è riflessivo*

Per accertare la validità del sapere umano bisogna sapere che si sappia. In questo sapere riflesso e consapevole di se stesso si rievoca continuamente la stessa origine della filosofia nel motto dell'Apollo di Delfi «Gnoti sauton»[5], che diven-

---

[5] Cfr. Platone, *Alc.*, I, 124b-127c.

ta la «epistemè heautou»[6] e la «epistemè heautes»[7] e viene ripreso da Aristotele come formula per la conoscenza perfetta «noesis noeseos»[8].

c. *Il problema del sapere è un problema improprio*

Si risolve per analisi e riflessione non per un'ulteriore informazione. Si sa già, da sempre, che il problema è risolto e che la risposta alla questione, se il sapere umano sia valido, o, se l'uomo possa sapere qualcosa, è affermativa.

Il metodo fondamentale della soluzione del problema è la refutazione, anzi la riduzione all'assurdo del problema stesso[9].

d. *Il problema del sapere è un problema allo stesso tempo concettuale e reale*

Il problema della validità del sapere umano non è puramente fattuale, come sono i problemi scientifici, ma è prevalentemente concettuale come sono i problemi logici.

Ma il problema del sapere non è neppure puramente logico-concettuale.

Il problema del sapere è — come vedremo nel cap. V — allo stesso tempo concettuale e fattuale, logico e reale, come sono i problemi metafisici[10].

e. *Il problema del sapere e la sua soluzione sono necessarie*

— non solo di necessità pratica (c. I,.**3**);
— non solo di necessità logica (c.II, **4. d.**);
— ma di necessità speculativa (cc. V e VI);
— anzi, di necessità trascendentale (c.II, **6**).

---

[6] PLATONE, *Apol.*, 21ss.
[7] PLATONE, *Charm.*, 166e.
[8] ARISTOTELE, *Metaph.*, XII 9, 1074b 34-35.
[9] Cfr. F. MORANDINI, *Critica*, 48-55.
[10] Cfr. C. HUBER, «Il rapporto tra filosofia e scienza», 33ss. Cfr. anche L. WITTGENSTEIN, *Philosophische Untersuchungen*, I, 49. 70. 453. 574.

4. La specificità filosofica del problema del sapere in quanto esso costituisce una disciplina speciale

a. *La specificità*

Ogni problema filosofico — almeno ogni problema filosofico fondamentale e centrale — è *onnicomprensivo*. Perciò le singole discipline filosofiche non si distinguono fra di loro come scienze diverse oppure come parti diverse di una scienza. L'oggetto materiale della filosofia è unico e trascendentale: l'essere, anche l'oggetto formale ultimo è unico: l'essere in quanto tale. Questo non esclude una diversità di discipline filosofiche, in quanto anche le questioni filosofiche fondamentali e centrali non sono identiche: Dio, il mondo, l'uomo, ... il sapere. In questo senso il problema della validità del sapere umano costituisce una disciplina filosofica specifica, distinta, ma non separata, da altre quali la metafisica, l'antropologia, la teologia filosofica, la cosmologia. In quanto la validità del sapere è presupposta — o almeno implicata — per la trattazione delle altre discipline filosofiche, alla critica compete una certa priorità logica sistematica, che non necessariamente, ma possibilmente, si traduce in priorità temporale didattica.

b. *La sistematicità*

Il problema della validità del sapere umano è un problema complesso che si organizza in molte questioni singole ma connesse; il che permette, anzi esige, perciò, un trattamento metodico, sistematico e costituisce così una disciplina specifica[11].

c. *Trattato filosofico sulla validità del sapere*

— Filosofia della conoscenza, *Philosophy of knowledge*;
— Teoria della conoscenza, *Erkenntistheorie*;
— Epistemologia;

---

[11] Vedi cap. II, **6.**

— Gnoseologia;
— *Logica maior* (neoscolastica), Critica (Kant), *Wissenschaftslehre* (Fichte).

NB: La terminologia è diversa nelle diverse lingue.

Dato che il nostro trattato raggiunge la sua struttura pienamente sviluppata e una sua consapevolezza metodica solo con Kant, il *nome proprio* del nostro trattato, che useremo in futuro, è *critica* (c. I, **4**).

5. Bibliografia ragionata
PLATONE, *Eutifone*
C. HUBER, *Il rapporto tra filosofia e scienza*

Parte seconda

LA VALIDITA' DEL SAPERE

Introduzione

Dopo le chiarificazioni introduttorie del problema del sapere e del suo significato dobbiamo stabilire, anzi in un certo modo **dimostrare,** che il sapere umano è **valido.** Lo faremo nell'unico modo possibile, cioè in modo indiretto **contro lo scetticismo,** che nega totalmente questa validità, dicendo che noi uomini non possiamo mai sapere niente (cap. V.) Di conseguenza mostreremo l'assolutezza del sapere, che vuol dire come la validità del sapere è **autofondante:** ha il fondamento in se stesso e in nient'altro (cap. VI.)

Capitolo V

LA VALIDITA' DEL SAPERE UMANO CONTRO LO SCETTICISMO

Dopo che nei precedenti capitoli della prima parte abbiamo posto (c. I) e determinato (cc. II e III) il problema del sapere umano e sottolineato la sua natura filosofica (c. IV), adesso, dobbiamo darne una soluzione, almeno iniziale. I primi quattro capitoli hanno trattato — in modo introduttivo e preliminare — del sapere umano, della questione *quid sit* (cos'è?), adesso affrontiamo la questione *an sit* (c'è?).

1. La tesi della soluzione del problema del sapere

a. *La risposta alla questione «Il sapere umano è valido?»*

La risposta alla questione sull'esistenza del sapere umano è affermativa: quello che chiamiamo *sapere* di fatto si trova fra noi esseri umani, *esiste* in realtà. Dato che l'esistenza per la realtà del *sapere* consiste nella sua validità, la risposta fondamentale del problema del sapere si esprime meglio con la seguente tesi.

TESI VIII: Il sapere umano è valido.

b. *Il senso di questa risposta*

La proposizione «Il sapere umano è valido» significa che ci sono proposizioni vere per le quali si possono dare ragioni valide. Il che vuol dire concretamente che gli uomini (tutti gli uomini adulti e normali) hanno convinzioni vere, che esprimono con proposizioni vere e per le quali danno ragioni valide.

Non significa, però, che tutte o la maggior parte delle convinzioni umane, anche se esplicitamente enunciate come vere, siano di fatto vere; o che tutte le ragioni date siano valide; o che, infine, determinati sistemi di verità e di argomentazione siano validi.

2. Lo scetticismo

Allo scetticismo abbiamo alluso già varie volte. Nelle sue varie forme, che considereremo in seguito attraverso la storia del pensiero umano, si è sempre presentato di nuovo come la negazione, anzi come totale rifiuto della capacità umana di essere certi di qualsiasi posizione e con ciò della negazione del sapere. Come vedremo, l'argomento in favore della validità del sapere umano si può condurre solo mostrando la **falsità** dello scetticismo, ma anche la sua necessità attraverso la storia nelle sue diverse forme.

a. *La tesi dello scetticismo*

In un certo senso lo scetticismo non ha alcuna tesi, ma le nega tutte; precisamente in questo senso si oppone ai filosofi dogmatici, cioè a coloro che propongono tesi (*dogmata*). Esso, perciò, nega la possibilità del sapere umano e afferma che non esiste conoscenza umana certa: non sono certo di sapere.

b. *Le forme dello scetticismo*

Lo scetticismo si presenta, a sua volta, sotto varie forme:

— scetticismo *parziale*: afferma che certe forme del sapere non sono valide: la magia, l'alchimia, la parapsicologia, la metafisica, la filosofia, l'estetica, la morale ecc.;

— scetticismo *funzionale*: sostiene che solo una certa forma del sapere è valida; tutte le altre vengono escluse in funzione dell'esaltazione di questa;

— scetticismo *empiristico*: afferma che solo l'esperienza, le scienze empiriche, la scienza sono valide (Hume, positivismo, neopositivismo, in qualche modo anche Kant);

— scetticismo *razionalistico*: solo la conoscenza intellettuale è valida, cioè la matematica, la filosofia, il sapere asso-

luto (es.: Socrate (?), Platone (?), gli accademici di s. Agostino, Cartesio, gli Idealisti (?));
— scetticismo *fideistico*: professa che solo la fede soprannaturale è valida (es.: Montaigne, Sanchez, de Lammenais; Agostino (?), M. Lutero; tradizionalismo; integralismo);
— *scetticismo totale*: nessun sapere (umano) è valido.

c. *La genesi dello scetticismo*

Allo scetticismo si giunge alla fine di un complesso processo che muove, naturalmente, i suoi primi passi dalla certezza ingenua (*doxa*), che si imbatte nell'errore, nella delusione, nella frustrazione (*aporia*), per giungere dapprima al rifiuto parziale del sapere a vantaggio di una conoscenza in particolare (*ideologia*), e poi, in alcuni casi, anche al rifiuto totale e alla disperazione intellettuale, che può risultare una vera e propria malattia intellettuale, a cui non resta che la speranza, codarda, della pace intellettuale (*atarassia*)[1].

d. *L'aspetto positivo della crisi scettica*

La crisi scettica costituisce un momento indispensabile per la maturazione intellettuale, giacché in essa vengono scosse e poi eliminate le incrostazioni e le fissazioni intellettuali, ci consente di far piazza pulita per la creatività intellettuale, per idee nuove, talvolta addirittura per un nuovo livello del pensiero.

Inoltre, la crisi scettica è importante per la maturazione intellettuale dell'*individuo*. Per aprirsi nuovi orizzonti è necessario — specialmente durante l'adolescenza — mettere in dubbio l'esclusività, anzi forse anche la validità delle proprie convinzioni precedentemente accettate e prematuramente formate.

Non solo l'individuo affronta tali crisi, ma anche intere culture e periodi della storia; da qui l'importanza *epocale* delle

---

[1] Cfr. PLATONE, *Menone*, 79e-80d. Vedi anche cap. I, **2.a.**

crisi scettiche per lo sviluppo del pensiero umano, specialmente per quanto riguarda la *storia della filosofia*. Per superare lo *status quo*, come primo passo, è necessario dubitare della sua stessa validità, forse anche dei suoi valori fondamentali. Le crisi scettiche, in filosofia, hanno sempre preceduto e preparato nuove sintesi.

È possibile individuare, lungo la storia, *cinque periodi* di crisi scettica, collegati fra loro attraverso una tradizione letteraria (quella di Sesto Empirico), e un modo di argomentare e di pensare, ma per il resto assai diversi fra loro.

Nonostante che lo scetticismo non sia una scuola, perché non prende mai una posizione, non dice delle tesi, ma le nega tutte, ha una sua tradizione letteraria attraverso i testi dei grandi scettici. Per tutte e cinque le crisi scettiche possiamo indicare:

    a) *il tipo* di scetticismo,
    b) *la crisi* dalla quale nasce,
    c) *chi* supera la crisi,
    d) *il modo* in cui viene superata,
    e) *il nuovo livello* raggiunto attraverso il superamento della rispettiva crisi.

1) *Lo scetticismo dei Sofisti*
Protagonisti centrali dell'epoca sono Protagora (ca. 480-411), Gorgia (ca. 480-375) e Socrate (469-399).
    a) È uno scetticismo etico-politico.
    b) Nasce dalla crisi della polis greca, che è una crisi sociale, politica, etica e religiosa insieme.
    c) Viene superato da Socrate, che sembra essere uno dei Sofisti.
    d) Con gli strumenti della riflessione filosofica.
    e) Nasce, così, quella che chiamiamo *filosofia*: passaggio dal *mythos* al *logos*[2].

---

[2] Cfr. W. NESTLE, *Vom Mythos zum Logos*.

2) *Lo scetticismo accademico*
Si tratta di una crisi prolungata, lenta, non virulenta come la prima, ma continua. I maggiori protagonisti, lungo la storia, sono stati: Pirrone di Elide (360-270 a.C.), Timone di Fliunte (325-235), Arcesilao (315-241), Carneade di Cirene (214-129), Enesidemo di Cnosso (ca. 50), Cicerone (106-43); Sesto Empirico (ca. 200 d.C.), sant'Agostino (354-430).
 a) Si tratta di uno scetticismo filosofico-scientifico.
 b) È collegato con la continua crisi culturale e politica, prima del mondo ellenico poi del mondo romano. L'impero romano, infatti, ha solo una stabilità giuridica e militare. Anche i *misteri* e il neoplatonismo non danno una sicurezza globale: sono troppo «privati».
 c) Viene superato da Agostino: lui stesso in un periodo della sua vita era stato scettico[3].
 d) Si basa sul fondamento della fede cristiana.
 e) Nasce così la filosofia cristiana: cioè la problematica filosofica del Dio trascendente rivelatosi all'interno della storia umana (del pensiero umano) con la conseguente separazione fra credere e sapere, teologia e filosofia.

3) *Lo scetticismo rinascimentale.*
Ne sono attori: Michel de Montaigne (1533-1592), Francisco Sanchez († 1623), la riscoperta e ristampa delle *Ipotiposi pirroniane* di Sesto Empirico da parte dell'editore Stephanus/Etienne nel 1562, e René Descartes (latinizzato in Cartesio, 1596-1650).
 a) Si tratta di uno scetticismo fideistico, religioso, cristiano.
 b) Trae origine dalla crisi della cristianità rispetto all'unità e alle fondamenta della fede, che è scoppiata nei movimenti della riforma (Jan Hus, Fraticelli, Martin Lutero, Zwingli, Calvino) che professa la «sola scriptura», contro la tradizione e il magistero, la «sola fides».

---

[3] Cfr. AGOSTINO, *Contra Academicos*; *De Trinitate*, X.

c) La crisi viene superata da Cartesio, che pone il dubbio come metodo e lo spinge fino all'estremo, fino all'autoconsumazione nel *cogito*.

d) Superamento di tale crisi in maniera filosofica e porta, nel razionalismo, alla nuova unità del pensiero umano, che comprende sia il pensiero dei protestanti che dei cattolici.

e) Da Cartesio (e Locke) in poi la filosofia non è più filosofia dell'essere, ma filosofia del cogito, della coscienza: *Bewußtseinsphilosophie*.

4) *Lo scetticismo empiristico*.
Le figure centrali di questa epoca sono David Hume (1711-1776) e Immanuel Kant (1724-1804),.

a) Si tratta di uno scetticismo empiristico, piuttosto scientifico.

b) La crisi è una crisi all'interno della filosofia; cioè la crisi della dissoluzione della filosofia cartesiana negli scandali di Malebranche e di Berkeley.

c) La crisi viene superata da Kant, che asserisce di essere stato svegliato dal sonno dogmatico dallo scetticismo di Hume.

d) Il superamento della crisi è di tipo filosofico, ma prepara all'unità del pensiero umano idealista e postidealista dell'ottocento e dell'inizio del novecento, che comprende anche il marxismo, le filosofie religiose (es., Kierkegaard), l'esistenzialismo (l'ermeneutica, l'analisi linguistica): un pensiero profondamente segnato dalla teologia cristiana.

e) La filosofia diventa filosofia trascendentale.

Da un primo sguardo, possiamo notare che le crisi generali dalle quali nasce lo scetticismo sono di diverso tipo, come d'altra parte lo sono le sue diverse forme; non esiste neppure un nesso troppo stretto fra il tipo della crisi generale e lo scetticismo che ne risulta. Il modo poi come viene risolto e superato un determinato scetticismo non rispecchia affatto il tipo né della crisi, né dello scetticismo, ad esempio la crisi religiosa e lo scetticismo fideistico rinascimentale vengono superati da un pensiero filosofico-scientifico. Lo scetticismo filosofico-scientifico-accademico invece viene superato da un pensiero, almeno prevalentemente religioso.

Elemento comune a tutte le quattro crisi è soltanto il fatto che sono proprio i personaggi più grandi del pensiero umano a superarle, Socrate, Agostino, Cartesio e Kant, e che non si può fare filosofia dopo di loro come si faceva prima: il nuovo livello raggiunto è definitivo.

5) *Lo scetticismo del XX secolo*[4]
Come esempi possono bastare: Friedrich Nietzsche (1844-1900), Sigmund Freud (1856-1939), il neopositivismo, Hans Albert (nato 1921). La crisi è fondamentalmente quella dell'idea del *progresso* sia scientifico che tecnologico e sociale, messa a nudo dalla sovrappopolazione, dai limiti delle risorse, dai pericoli della tecnica e della scienza (es., dal punto di vista ecologico e sociale), i pericoli di guerra nucleare e di dittature disumane (Auschwitz, Hiroshima, i Gulag, i problemi ecologici, le guerre etniche ecc.).

6) *Lo scetticismo attuale*
Per quello che possiamo dire di questa fine millennio, nei limiti in cui la mancanza di prospettiva storica ci consente di formulare un giudizio, si tratta più che di uno scetticismo di un relativismo che sfocia spesso in un vero e proprio sincretismo (es. la fusione di natura, uomo e dio, cercata dalla New Age), in una filosofia rinunciataria del "pensiero debole". Non dimentichiamo che lo scetticismo nasce da una codardia intellettuale, che ha paura non soltanto di sbagliare e di commettere un errore, ma anche di dovere polemizzare e di prendere posizione. Anche il fideismo e certe forme di misticismo sono fino in fondo una fuga dal lavoro duro del pensiero ("Arbeit des Begriffes")[5].

---

[4] Cfr. W. STEGMÜLLER, *Metaphysik, Wissenschaft, Skepsis*.
[5] HEGEL, *Phänomenologie des Geistes*, Prefazione, 57 c Meinen. "Wahre Gedanken und wissenschaffliche Einsicht ist war in der Arbeit des Begris zu gewinnen"

Dall'altra parte lo scetticismo ha una notevole *importanza speculativa*: infatti, solo attraverso lo scetticismo che viene spinto all'estremo e che si autoconsuma («sich selbst vollbringender Skeptizismus»), si arriva all'assolutezza del sapere e si comprende in che cosa consiste.

3. Il rifiuto dello scetticismo come autoaffermazione del sapere umano nella sua validità

a. *L'uomo pretende di sapere e non può farne a meno*

L'uomo pretende di conoscere la verità, e non può farne a meno, anzitutto *in forma esplicita*. Di solito, non si domanda né agli altri, né a se stessi, se si conosce *realmente* qualcosa *in genere* e perciò non si rivendica la conoscenza della verità *in genere*, ma solo *in un caso concreto*, in quel caso, si dice: «So» o «Conosco la verità». Si usano anche altre espressioni in modo intelligibile, come queste: «Quello che ho detto (hai detto, ha detto) è vero», «Questo è vero», «So bene che è vero», «Mi pare», «Credo», «Sono d'accordo», «Approvo» ecc.

NB: *Sapere* e *conoscere* hanno lo stesso senso di *sapere la verità, conoscere la verità*[6]. Espressioni come «Lo so, ma non è vero», «Ho visto Alfonso, ma non era Alfonso» non hanno alcun significato. Alle domande concrete, se si sappia questo o quello, si risponde spesso affermativamente.

L'uomo pretende di conoscere la verità anche *in forma implicita*, si fanno delle proposizioni, si dice per esempio: «Roma è la capitale d'Italia», «Oggi è Lunedì», «Il treno parte alle 17.35» ecc. Dicendo questo, l'uomo *vuol* dire che le cose stanno proprio così. Tutto lo scopo della proposizione consiste in questo: esprimere che *le cose stanno così come si dice*. Non ha alcuna importanza che in realtà questa proposizione possa essere sbagliata. Ciò che si *intende* dire è che le cose stanno davvero così. Dicendo «p», si pretende, anzi, si dice che «p è

---

[6] Vedi cap. III, **2. c.** e cap. III, **3. c.**

vero». Anche le cosiddette *proposizioni prudenti* e *proposizioni caute* (es.: «forse p», «è probabile che p», «mi pare di avere l'impressione soggettiva p») o dicono qualcosa e poi pretendono la verità di questo, o non dicono niente e quindi sono prive di significato. Dunque: se ogni proposizione intende dire che le cose stanno veramente così come le dico, allora, facendo una proposizione, io pretendo di sapere che le cose stanno davvero in quel modo.

NB 1: «p e non-p» non dice niente, non ha senso. Perciò le proposizioni: «La rosa è bianca, ma non è vero», oppure «...ma non lo so», oppure ancora: «...ma ne dubito» non hanno alcun significato; la seconda parte della proposizione nega la prima.

NB 2: Grazie a tutto ciò si forma la possibilità della *menzogna*, cioè di dare pretesa fittizia a una proposizione considerata da parte del soggetto che la dice come non vera.

L'uomo pretende di conoscere la verità *attraverso il suo comportamento* e rivendica di sapere con il suo stesso *modo di agire*. Si comporta in tal maniera, ma il suo comportamento implica una fiducia nella verità di certe convinzioni, che si potrebbe esprimere anche in forma proposizionale. Infatti, chiede informazioni agli altri e le accetta, le considera vere, a meno che non ci sia una particolare ragione per negarle o dubitarne. Segue una strada, mangia, evita ostacoli, impara — specie dall'insuccesso —, si fida della scienza, specialmente nell'uso e nello sviluppo della tecnica, ecc. In genere l'uomo si lascia guidare dalla sua conoscenza[7] e agisce, generalmente con successo, *come se* la sua conoscenza fosse vera. Se poi non avesse successo, cerca e corregge l'errore.

Anche *in forma negativa e indiretta* si pretende di conoscere la verità. L'uomo scopre gli errori e in certi casi dice: «Questo non è vero», negando in questo modo la verità di una proposizione, ma dicendo la verità di una proposizione

---

[7] Cfr. ARISTOTELE, *Metaph.*, XI 6, 1063a 28-34.

negativa. In genere corregge i suoi errori e dalla loro scoperta trae profitto per il progresso della sua conoscenza[8].

Egli non può fare a meno di pretendere di conoscere la verità già semplicemente *parlando*. Non appena parla, *deve* formulare anche proposizioni. Pure le espressioni *cautissime* dicono ancora qualche cosa: che le cose stanno così. La proposizione «mi sembra, forse, di avere l'impressione soggettiva di qualcosa, che potrebbe essere chiamato rosso» o dice qualcosa o non ha alcun significato. Queste espressioni *caute* nascono in filosofia proprio per evitare l'errore, vogliono, in effetti, dire solo ciò che non può essere falso, ovverossia che è infallibilmente vero.

L'uomo non può fare a meno di pretendere di conoscere la verità *comunicando*. Anche se tace, comunica con gli altri anche con i gesti, con gli atteggiamenti esteriori o, almeno, con il suo comportamento; il tacere stesso comunica qualcosa, spesso più del parlare. Tutto questo implica già che egli rivendica la conoscenza della verità, come quel cinico che muoveva solamente il dito per non cadere in errore. Non ci si può astenere da un'attività umana così vitale come il comunicare, saremmo come una pianta[9].

Agendo. L'uomo, per pura necessità di sopravvivere non può fare a meno di distinguere azioni ragionevoli da irragionevoli e di scegliere, almeno in certi casi, quelle ragionevoli.

Correggendosi. Per la stessa ragione, l'uomo non può non tentare di evitare gli errori commessi e di «fare meglio».

Spesso per le nostre proposizioni diamo delle ragioni e talvolta anche *in forma esplicita*. Sebbene nella vita quotidiana le ragioni per proposizioni espresse sono spesso talmente ovvie, che non vengono date oralmente. Per esempio: «Lo vedo», «Mi ricordo», ecc.; tuttavia, quando sorge un *dubbio*, o quando solo si prevede un dubbio possibile, per le proposizioni non solo straordinarie, ma anche per quelle semplicemente

---

[8] Cfr. La «legge» metodologica di K.R. POPPER, *Trial and error*.
[9] ARISTOTELE, *Metaph.*, III 4, 1008b 11-12.

non scontate, alcune ragioni vengono date in modo spontaneo e spesso anche richieste. In molti *campi specifici*, poi, esse sono date in maniera ordinata, come parte del discorso stesso; dare ragioni fa parte delle regole del gioco di questi campi specifici. Questo vale non solo per i discorsi scientifici, ma per ogni discorso coerente; per esempio: morale, educativo, politico ecc. Anzi, questo tipo di discorso *logico* nasce dal fatto umano radicale, che noi pretendiamo dare ragioni valide per le nostre convinzioni.

L'uomo dà alcune ragioni anche *in forma implicita*, usando la parola *sapere* o un termine equivalente e implicitamente accetta l'obbligo di dare ragioni per quello che si pretende sapere[10]. Inoltre, *attraverso il suo comportamento*, nell'accettazione delle convinzioni o proposizioni come vere, l'uomo distingue fra comportamenti ragionevoli e non-ragionevoli, cioè fra comportamenti fondati su ragioni o meno[11]. Oppure dà ragioni *in forma negativa e indiretta*; infatti, certe ragioni e certe procedure si rifiutano, distinguendo così fra ragioni valide e ragioni non valide. Tutto ciò che si è detto l'uomo non può evitare di farlo tramite la comunicazione, con un comportamento individuale e sociale, cioè semplicemente *vivendo da uomo*.

b. *La legittimità della pretesa di sapere*

La pretesa di sapere è generalmente legittima, al punto che normalmente viene *tacitamente* presupposta: essa è talmente parte della nostra vita individuale e sociale, che questo già la legittima *de facto*.

Non si può negare: la negazione della possibilità di sapere è sempre una *proposizione*: «Io non so niente» o «L'uomo non può sapere niente», ecc. Ogni proposizione, infatti, in quanto tale, dice qualcosa; in questo caso viene detto come vero che non si possa sapere, o almeno di essere certo di non essere certo. Perciò, lo scettico, che nega la possibilità di sapere si

---

[10] Vedi cap. III, **2. c.**
[11] Cfr. ARISTOTELE, *Metaph.*, XI 6, 1063a 28-34.

contraddice. Non commette una contraddizione in termini, cioè fra due proposizioni contraddittorie, ma una *contradictio exercita*: fra il detto («non so niente») e l'atto stesso di dire («Dico [= so!] di non sapere niente»). Lo scettico non evita questa contraddizione esprimendosi in *maniera più guardinga*: «Forse, non so niente» o «Non sono certo di sapere qualcosa». Anche in tal caso formula una proposizione, dice qualcosa, e questo con la certezza, ad esempio, di non essere certo. Anche *tacendo* e usando il suo tacere come rifiuto del sapere, egli non sfugge all'autocontraddizione: la sua scelta di tacere implica una presa di posizione, il che equivale, logicamente, a una proposizione. Gli scettici *danno* poi generalmente *ragioni* per la loro posizione scettica; ad esempio la frequenza di errori. Normalmente dare delle ragioni sono anche, quando si formulano proposizioni che vanno contro il senso comune delle aspettative generali, le opinioni della maggioranza e le tesi degli scettici sono certamente tali. Se lo scettico si rifiuta di dare ragioni per il suo scetticismo, già interrompe la discussione; se dà ragioni, si contraddice.

NB: Questo punto è il cuore dell'argomento contro lo scetticismo totale, e, quindi, per la validità del sapere umano. Il fondamento di tale argomento è doppio: 1) una proposizione, affermativa o negativa, è tale in quanto dice, predica (categorie) qualcosa; 2) moltissime azioni umane sono o contengono, logicamente, proposizioni[12]

Non si può dubitare: o si danno ragioni per il dubbio sulla possibilità umana di sapere qualcosa o non si danno. Nel *primo caso* abbiamo a che fare con la stessa contraddizione di prima: dando ragioni per il dubbio, si sa già qualcosa, «Si dubitat, unde dubitat, meminit»[13]. Oppure: dubito, ergo «cogito, ergo sum»[14]. Nel *secondo caso* la parola dubitare si usa senza un significato comprensibile, non si riferisce a niente[15].

---

[12] ARISTOTELE, *Metaph.*, III 3, 1005a 19; 1011a 22.
[13] Cfr. AGOSTINO, *De Trinitate*, X, x.
[14] Cfr. R. DESCARTES, *Discours de la méthode*, IV.
[15] Cfr. L. WITTGENSTEIN, *Über Gewissheit*, 329ss.

Non si può mettere in questione. Infatti, non si può porre una questione se già non si sa qualcosa. Ogni questione nasce da un sapere precedente consapevole, esprimibile, per il quale si possono anche dare ragioni[16].

Non pone un problema. La validità del sapere umano non pone un problema, nel senso vero e proprio della parola, per il quale dovrei cercare una soluzione che ancora non conosco («problema stricte dictum»), ma appena pongo il problema, esso sparisce: mi rendo conto che la soluzione positiva *già la conosco*. In altre parole, la soluzione positiva del problema è una condizione necessaria per poter porre il problema («problema late dictum»), che perciò è un problema tipicamente *filosofico*[17].

Non si può dimostrare: ogni argomento vero e proprio già presuppone la possibilità dell'argomentazione, cioè la possibilità di poter sapere qualcosa. Ogni argomento, sia deduttivo che induttivo, per la validità del sapere umano in genere, è perciò *circolare*. Questo vale anche per la nostra argomentazione impropria e indiretta; anche essa è circolare, ma questa circolarità *non* costituisce un *circolo vizioso*.[18]

Si può invece giustificarla. I paragrafi precedenti costituiscono una giustificazione della validità del sapere umano; si vede, però, che qui si tratta di una giustificazione non esterna, ma *interna*: è lo stesso sapere a manifestarsi giustificato nella sua validità.

Si può sempre difenderla. Non solo si può di fatto sempre difendere la validità del sapere umano contro ogni dubbio scettico, ma questa validità si manifesta esplicitamente *soltanto con un argomento indiretto* contro la sua negazione scettica[19].

È originaria e perciò fondamentale e la più certa possibile. L'argomento indiretto per la validità del sapere umano non

---

[16] Cfr. PLATONE *Menone*, 80d-c.
[17] Cfr. F. MORANDINI, *Critica*, 49-55. Vedi anche cap. IV, 3. c.
[18] Cfr. ARISTOTELE, *Metaph.*, III 4, 1006a 5-11.
[19] Cfr. ARISTOTELE, *Metaph.*, III 6, 1006a 11ss.

costituisce una giustificazione di valore, di rigore o di razionalità, inferiore rispetto alle forme di argomentazione diretta. Al contrario, questo argomento possiede la massima forza logica possibile: esso mette in evidenza una legittimità del sapere umano originaria, non derivata, ma fondamentale per ogni altro singolo ragionamento; una legittimità che più in là avremo modo di chiamare «assoluta». Proprio per questa originarietà e questa assolutezza del sapere umano, l'argomento circolare, per la sua validità, non costituisce un circolo vizioso. Chiedere un altro argomento, non essere contento di questo, è perciò non segno di acume intellettuale, ma manifestazione di un atteggiamento irrazionale, sintomo di quella malattia intellettuale, che porta il nome di scetticismo.

4. La ragione fondamentale dell'irrefutabilità, anzi, dell'autoaffermazione del sapere e della contraddittorietà dello scetticismo universale

Può nascere il dubbio che tutta la nostra argomentazione per la validità del sapere umano sia puramente concettuale, simile all'argomento ontologico per l'esistenza di Dio: partendo dall'esistenza della parola *sapere* e di certe sue proprietà grammaticali e logiche, si mostra l'impossibilità — sempre soltanto logico-grammaticale — della sua negazione. Insomma, l'impossibilità della negazione dell'esistenza del sapere sarebbe soltanto una proprietà logica del termine *sapere* e non dimostrerebbe niente riguardo l'esistenza reale o meno del sapere umano.

Al contrario, quello che intendiamo affermare è che la «forma di vita»[20] umana sociale e individuale implica inevitabilmente il sapere, il «gioco linguistico»[21] di sapere.

---

[20] Per l'espressione «forma di vita» cfr. L. WITTGENSTEIN, *Philosophische Untersuchungen*, I, 19.
[21] Per l'espressione «gioco linguistico» cfr. L. WITTGENSTEIN, *Philosophische Untersuchungen*, I, 23. In questo trattato vedi cap. XII, **2**. css.

Eliminando, ipoteticamente, questo gioco linguistico, la forma di vita umana diventa inconcepibile. Questo possiamo mostrarlo meglio *compiendo dei passi*, eliminando progressivamente dalla forma di vita umana altri giochi linguistici e i loro comportamenti specifici, corrispondenti.[22]

a. *Un'umanità cieca e sorda*

Ci sono alcune persone che sono *cieche* o *sorde*. Il loro comportamento linguistico e non-linguistico è conosciuto e studiato; è collegato, e in buona parte partecipa, al comportamento umano comune, cioè a quello della gente che solitamente vede e sente.

A partire da questi dati, possiamo immaginarci il comportamento non solo di gruppi di persone cieche o sorde, ma anche di un *genere umano* tutto intero e da sempre *privo di capacità di vedere o di udire*. La questione se la razza umana, in tali condizioni, abbia probabilità reali anzi possibilità di sopravvivenza o meno, qui non ha importanza: la nostra ipotesi non è di ordine biologico-storico ma di ordine logico.

In un tal caso, la vita umana sia individuale sia sociale sarebbe molto diversa da quella che di fatto è: certamente, nel caso di un'umanità cieca, non esisterebbero *parole* che esprimano in qualsiasi modo sia esperienze e attività visive sia qualità visive, oppure, nel caso di un'umanità sorda, parole che esprimano sia esperienze e attività acustiche che qualità acustiche, né esisterebbero tutti i *giochi linguistici*, dei quali fanno parte queste espressioni linguistiche.

In questo senso *l'esistenza istituzionale* di un vocabolario e di determinati giochi linguistici relativi a determinate esperienze sensoriali *dimostra* l'esistenza delle rispettive esperienze, l'esistenza degli organi sensoriali rispettivi e delle stesse *qualità* sensibili «in ordine rerum».

---

[22] Cfr. L. WITTGENSTEIN, *Über Gewißheit*, 454: «Es gibt Fälle, der Zweifel unvernünftig ist, andere aber in denen er logisch unmöglich erscheint. Und zwischen beiden es keine klare Grenze zu geben».

L'esistenza di determinate parole dimostra una certa *validità* dell'esperienza umana visiva o uditiva per la realtà, quest'ultima, evidentemente soltanto in quanto l'esperienza sensibile è oggettivamente intellettuale attraverso «mezzi» intersoggettivi concettuali e linguistici[23]. Così un fatto logico-linguistico dimostra l'esistenza di un fatto reale, senza che si tratti di una specie di argomento ontologico o di un passaggio illecito dall'ordine logico all'ordine reale.

Ciononostante, anche in un'umanità cieca o sorda — o perfino cieca e sorda insieme — «la forma di vita»[24] umana con molti comportamenti e giochi linguistici rimarrebbe tuttavia ancora concepibile e consistente.

b. *Un'umanità senza piacere e dolore*

Con i giochi linguistici, ai quali fanno capo parole come *dolore* o *piacere*, ma anche *fame*, *sete*, *stanchezza* ecc., e il comportamento umano rispettivo, possiamo costruire un caso intermedio[25] fra quello appena elaborato e quello dell'eliminazione del sapere, quello dello scetticismo totale.

Se supponiamo un'umanità che non conosce dolore, né qualsiasi altra esperienza corporale e biologica spiacevole, il cambiamento della forma di vita umana da ciò risultante sarebbe molto più radicale che nel caso precedente. Col dolore sarebbe da eliminare anche sia il piacere corporale sia ogni esperienza corporale non guidata dall'intelletto. Dovremmo immaginarci un'umanità impassibile, ma anche insensibile e priva di emozioni, probabilmente immortale e, al limite, senza corpo. Una simile concezione non sembra però, almeno a prima vista, del tutto impossibile, certamente non è logicamente contraddittoria. I cristiani credono in un'esistenza umana futura corporale, ma

---

[23] Vedi cap. X, **4. a.**
[24] Cfr. L. WITTGENSTEIN, *Philosophische Untersuchungen*, I, 19. 23. 241.
[25] Cfr. L. WITTGENSTEIN, *Philosophische Untersuchungen*, I, 122. 161.

priva di ogni dolore e immortale. Che questa esistenza umana sia considerata un dono gratuito di Dio, qui non fa alcuna differenza, basta che sia concepibile.

Simili concezioni di una forma di vita umana, diversa da quella attuale e realmente esistente, le troviamo anche in altre religioni e in diverse forme di speculazione filosofica, per esempio, nella filosofia greca. Qui la felicità umana definitiva, la *beatitudo*, la *makariotes*, che costituisce il fine ultimo del desiderio, delle azioni e della stessa esistenza umana, è, almeno in qualche modo, collegata con la liberazione da ogni dolore (*a-patos*) e con l'immortalità (*a-thanatos*).

Se supponiamo l'esistenza di una tale umanità senza dolore e immortale, dovremmo eliminare una buona parte del vocabolario umano di tutte le lingue insieme a moltissimi giochi linguistici, che fanno parte essenzialmente del reale comportamento umano linguistico e non-linguistico; tutte le nostre espressioni corporali sarebbero radicalmente diverse, ma anche il nostro vivere nel tempo, con conseguenti giochi linguistici, apparirebbe profondamente cambiato.

Anche in questo caso l'esistenza del vocabolario del dolore e della morte *dimostra*, che l'esistenza umana *non* è quella del paradiso o perduto o da riguadagnare. D'altra parte, l'uomo può sognare e desiderare una vita paradisiaca, cioè può concepirla come forma di vita umana.

c. *Un'umanità senza il sapere*

Concepire o solo immaginare un'umanità senza quello che chiamiamo *sapere*, risulta invece completamente *impossibile*. Questa conseguenza risulta non tanto dall'eliminazione del termine *sapere* con il suo campo linguistico e con i giochi linguistici rispettivi. Infatti, tutta questa parte del linguaggio umano potrebbe sussistere, così almeno appare a prima vista, anche sul fondamento della sola *pretesa* del sapere e il comportamento che ne deriva, senza che questa pretesa del sapere sia giustificata. Ma, ciononostante, sarebbe da eliminare dal comportamento umano tutto ciò che implica la *validità stessa* del sapere.

Questo significa che dovremmo eliminare dalla vita umana

non una parte, ma tutto il linguaggio e ogni forma di comunicazione ed espressione concettuale, organizzata e «istituzionale», cioè non puramente istintiva: *ogni* gioco linguistico è lo stesso concetto del «gioco»[26]. Il linguaggio e molte altre forme del comportamento umano non si possono apprendere senza quello che si chiama *sapere*; inoltre, non sono altro che forme cristallizzate del sapere[27]. Insieme col linguaggio dovremmo eliminare anche tutto il pensiero, in quanto non si può pensare se non si può esprimere il pensiero in alcun modo.

Ciò che resterebbe, non avrebbe più niente in comune con la forma di vita umana che conosciamo. Dovremmo immaginare un comportamento puramente animalesco, ma dato che attribuiamo agli animali evoluti, in analogia a noi, una certa intelligenza, anche se pure in senso improprio, dovremmo immaginarci animali molto primitivi, anzi, piante. Aristotele dice infatti: «Ti an diaferontos ehoi ton futon»[28]. Non ci distingueremo più dalle piante. Il che significa che il sapere e la sua validità non possono essere eliminati dalla forma di vita umana.

Così anche qui un fatto linguistico — ma un fatto molto speciale, in quanto universale — dimostra un fatto reale: il fatto che l'uomo parla, dimostra che il sapere umano è valido. Proprio per questo la negazione della validità del sapere umano costituisce una contraddizione "esercitata", cioè fatta nello atto stesso del negare[29]. Negare è un atto che fa parte del comportamento tipicamente umano; negare il sapere, invece, nega esattamente la stessa realtà di questo comportamento. Perciò, come abbiamo mostrato sopra (**3. b.**) contro lo scetticismo, dal punto di vista più formale e logico, l'impossibilità di negare, ma anche di dubitare ecc. della validità del sapere, ci mostra adesso allo stesso modo, dal punto di vista più concreto e reale, l'impossi-

---

[26] Cfr. L. WITTGENSTEIN, *Philosophische Untersuchungen*, I, 7: «inoltre chiamerò "gioco linguistico" anche tutto l'insieme costituito dal linguaggio e dalle attività di cui è interessato». Cfr. anche *Ibid.*, I, 567.
[27] Vedi cap. VIII, **3. c.**
[28] ARISTOTELE, *Metaph.*, III 4, 1008b 2-12.
[29] Vedi in questo capitolo **3. b.**

bilità di eliminare il sapere dal comportamento umano, dalla forma di vita umana[30], dal nostro parlare, pensare e vivere[31].

Tutto questo significa che la persona scettica, singola e concreta, che vuole realmente vivere il suo scetticismo nulla può più dire, nemmeno la sua tesi scettica: dire qualcosa equivarrebbe a partecipare al gioco; invece l'unica cosa, che lo scettico vuol dire, è: «Io non partecipo al gioco». Ma anche questo non lo può dire; non lo può nemmeno fare: anche il rifiuto di partecipare al gioco è una mossa nel gioco. Il rifiuto totale e definitivo di partecipare al gioco del comportamento umano, alla forma di vita umana per un essere umano, non è possibile.

Di fatto, lo scetticismo dei filosofi in realtà non intende questo, come abbiamo già visto: lo scetticismo filosofico è sempre una posizione polemica contro certe forme del sapere, in funzione di un'esaltazione di un altro tipo di sapere, spesso accentuato al massimo. Lo scetticismo, invece, come malattia intellettuale del singolo, che nasce dall'esperienza dell'errore e dalla delusione della ricerca della verità[32], rischia realmente un progressivo isolamento e una sempre maggiore disgregazione della vita e della convivenza umana, che in caso estremo può portare a uno stato catalettico.

NB: La situazione di molti concetti fondamentali della filosofia (es.: *essere*, *verità*, *libertà*, *responsabilità*, *scelta*, *obbligo*, *dovere* ecc.), e della realtà, alla quale si riferiscono, è simile a quella del termine e della realtà del sapere, come l'abbiamo esposta. Se, per esempio, non fosse possibile promettere con la conseguente obbligazione,

---

[30] L. WITTGENSTEIN, *Über Gewissheit,*: «Wenn er das bezweifelt, was immer hier "bezweifeln" heisst, wird er dieses Spiel nie lemen».

[31] Cfr. AGOSTINO, *De Trinitate*, X, x: «Di vivere tuttavia, di ricordare, di comprendere, di volere, di pensare, di sapere e di giudicare chi potrebbe dubitare? Poiché, anche se dubita, vive; se dubita, ricorda donde provenga il suo dubbio; se dubita, comprende di dubitare; se dubita, vuole arrivare alla certezza; se dubita, pensa; se dubita, giudica che non deve dare il suo consenso alla leggera. Perciò chiunque dubita di altre cose, non deve dubitare di tutte queste, perché, se non esistessero, non potrebbe dubitare di alcuna cosa».

[32] Vedi questo capitolo **2. c.**

cioè con il dovere morale di mantenere la promessa, perché le cose — fra venti anni, fra cinque, fra un anno — potrebbero essere cambiate, allora non possiamo promettere o fare un patto valido, neanche per domani. Ma allora la convivenza umana con i suoi comportamenti umani fondamentali non funziona più. Anche in tal caso, la singola persona che prende un tale atteggiamento, tenta di non partecipare al gioco, alla forma di vita umana.

5. Bibliografia ragionata

Scetticismo:

ARISTOTELE, *Metafisica*, III 3-6.
F. MORANDINI, *Critica*, tesi VII, pp. 70-77.
W. STEGMÜLLER, *Metaphysik, Wissenschaft, Skepsis*, cap. IV, pp. 308-333.
AGOSTINO, *Contra Academicos*.
———, *De Trinitate*, X.
SESTO EMPIRICO, *Ipotiposeon Pyrronianon*.
R. RICHTER, *Der Skeptizismus in der Philosophie*, Leipzig pp.1904-1908
L. WITTGENSTEIN, *Über Gewißheit*.
CARTESIO, *Discorso sul Metodo*, II-IV.
———, *Meditazioni sulla filosofia prima*, I-II.
J. PASSMORE, *Philosophical Reasoning*, cap. IV, pp. 58-80.

Scetticismo accademico:

V. BROCHARD, *Les sceptiques grec*.
M. DAL PRA, *Lo scetticismo greco*
Scettici antichi, ed. A. Russo.

Scetticismo rinascimentale:

R. POPKIN, *The History of Scepticisme*.
The skeptical Tradition, ed. M.F. Burnyeat.
Problema dell'inizio:
PLATONE, *Menone*, 80d ss.
Riflessione:
PLATONE, *Alc. I*, 131-133.
Menzogna:
PLATONE, *Ippia mnore*.
Il postulato del sapere è un fatto inevitabile:
ARISTOTELE, *Metafisica*, III 4-6, 1007b 12-30.
Espressioni «caute» e infallibilità della conoscenza:
J.L AUSTIN, *Sense and Sensibilia*, 103. 104-132.
Questione:
E. CORETH, *Metaphysik*, cap. I.
C. HUBER, *Anamnesis bei Platon*, 307-331.

Capitolo VI

CONCLUSIONE SPECULATIVA DELLA PARTE SECONDA: L'ASSOLUTEZZA DEL SAPERE

Questo capitolo è semplicemente un corollario del precedente. La problematica filosofica dello scetticismo conduce all'approfondimento della validità del sapere: 1) storicamente: cfr. storia della filosofia; 2) speculativamente: lo stiamo facendo.

TESI IX: La validità del sapere è assoluta e autofondante.

Il termine *assoluto* significa «non relativo (a qualcosa)».

1. La validità del sapere è assoluta.

La validità del sapere è assoluta, cioè non è relativa a nient'altro, sia genericamente (l'uomo può sapere qualcosa) sia individualmente (io so, che *p*).

Il valore del sapere dipende sempre dal sapere. Per sapere *p* debbo saperlo e sapere le ragioni per *p*.[1] Per dimostrare la validità del sapere debbo presupporre lo stesso sapere[2]. Il valore del sapere dipende *solo* dal sapere e da nient'altro: non dipende dalla realtà. La realtà del fatto *p* non è il fondamento del sapere *p*, se non in quanto *saputa*. La causalità, che una realtà esercita sulla mia mente, non è il fondamento del mio sapere se non in quanto saputa.

---

[1] Vedi cap. III, **2. c.** e **2. d.**
[2] Cfr. cap. V, **3. b.**

Non dipende da Dio: la partecipazione nel sapere divino, la rivelazione ecc. non è il fondamento del sapere se non in quanto saputo.

Non dipende dai sensi: un'impressione sensibile non è già una ragione per enunciare una proposizione; se lo è, non lo è in quanto sperimentata, ma in quanto riflessivamente conosciuta come ragione, cioè in quanto saputa.

NB: Non bisogna confondere *ragione* e *causa*, *fondamento della validità* e *causa dell'esistenza*.

2. Conseguenze della validità assoluta del sapere umano

Dalla validità assoluta del sapere non segue né l'esistenza assoluta (essere a sé, essere non causato, non creato) e l'infinità del sapere umano. Vedremo che il sapere umano è infinito *in potenza*, ma mai *in actu*.

3. Il sapere assolutamente valido è il sapere tipicamente umano

È il sapere del quale abbiamo elaborato il concetto nel cap. III. È questo il sapere che ha resistito contro lo scetticismo.

NB: Lo scetticismo non viene superato fidandosi di certe proposizioni o procedure assolute e infallibili, ma fidandosi in modo consueto del ragionare umano a seconda delle situazioni.

Non è un sapere *infallibile*: non ci dispensa mai dall'atteggiamento *critico* di fronte a qualsiasi convinzione.

Non consiste in un determinato numero di proposizioni vere: esso è una *capacità* dinamica di continuare, di imparare.

Non è un sistema, neppure un sistema filosofico, per le ragioni appena date.

Non può essere concentrato in una formula; per esempio in *Anamnesi* (Platone), nel «A = A» (Fichte), ecc.

PARTE TERZA

LA VALIDITA' DEL SAPERE PER LA REALTA'

INTRODUZIONE

Nella Parte Seconda abbiamo mostrato indirettamente ma con inevitabilità contro lo scetticismo sia pratico che teorico "autoconsumantesi"[1] la validità del sapere che si è mostrata autofondativa. La questione per questa Parte Terza è: Per cosa il sapere è valido? Solo per se stesso con una sua coerenza interna? La risposta ci porta ad un altro aspetto del significato del sapere, elaborato nel capitolo III della Parte Prima, cioè alla consapevolezza del sapere, alla **coscienza**, perché il sapere, nonostante che sia una capacità, è tale soltanto se può diventare conscio e così essere attualizzato. Nel capitolo I e II, che costituiscono il **centro** di tutto il nostro trattato, elaboriamo **la relazione del sapere alla realtà** con il binomio "coscienza" e "intenzionalità". La coscienza (cap.VII) non è mai coscienza chiusa in se stessa, come gli accusatori della "filosofia del soggetto" e con ciò di tutta la filosofia moderna, a partire da Descartes, e di tutta la filosofia trascendentale, pretondono[2]. Non è neanche primariamente **autocoscienza**, ma sempre ed essenzialmente ed immediatamente (cfr. cap.IX) non soltanto **aperta**, e sempre attualmente coscienza di **altro da sé**, cioè intenzionale (cap. VIII). Da qui segue l'immediatezza dell'in-

---

[1] Un'allusione a Hegel.
[2] Ho sviluppato ulteriormente questo tema nel mio *Vegliate dunque! La costituzione della realtà. Introduzione al pensiero trascendentale*, Cittadella Editrice, Assisi 1999.

tenzionalità contro tutte le forme di rappresentazionismo (cap. IX), anche quelle kantistiche (cap.XI)[3] e l'oggettività del sapere (cap. X). L'aspetto istituzionale dell'intenzionalità riprende l'aspetto di capacità del sapere e prepara la Parte Quarta.

---

[3] Non realmente quelle di Kant stesso.

Capitolo VII

LA RELAZIONE DELL'OGGETTO AL SAPERE: LA COSCIENZA

Nella seconda parte abbiamo cercato di stabilire la validità del sapere (cc.V e VI). Nella terza parte tratteremo del fatto che il sapere non vale solo in sé, ma per qualcos'altro da sé, la realtà oggettiva, ovvero tratteremo dell'intenzionalità del sapere. Ci muoveremo secondo le seguenti tematiche: il sapere implica coscienza (c. VII), il sapere è intenzionale (c. VIII), il sapere è oggettivo (c. IX), la validità realistica del sapere (c. X). Concluderemo con un capitolo dedicato, in special modo, alla refutazione dell'idealismo trascendentale kantiano (c. XI), ricollegandoci idealmente all'inizio della prima parte (vedi c. I, **1**: La formulazione del problema; e c. XI, **2**: La soluzione del problema), chiudendo così l'ampia trattazione sulla *validità* del sapere, dalla prima alla terza parte, per passare alla sua struttura e della sua dinamica rispettivamente nella quarta e quinta parte.

1. Il fatto della coscienza del sapere

a. *Introduzione*

Il sapere, come convinzione vera per la quale si possono dare ragioni, *non* è un'attività, ma una capacità e come tale *non* conscia, la capacità *di* formulare proposizioni e dare ragioni, cioè capacità *di* attività conoscitive *conscie*. Vale a dire: l'*attuazione* del sapere è conscia.

Riprendendo lo schema (semplicistico, ma necessario) dell'introduzione (c.II, **2**):

```
                    intenzionalità
Soggetto conoscente                    Oggetto conosciuto
                    coscienza
```

possiamo definire l'*intenzionalità*: la relazione del soggetto conoscente con l'oggetto conosciuto e la *coscienza*: la relazione dell'oggetto conosciuto col soggetto conoscente.

Intenzionalità e coscienza *non* sono due, ma la stessa cosa, visto da due punti di vista opposti. *Ogni* sapere *implica* coscienza, ma *non* ogni momento di coscienza implica un sapere (es., la percezione umana e tutta la conoscenza degli animali). Di coscienza e di intenzionalità, oltre che nell'ambito della *conoscenza*, si parla anche nell'ambito della *volontà*.

NB: Perciò, esiste una certa *asimmetria* fra intenzionalità e coscienza. Ogni momento o atto conscio è intenzionale, ma non ogni intenzionalità è già in se stessa conscia, purché sempre implichi un atto conscio come sua attualizzazione (es., il sapere e altre capacità intenzionali).

Da Cartesio in poi — ma già prima nel nominalismo del tardo medioevo e nell'aspetto matematico della *scienza naturale* (Galileo) — il sapere consiste nella coscienza (*cogito*) di un'idea chiara e distinta. Una tale coscienza è il criterio sufficiente e unico della verità (argomento ontologico). La filosofia da allora è più una filosofia della *coscienza* che una filosofia dell'*essere*. Viene così preparato l'idealismo. Non solo il razionalismo, ma anche l'empirismo, a partire da Locke, danno inizio alla filosofia con un inventario delle idee presenti nella coscienza e cercano una caratteristica di queste idee stesse nella coscienza per distinguere idee vere e false.

b. *Il sapere implica coscienza*

TESI X: Il sapere implica coscienza.

Il sapere è la capacità di compiere certe attività, fra le quali quella di enunciare proposizioni vere e di darne le prove. Queste attività sono attività *conoscitive*. Ogni attività conoscitiva è un'attività *da parte* di un soggetto conoscente, conscio del suo oggetto.

La coscienza è coscienza di un oggetto: se sono conscio, sono conscio di qualche cosa. La conoscenza è sempre conoscenza di qualcosa: provo un dolore, sento una voce, vedo qualcosa, penso e dico qualcosa. Posso cessare di vedere, posso forse anche cessare di conoscere del tutto; posso anche *non conoscere*, nel caso, per esempio, che io perda i sensi; tuttavia, se vedo, penso ecc.: io vedo e penso *qualcosa*. Una conoscenza vuota è una non-conoscenza: non posso vedere, pensare e tuttavia pensare *nulla*. Posso pensare *il* nulla; ma in questo caso l'ho oggettivato, penso il nulla come *qualcosa*. Se non sono conscio *di qualcosa*, non sono conscio.

Conoscendo qualcosa sono conscio di ciò che conosco. Se ciò che conosco non entrasse nella mia coscienza non lo conoscerei. Ciò che conosco è qualcosa di mio, che mi è dato, che è dato a me. Non si tratta di un possesso *fisico*, almeno non necessariamente. Non è parte di me, non è averlo in me fisicamente. Se vedo una persona non vuol dire che essa sia nella mia testa, eppure io devo dire che essa diventa mia in un certo senso e cioè in quanto da me vista e conosciuta. Ciò che io conosco è mio *in altro modo*: per un possesso intenzionale. Ciò che conosco diventa mio *solo* e precisamente in quanto *conosciuto da me*. Mi è dato in quanto conosciuto da me. Mi riferisco ad esso, lo faccio oggetto della mia attività conoscitiva: ne sono conscio. L'oggetto della conoscenza è mio, è in me non fisicamente ma *intenzionalmente*, ossia in quanto ne sono conscio.

Questo si capisce meglio se raffrontato con altri processi simili ma diversi. Ad esempio, il cibo che prendo diventa carne mia, diventa me e non rimane più cibo; cessa di essere quello che era prima per diventare me, totalmente. Invece, ciò che conosco diventa mio proprio in quanto rimane *altro da me*. È l'unione che si fa non per distruzione dell'altro, bensì attraverso l'affermazione dell'altro nella sua alterità: questo vuol dire «unione intenzionale» e non «fisica», di me con ciò che conosco. Oppure la reazione chimica: in questo caso abbiamo prima della reazione due sostanze diverse, con le loro caratteristiche e con le loro proprietà; attraverso la reazione esse perdono la loro identità primitiva dando vita a una nuova sostanza, il composto, diverso dai primi due, che cessano di esistere nella loro identità. Non solo, perdendo la loro identità, le due sostanze originarie perdono, nel composto, anche la loro alterità.

L'oggetto è dato e unito al soggetto non *physice* ma *intenzionaliter*. In termini scolastici si tratta qui di una «unio actus ad actum» non di una «unio actus ad potentiam». È essenziale capire che qui si tratta di realtà e di processi spirituali dove non si prende dando qualcosa, ma dove si riceve solo dando.

La coscienza è coscienza di un oggetto da parte di un soggetto: se sono conscio IO sono conscio di qualcosa (*coscienza di sé*). Quando io conosco qualcosa, di fatto sono sempre *conscio* di me stesso e del mio conoscere. Tuttavia la coscienza di sé e della propria attività conoscitiva non è qualcosa di nuovo e distinto dalla coscienza dell'oggetto conosciuto. Nel punto precedente si diceva: il fatto principale e primario della conoscenza è: «(Io) sono conscio di *qualcosa*». Ora, questo è lo stesso che dire: «Io mi riferisco in modo conscio alla cosa che conosco». La coscienza di qualcosa è la coscienza di me; si tratta della stessa cosa vista una volta dalla parte dell'oggetto, una volta dalla parte del soggetto. Se sono conscio di *qualcosa*, allora sono *conscio* di qualcosa, allora IO sono conscio di qualcosa. Nella misura in cui sono conscio *di qualcosa*, io sono *conscio* di quella cosa, *Io* sono conscio di essa.

Se non fossi *conscio* di una cosa, non sarei conscio *di essa*. Se *Io* (o un altro) non fossi conscio di una cosa, non sarei conscio *di essa*. Se l'oggetto non fosse dato a me (o a un altro soggetto) *in modo conscio* non sarebbe dato affatto. Se l'oggetto non fosse conosciuto da qualche soggetto, e in modo conscio, non sarebbe conosciuto affatto. Anzi, la coscienza che riguarda l'oggetto *è*, per identità, la coscienza per cui il soggetto è conscio *in modo cosciente* di quell'oggetto. In caso contrario la coscienza, per cui *Io* sono conscio e per cui Io sono *conscio*, sarebbe *diversa* dalla coscienza per cui Io sono conscio *dell'oggetto*. Ma se così fosse, mai soggetto e oggetto potrebbero entrare in relazione e compenetrarsi. («Intellectus in actu *est* intellectum in actu»). Infatti ci si potrebbe chiedere: per mezzo di quale *terzo* elemento la coscienza dell'oggetto diviene la *mia* coscienza? Ma allora si inizierebbe un regresso all'infinito. La coscienza non sarebbe mai la *mia* coscienza, non sarei mai *conscio*, infine non sarei mai conscio *dell'oggetto*. Concludendo, la coscienza con la quale il soggetto è conscio è la *stessa* coscienza con la quale esso è conscio dell'oggetto; perciò, il soggetto è conscio — per mezzo di un'attività — dell'oggetto e non: il soggetto è conscio del soggetto o della sua attività. Ciò non esclude che il soggetto possa conoscere se stesso: posso conoscere *me* e qualsiasi cosa di me, essendo conscio di esso come di un oggetto: oggettivandolo in una riflessione, ma non si *può* conoscere il soggetto *in quanto* soggetto. Non è una limitazione ma un nonsenso: non si dice «Io conosco io» ma «Io conosco *me*».

NB: *Soggetto* e *oggetto* sono parole che non esprimono una cosa ma una *funzione*, come pure la parola *io*.

Tuttavia, nella conoscenza tutto è ordinato a ciò che conosco, cioè all'oggetto della conoscenza. Ciò di cui sono *conscio* è *ciò che* conosco, è l'oggetto, non sono io, il soggetto. Propriamente parlando non posso dire di essere conscio di me soggetto e della mia operazione o capacità conoscitiva: *non* li conosco. Piuttosto si deve dire: «*Io sono conscio* dell'oggetto» e «*Io conosco* la cosa» (questa è la coscienza di sé) oppure «Io *sono conscio* dell'oggetto», e «Io *conosco* la cosa» (e questa è la coscienza della propria attività e capacità conoscitiva, cioè del proprio sapere).

Il soggetto *non* è ciò *di cui* si ha coscienza, non è ciò che si conosce. Il soggetto è precisamente ciò *che è* conscio (di qualcos'altro); è ciò *che conosce* qualcos'altro. *L'atto e la capacità conoscitiva* non è ciò *di cui* il soggetto è conscio; non è ciò che si conosce. L'atto e la capacità conoscitiva è ciò *per cui* il soggetto è conscio (di qualcos'altro); è ciò per cui il soggetto conosce (l'oggetto). La conoscenza infatti non è ciò che si conosce, ma il modo e il mezzo con cui il soggetto entra in relazione con l'oggetto.

In conclusione, io non sono conscio di me e delle mie operazioni e capacità conoscitive, non conosco me e i miei atti o capacità conoscitivi: bensì io sono conscio di qualcosa; *io conosco qualcosa*, l'oggetto. Linguisticamente questo fatto trova la sua espressione, nel fatto (linguistico) che si dice «Io conosco me» e non «Io conosco (l') io».

NB: Certamente posso conoscere me stesso e i miei atti conoscitivi, come posso conoscere gli altri e i loro atti conoscitivi, ed essi possono conoscere me e i miei atti e capacità conoscitivi.

L'uomo, infatti, è capace di conoscersi anche intimamente: carattere, inclinazioni ecc., tutta la psicologia si basa su questa autoconoscenza. Anche gli altri possono conoscermi. Per molti aspetti io sono il migliore conoscitore di me stesso; in altri casi gli altri mi conoscono meglio. È un fatto che io di me posso conoscere *tutto* quello che si può sapere. Tuttavia, si deve fare questa precisazione: altro è parlare del soggetto come funzione conoscente (soggetto in quanto tale) e altro è parlare di se stesso come oggetto della conoscenza.

In parte io sono sempre anche oggetto per me stesso (il mio corpo, il mio dolore, ciò che sento); in parte posso, con la riflessione, dirigere la mia conoscenza su me stesso e i miei atti conoscitivi, in tal modo mi rendo oggetto della mia conoscenza e conosco me e le mie operazioni *come oggetti*. Per sé posso conoscere tutto di me, come posso conoscere tutto degli altri. Posso analizzare, descrivere ecc. me stesso come un oggetto della mia conoscenza. Posso conoscere me stesso *che* sono il soggetto; ma non posso conoscere me stesso *in quanto* sono soggetto.

Questa non è una limitazione delle facoltà conoscitive dell'uomo, non è un'impossibilità fisica, ma *logica*: il soggetto non è ciò che si conosce, ma ciò che conosce. Il soggetto non è ciò di cui sono conscio, ma ciò che è conscio. La funzione del soggetto è quella di conoscere, mentre quella di essere conosciuto è propria dell'oggetto. *Il soggetto non è l'oggetto.*

Riguardo a questa conoscenza di sé come oggetto, possono esistere difficoltà di natura psicologica. Invece, sotto l'aspetto gnoseologico, la conoscenza di sé come oggetto *non* differisce dalla conoscenza di un oggetto qualsiasi. Si deve tuttavia aggiungere questo: tale conoscenza riflessa di sé come oggetto non è possibile se non a livello di conoscenza pienamente conscia, come si vedrà poi (c. X, **4. a.**)..

La coscienza è coscienza dell'oggetto in quanto opposto al soggetto. Se sono conscio di qualcosa, sono conscio di essa come altro da me. Sono conscio di qualcosa intenzionalmente data a me e unita con me, in quanto mi è data come *altro* da me, distinto da e opposto a me, come è *in sé*, non come è per me, come *obiectum*, oggettivamente. Come l'unione con l'oggetto conosciuto è un'unione *intenzionale* e non fisica, così anche l'opposizione/distinzione fra soggetto e oggetto è *intenzionale* e non fisica. Perciò, non esiste una differenza fondamentale, di ordine gnoseologico, fra la conoscenza di un oggetto fisicamente distinto (il mondo esterno delle cose e delle persone) e un oggetto fisicamente unito (me, il mio mondo interno). Ambedue debbono essere *intenzionalmente* uniti e opposti al soggetto. La differenza fra il mio mondo interno e quello esterno *non* è una differenza *per* la coscienza e neanche per il sapere.

NB: Per la conoscenza, sia di un oggetto esterno sia di me stesso, possono esistere difficoltà di ordine psicologico o semplicemente di ordine pratico. Certe cose di me le conosco più facilmente io, altre invece le conoscono meglio gli altri, e viceversa.

Perciò la conoscenza di se stesso, *l'autocoscienza*, la riflessione, il *cogito* non godono di un privilegio d'indubitabilità, di certezza assoluta ecc. (contro Cartesio). D'altra parte la conoscenza di se stesso, la riflessione, (e tutta la psicologia) possono essere ugualmente *oggettive* come la conoscenza del mondo esterno (es., la fisica); non sono necessariamente *soggettive*.

Nella conoscenza il soggetto e l'oggetto della conoscenza si oppongono in modo conscio. Tutto ciò che conosco si distingue sempre in qualche modo da me. Ciò che conosco può essere anche qualcosa in me, di me, e anche il mio stesso Io, ma in quanto lo conosco, questo è oggetto di conoscenza non soggetto. Tutto ciò che io conosco di me *diventa* oggetto; in un certo senso me lo pongo di fronte. L'opposizione tra soggetto e oggetto nella conoscenza esiste anche nella riflessione su di me. Ciò che conosco è distinto da me, *in quanto* io lo conosco, *in quanto io sono il soggetto*. Ciò che conosco si oppone come oggetto a me soggetto. Mi è dato sempre e necessariamente come qualcosa di distinto da me, come *altro* da me soggetto conoscente.

L'oggetto mi è dato, ma mi è dato appunto come *altro* da me; anzi, se mi è dato, lo è *solo come altro* da me. È mio proprio in quanto *non* è mio, ma è ciò che esso è in se: oggetto.

NB: Si parla di *soggettivo* e di *oggettivo* in senso ampio: soggettivo = tutto ciò che sta dalla parte del soggetto; oggettivo = tutto ciò che sta dalla parte dell'oggetto[4]

2. Gradi di coscienza

a. *I gradi di coscienza sono vari*

Esistono vari gradi di coscienza, da quella nella quale mi concentro su qualcosa con piena attenzione, a quella con la quale avverto in maniera confusa qualcosa al margine dell'attenzione. L'opposizione tra soggetto e oggetto della conoscenza, più o meno completa, si può dare in vari modi. Il grado di questa opposizione dipende dal grado di coscienza della conoscenza.

Inventario della conoscenza attuale. Che cosa conosci in questo momento in modo pienamente conscio, con attenzione? Che cosa pensi? che cosa senti, vedi in modo meno conscio? Che cosa senti, vedi, avverti in modo centrale, marginale, al di fuori di te e del tuo corpo? (ciò che percepisci in tal modo è distinto?) Quali disposizioni influiscono su queste conoscenze? Quali condizioni le rendono possibili, influiscono su di esse, le differenziano? sono conoscitive o corporali, in me o fuori di me, stabili o mutevoli, ecc? Che cosa avviene di fatto, quando ho queste varie conoscenze?

Gli esempi. Da una parte, abbiamo scelto esempi per la descrizione della coscienza che sono certamente attività propriamente conoscitive; le consideriamo in sé e in quanto tali. Dall'altra, abbiamo scelto esempi diversi e molteplici, per non

---

[4] Vedi cap. X 1. a.

introdurre nella nostra descrizione caratteristiche proprie soltanto di un'antica forma di attività conoscitiva.

L'espressione: «Qui fa troppo caldo» è un'*enunciazione* ovvero un giudizio, di per sé abbastanza semplice, anche se non del tutto. Infatti, il suo significato varia secondo il contesto; dalla semplice constatazione di un fatto indifferenziato fino a: «La temperatura dell'aria in questa stanza è superiore alla temperatura media adatta all'organismo umano per alcune sue attività». Lo studente, completamente intento allo studio della filosofia, *sente caldo*: si toglie qualche indumento o si allontana dalla fonte di calore; è una conoscenza. *Non* è un'enunciazione o un giudizio e non è neanche una conoscenza pienamente conscia e oggettiva.

Simili a questi sono gli esempi che seguono in ordine di estrapolazione sempre maggiore:

— Un bambino che dorme nel suo letto ha caldo e si scopre, e la mamma dice: «Ha troppo caldo!»

— Un bambino che tocca il fuoco si ritrae spontaneamente.

— Un uomo privo di coscienza allontana la mano dalla fonte di calore.

— Un uomo, anche in stato di completa incoscienza, suda molto in un ambiente molto caldo.

— Uno dice: «Sento il rumore di un'automobile».

— Lo studente totalmente impegnato nello studio della filosofia *sente* il rumore del traffico della strada.

— Uno dice: «Vedo Giovanni».

— Un altro, teso in una discussione su un problema filosofico, *vede un uomo* (Giovanni) passare.

Anche nel penultimo esempio dobbiamo guardare ai vari gradi possibili di attenzione, coscienza e oggettivazione, in quanto questi si manifestano specialmente nella possibilità di riflessione e di memoria che ne segue: talora, poi, spontaneamente si dirà «Ho visto Giovanni», oppure «Ho visto qualcuno, forse Giovanni»; talora invece, interrogati, si risponderà dopo lunga riflessione: «Ho visto qualcosa muoversi, ma non riesco a ricordare meglio»; o addirittura: «Non mi ricordo di niente, se non della discussione filosofica».

La conoscenza può essere più o meno conscia se io dico con

piena attenzione: «In questo momento vedo Giovanni», sono pienamente cosciente di questa realtà. Se invece — mentre faccio, per esempio, qualche lavoro che mi impegna, che attrae la mia attenzione — ho una sensazione di caldo, questa conoscenza è appena conscia, *quasi* inconscia. Nella conoscenza *pienamente* conscia tutta la mia attività conoscitiva si dirige all'oggetto: io ne sono conscio come di qualcosa di ben determinato e *distinto da tutto il resto*:

— distinto da tutto ciò che lo circonda specialmente da quello che si può chiamare il suo *sottofondo* (*Hintergrund, background*);

— distinto da tutto ciò che conosco contemporaneamente ma in modo meno conscio (es., sensazioni, ma anche pensieri concomitanti). Per il fatto appunto che la mia coscienza si concentra tutta sull'oggetto, le altre cose, che in qualche modo sento, provo, percepisco, sono allontanate, relegate ai limiti della coscienza;

— distinto anche da me stesso in quanto soggetto.

Io sono conscio dell'oggetto in quanto esso è identico a se stesso e perciò *altro* da me. Quanto più io sono conscio di *qualcosa* tanto più sono conscio di questo qualcosa come *distinto* da me, a me opposto; tanto più, perciò, sono conscio dell'opposizione stessa. Quanto più sono conscio di *qualcosa* tanto più *Io sono conscio*; tanto più, cioè, sono cosciente di me come opposto all'oggetto. Se invece conosco qualcosa con una *conoscenza poco conscia o quasi non conscia*, allora l'oggetto quasi non si differenzia — non si distacca — dal suo sottofondo; quasi non si distingue dalle cose che gli stanno intorno. Non si distingue da me, né propriamente mi si oppone; come nel caso «Mi sento un po' stanco!». In questo caso non ho quasi coscienza dell'opposizione tra soggetto e oggetto; certo non sono conscio di essa *come* di una opposizione.

Nella conoscenza più *pienamente* conscia il soggetto e l'oggetto si oppongono a vicenda in modo tale che ognuno è *l'altro* per l'altro e tale che io conosco la cosa perché e in quanto è *altra* da me: è *mia* proprio per il fatto che *non* è mia. D'altra parte, per la stessa ragione, il soggetto e l'oggetto, proprio perché opposti e distinti l'uno dall'altro, sono uniti in un'unica coscienza *in atto*. L'oggetto è tanto più mio quanto più mi si oppone in modo conscio. Quanto più la conoscenza è conscia tanto più è conoscenza, quanto più l'oggetto è *mio* tanto più è ciò per cui è oggetto; tanto più, cioè, è *altro* da me. Quanto più l'oggetto della conoscenza è distinto dal suo sottofondo tanto più è *uno* in sé, qualcosa di coerente in sé, anche se ha una struttura interna e delle parti.

L'opposizione tra soggetto e oggetto della conoscenza è maggiore o minore a seconda del grado di coscienza della conoscenza stessa. Nella coscienza *piena* sono conscio di qualcosa di *distinto*:
— da ciò che la circonda, il suo *sottofondo*;
— da ciò che conosco contemporaneamente, ma al margine;
— da me stesso in quanto soggetto.

Quanto più *sono* conscio tanto più sono conscio di qualcosa come *altro* e distinto da me, opposto a me, tanto più sono conscio di esso come distinto da *altri* oggetti.

b. *L'opposizione pienamente conscia tra soggetto e oggetto nella conoscenza è condizione della verità in senso proprio*

La verità è — si è visto (cap. III, tesi VI, **4. a. e b.**) — una relazione di corrispondenza tra la conoscenza (proposizione) e la cosa. Perciò l'oggettivazione piena è la condizione della *verità* logica. La verità come corrispondenza fra giudizio e oggetto è possibile solo dove il giudizio può essere *confrontato* con l'oggetto come distinto da questo giudizio e perciò dal soggetto e dalla sua operazione. Lo stesso vale per la falsità. Perché la relazione di corrispondenza sussista, è necessario che l'oggetto, che si conosce, si distingua chiaramente dall'operazione conoscitiva *con la quale* viene conosciuto e così dal soggetto che lo conosce. Questa distinzione si ha solo nella conoscenza pienamente conscia, non perciò nella percezione e in genere in ogni conoscenza puramente sensibile. Come la verità così anche la *falsità* in senso proprio, si può avere solo nella conoscenza pienamente conscia. Infatti solo in questo caso si ha tra l'oggetto conosciuto e la conoscenza quella distinzione per cui essi possano essere confrontati. Da tutto ciò risulta chiaro, anche, perché solo la conoscenza pienamente conscia (quindi che si trova sul piano della proposizione) può essere considerata *oggettiva*[5]. Nella conoscenza poco conscia la distinzione tra soggetto e oggetto è solo iniziale, insufficiente: perciò una tale conoscenza rimane necessariamente *soggettiva*[6].

Ma, *attenzione*, se dico che una conoscenza non pienamente conscia — ad esempio la conoscenza sensibile — è *soggettiva*, non voglio con questo affermare che tale conoscenza non abbia alcun valore quanto alla realtà, né tanto meno che essa non possa essere presa come base di qualche giudizio vero, oggettivo. Voglio dire solo che nella conoscenza poco conscia il soggetto e l'oggetto non sono così chiaramente distinti da poter avere un'oggettività in senso proprio.

NB: In ogni conoscenza c'è sempre almeno un'oggettività iniziale.

3. Il livello di coscienza del sapere

TESI XI: Il sapere implica la coscienza piena.

Sapendo, si sa che quello che si dice è *vero*[7]. Quello che pretendo di sapere è *oggettivamente* vero o falso, ma mai soggettivo. Sapendo si possono dare delle *ragioni* per quello che si dice, le ragioni possono essere oggettivamente o vere o false; o possono essere ragioni *oggettivamente* comprovanti o *non*-comprovanti di quello che si dice[8]. Possono essere perfino non-comprovanti, in quanto sono *oggettivamente* ragioni puramente soggettive, allora, quello che si dice non si sa: ma esso è oggettivamente o vero o falso.

Il *sapere* preteso, perciò, può risultare *non essere* sapere o perché è oggettivamente falso o perché le ragioni non sono oggettivamente valide; ma un *sapere soggettivo* è un nonsenso, una contraddizione *nei termini*, in quanto l'attuazione conscia

---

[5] Vedi c. X, **2. - 4. - 5.**.
[6] Vedi c. X **3**.
[7] Vedi c. III **2. a. e b**.
[8] Cfr. c. III **2. c**.

del sapere si può realizzare solo a livello della coscienza piena e oggettivante. D'altra parte, ogni conoscenza che non raggiunge il livello della piena coscienza è essenzialmente soggettiva, cioè né vera né falsa; ad esempio le sensazioni come tali, l'esperienza precategoriale, ecc[9].

Possiamo definire *oggettivo*: quello che appartiene al livello della coscienza piena, oggettivizzante; *soggettivo*: quello che appartiene al livello della coscienza non piena, non oggettivizzante.

La coscienza piena — e perciò il sapere — ha il suo oggetto distinto sotto un determinato aspetto da tutti gli altri oggetti, restringe la sua attenzione a questo oggetto, facendo *astrazione* da tutto il resto. Perciò, la conoscenza più è *astratta*, più è oggettiva; più invece è concreta, più è anche soggettiva. È chiaro che la conoscenza, il sapere e la scienza non possono essere mai perfettamente astratti.

4. La riflessività del sapere

TESI XII: Il sapere implica una riflessione su se stesso e sul soggetto.

a. *La coscienza piena come fondamento della riflessione della conoscenza di sé*

Poiché solo nella conoscenza *pienamente* conscia sono cosciente dell'oggetto come a me *opposto*, allora in questo caso io sono anche conscio *di me* come opposto all'oggetto conosciuto. Di qui appare che la riflessione su me stesso — o, il che è lo stesso, il fare di me stesso l'oggetto della mia conoscenza — è possibile solo a quel livello di conoscenza in cui si ha piena opposizione tra il soggetto e l'oggetto della conoscenza. Al contrario, a un livello di conoscenza in cui non si abbia questa piena opposizione tra soggetto e oggetto, tale riflessione su me stesso non è possibile. In questo caso, infatti, il soggetto e l'oggetto non sono sufficientemente distinti e opposti.

---

[9] Cfr. c. X.2.

Perciò, soltanto gli esseri che sono capaci di una conoscenza pienamente conscia e oggettiva, sono in grado di fare una riflessione su se stessi. La capacità di conoscere me stesso va di pari passo con la capacità di conoscere il mondo, ovverosia le cose, come altre da me. Essere soggetto vuol dire saper conoscere le cose distinte da se stessi. La relazione alle cose ha lo stesso basilare valore che la conoscenza di sé[10]. Essere soggetto si esprime allo stesso modo nel vedere le cose come altre da me e nel conoscere me stesso come oggetto. La capacità, cioè, di riflessione su di sé è condizionata dalla capacità di oggettivazione. In una coscienza nella quale soggetto e oggetto non sono opposti come tali, niente da parte del soggetto può essere oggettivato.

b. *Sapere, coscienza, riflessione*

La *verità* non solo è possibile a livello di coscienza nel quale è *possibile* anche la riflessione[11], ma la conoscenza attuale della verità contiene una *quasi-riflessione* iniziale. Quando formulando un giudizio conosco la verità, non sono *consapevole* solo dell'oggetto che conosco, ma anche del mio giudizio e della verità di esso, cioè della sua *corrispondenza* alla realtà oggettiva: *so* che quello che dico è vero.

Sapendo, si sa non solo *ciò* che si sa, ma anche *che* si sa: che questo mio sapere è vero e che posso darne delle *ragioni*. Debbo avere pronta già una ragione iniziale, forse molto globale (es.: «Mi ricordo», «L'ho imparato», «L'ho letto» etc.); ma *non* sono consapevole di *tutte* le ragioni. Questo non solo fisicamente, ma logicamente è impossibile, dato che le ragioni sono di numero indefinito; si può essere sempre costretti a continuare. D'altra parte confido che potrei continuare — a seconda delle situazioni emergenti — il discorso; saprei almeno dove cercare, dove rivolgermi.

NB: Tutto ciò già indica l'aspetto *istituzionale* del sapere, specialmente per quanto riguarda le ragioni[12].

---

[10] Cartesio pone nella riflessione su se stessi l'inizio della conoscenza.
[11] Cfr. c. VII **2. b.**.
[12] Vedi c. VIII, tesi XIV, **3**.

Perciò, attualizzando il mio sapere in un giudizio e delle ragioni date per esso, sono conscio anche del mio sapere in quanto *capacità*; non solo in quanto realmente attuata, ma anche in quanto ulteriormente attuabile in maniera indefinita, per sé senza limite. Tuttavia non sono conscio della mia capacità di sapere come se essa già fosse attuata in modo conscio, quasi "immagazzinata" (la memoria non è un magazzino, ma la capacità di ricordarsi.). Perfino i momenti di attualizzazione conscia del sapere *ridiventano* potenziali. Posso anche scordarmi di quello che una volta sapevo. Sono conscio della mia capacità ulteriore di sapere solo in senso indeterminato. Finalmente, sono conscio che la mia capacità di sapere non si esaurisce in *alcun numero finito* di singoli giudizi attualmente consci.

Di tutto ciò che è stato appena detto in un atto consapevole del sapere sono conscio solo *marginalmente*. Al *centro* della coscienza sta l'*oggetto*, di esso sono conscio in maniera *oggettiva*. Solo riflettendo in senso proprio posso diventare conscio in senso pieno del mio sapere, ma, riflettendo, esso diventa conoscenza *oggettiva*. La coscienza piena non è mai *perfettamente* conscia, perfettamente trasparente a se stessa. Ne segue che: l'opposizione fra oggetto e soggetto non è mai perfetta, la riflessione non può essere mai perfetta; la conoscenza, il sapere e la scienza non sono perfettamente oggettivi.

NB: L'argomentazione filosofica perciò — almeno spesso — consiste in una *riflessione* (seconda), oggettivamente; ma, proprio per questa ragione, è *oggettiva*: oggettivamente vera o falsa.

Si chiarisce così il concetto del sapere *assoluto*[13] come *potenzialmente infinito*, ma nella sua *attuazione* conscia essenzialmente *finito*. Soltanto come tale è assolutamente valido.

c. *La funzione del soggetto nel sapere*

Il soggetto è una funzione essenziale per la *validità* del sapere. Il cosiddetto «bagaglio del sapere umano totale» è sapere in

---

[13] Vedi c. VI **2.**.

senso proprio, ma analogo, in quanto può diventare conscio in un soggetto.

La funzione del soggetto è realizzato nell'*Io empirico*, cioè nelle *persone umane* concrete, che formano il genere umano storico.

L'aspetto *istituzionale* del sapere non può essere separato dal suo aspetto *personale*[14].

---

[14] Vedi c. VIII, tesi XIV, **3**.

5. Bibliografia ragionata

Verità:

TOMMASO D'AQUINO, *De veritate*, q. 1
ARISTOTELE, *Metafisica* IV 29; III 1-2.
J.L. AUSTIN, *Sense and Sensibilia*, cap. VII, pp. 62ss.
———, *Philosophical Papers*, 85ss.
H.U. VON BALTHASAR, *Wahrheit*, l'inizio.
G.E. MOORE, *The Commonplacebook*, 170ss. 378ss.
R.M. CHISHOLM, *Theory of Knowledge*, cap. 7 (What is the truth), pp. 130ss.
J. PASSMORE, *Philosophical Reasoning*, cap. VI (Arguments to Meaninglessness: Excluded Opposities and Paradigm Cases), pp. 100ss.
L. WITTGENSTEIN, *Ricerche filosofiche* I, 136.

Riflessività della verità:

P. HOENEN, *Le jugément d'après St. Thomas d'Aquin*.

Il soggetto del sapere:

I. KANT, *Critica della ragion pura*, B 399-432, *Dei paralogismi della ragion pura*.
F. BRENTANO, *Psychologie vom empirischen Standpunkt*, lib. II, cap. 2.
L. WITTGENSTEIN, *Tractatus logico-philosophicus*, 5.62-5.641.
G. RYLE, VI. cap. 7 (The Systematical Elusivenes of the I).

CAPITOLO VIII

LA RELAZIONE DEL SAPERE ALL'OGGETTO: L'INTENZIONALITA'

Abbiamo già detto che la conoscenza è sempre conoscenza di *qualcosa* che, in quanto oggetto della conoscenza, è altro dal soggetto conoscente e dallo stesso atto della conoscenza. Quella speciale relazione che collega la conoscenza al suo oggetto, relazione per cui la conoscenza è conoscenza di questo oggetto, si chiama *intenzionalità* della conoscenza. L'intenzionalità è la caratteristica essenziale della conoscenza, è ciò per cui la conoscenza è conoscenza e differisce da qualsiasi altra cosa, operazione, relazione ecc. Per ogni conoscenza, ma anche per il sapere in maniera specifica, coscienza e intenzionalità si sono mostrate *correlative*, come le due direzioni dell'opposizione fra soggetto e oggetto.

La relazione fra coscienza e intenzionalità *non è uguale*. Il sapere non solo come capacità non è conscio nella stessa maniera delle sue singole attuazioni, ma in quanto oggettivo e intersoggettivo esso possiede una realtà — ad esempio d'informazione, di messaggio — relativamente indipendente dal soggetto; resta invece determinato dalla sua intenzionalità verso l'oggetto.

Termini: coscienza[1]; intenzionalità, oggettivo — soggettivo[2], istituzione, istituzionale[3].

1. Il fatto dell'intenzionalità del sapere

TESI XIII: Il sapere umano è intenzionale.

a. *Il sapere, come ogni conoscenza, implica intenzionalità*

---

[1] Vedi. c. VII **1. a.**
[2] Vedi. c. X **1. a.**
[3] Vedi. c. VIII **3. a.**

Dal capitolo precedente segue che il sapere come *capacità di fare delle proposizioni* vere e di darne ragioni è una capacità di compiere atti consci[4], ma ogni attività conoscitiva conscia è intenzionale, anzi l'intenzionalità è il rovescio della stessa coscienza, perciò, il sapere implica intenzionalità.

Ogni tipo di *conoscenza* e ogni suo elemento, in quanto o è in se stessa conscia o implica la possibilità di diventare conscia, o è intenzionale o almeno implica l'intenzionalità; altrimenti, non merita neanche il suo nome *specifico*: ad esempio *vedere, udire, occhio, orecchio* etc. Ogni conoscenza gode almeno di un grado minimo di coscienza. L'intenzionalità della conoscenza segue poi il grado della sua coscienza.

NB: Forse, non ogni elemento di ciascun tipo di conoscenza è in se conscio, né può diventare conscio: per esempio i risultati di un'analisi psicoterapeutica del profondo o i risultati/costrutti di un'analisi filosofica del processo conoscitivo (*actus, facultas, intellectus agens* ecc. in Aristotele; o le *simple ideas, impressions*, dell'empirismo inglese ecc.), ma tutti sono intenzionali, altrimenti, non sarebbero elementi di conoscenza[5].

b. *Il sapere — e ogni conoscenza — con tutti i loro elementi sono in se stessi intenzionali*

Ogni conoscenza è riferimento all'oggetto. Ogni conoscenza, e a fortiori il sapere e la scienza, non sono qualcosa *in sé*, ma riferimento a qualcos'altro: all'oggetto. Le altre cose sono quel che sono in se stesse; si rivelano così come sono, vengono descritte come cose che esistono in sé. Ogni conoscenza, invece, è conoscenza *dell'altro*, cioè dell'oggetto. Se la conoscenza viene descritta solo come è in se stessa, ossia come puro atto della nostra mente, non viene descritta come conoscenza: infatti, l'aspetto caratteristico della conoscenza, cioè l'intenzionalità, non appare in una simile descrizione. La conoscenza, il sapere e la scienza, quindi, vengono descritti *solo* se viene esplicita-

---

[4] Cfr. c. III, tesi IV **2.**
[5] Cfr. paragrafo seguente.

mente indicata la relazione specifica di essi e degli oggetti, cioè la loro intenzionalità. Questo non vale solo per ogni *atto* conoscitivo, ma anche per le rispettive potenze, facoltà, capacità. Una potenza, facoltà o capacità non può essere determinata come tale specifica potenza, facoltà o capacità, se non per la sua relazione specifica a un determinato ambito di oggetti. Anzi, essa non può essere neanche chiamata potenza, facoltà o capacità conoscitiva, se non indicando questa relazione generica verso oggetti da conoscere in genere (cfr. gli adagi scolastici: «actus specificatur ab obiecto», «habitus et facultas specificantur ab obiecto formali»). Perciò il sapere, precisamente in quanto capacità, è in se stesso intenzionale, proprio perché è una capacità ad atti conoscitivi.

Ogni conoscenza non è altro che riferimento all'oggetto. Ogni forma e ogni elemento della conoscenza (pensiero, enunciazione, ragionamento; percezione, impressione sensibile, immagine mentale, contenuto della memoria, concetto; parola, proposizione, discorso) sono quello che sono per il riferimento all'oggetto conoscibile. Quando si prescinde dalla relazione all'oggetto quegli elementi non possono considerarsi elementi della conoscenza. Certamente, la conoscenza e i suoi elementi possono essere descritti dalla fisica, dalla psicofisica, dalla psicologia e pure dalla sociologia ecc., anche secondo la propria struttura interna, statica e secondo la propria entità. Tuttavia in tal modo non vengono considerati precisamente come elementi della conoscenza ma come qualcosa che accade in me, nel mio corpo, nei miei sensi o nella mia mente, nella società. Così, tutte le teorie che vogliono spiegare la conoscenza esclusivamente nella sua struttura interna, senza riferimento all'oggetto distinto dalla stessa conoscenza, non la descrivono secondo la sua vera realtà, cioè come conoscenza; e a fortiori non la descrivono come sapere.

Ogni conoscenza è riferimento all'oggetto come ad altro da sé. Abbiamo già visto che l'oggetto della conoscenza è necessariamente distinto dal soggetto e dall'atto stesso della conoscenza. L'oggetto della conoscenza *attuale* non è la stessa conoscenza attuale, sebbene la conoscenza stessa possa diventare oggetto di conoscenza. Il sapere come capacità non è quello che si sa, sebbene si possa riflettere su di esso.

Il riferimento a un oggetto distinto costituisce l'essenza — non univoca ma analoga, secondo i gradi di oggettività — della conoscenza. L'essenza è ciò per cui una cosa è ciò che è, ma la conoscenza è tale per il riferimento all'oggetto diverso da sé, o — in altre parole — per la *intenzionalità*, perciò, l'intenzionalità è l'essenza della conoscenza. Tutta l'intenzionalità della conoscenza è ordinata all'oggetto: l'intenzionalità si attua in quanto viene conosciuto un qualche oggetto. Non si può, infatti, avere un'intenzionalità attuale quasi vuota, ma l'intenzionalità della conoscenza può riferirsi a oggetti diversi sotto vari aspetti contemporaneamente; ad esempio, io conosco un oggetto in modo pienamente conscio, altri in modo meno conscio. Quindi, non si può fare astrazione dall'intenzionalità volendo considerare la conoscenza o un qualsiasi elemento suo come tale. Perciò, la pura introspezione di tipo umano, forse anche quella fenomenologica, non descrive la conoscenza come tale.

Ogni atto di conoscenza, specialmente ogni attuazione del sapere, sia come capacità sia come istituzione, è riferimento conscio del soggetto all'oggetto. Se il soggetto non fosse conscio (dell'oggetto), l'oggetto non sarebbe conosciuto (dal soggetto). Se il soggetto non conoscesse alcun oggetto, non potrebbe essere conscio. Anzi, in tanto il soggetto è conscio in quanto conosce un oggetto. Di più, il soggetto è conscio per mezzo della *stessa* attività *per* cui conosce l'oggetto. Per questo coscienza e intenzionalità sono la stessa cosa: in quanto la conoscenza è *conscia*, viene considerata come attività del *soggetto*; in quanto la conoscenza è *intenzionale* viene considerata come attività tendente all'*oggetto*. Si tratta di due aspetti della medesima cosa: ambedue sono relazioni tra soggetto e oggetto. Se la conoscenza non fosse attraverso uno stesso fatto *e* conscia *e* intenzionale, la conoscenza sarebbe impossibile: la conoscenza dell'oggetto non sarebbe conscia, l'oggetto non sarebbe dato al soggetto e quindi non potrebbe essere conosciuto. Oppure: la conoscenza non tenderebbe all'oggetto e, in quanto tale, non sarebbe conoscenza di qualcosa ovverosia non sarebbe coscienza. Solo per il fatto che — sarebbe sotto vari aspetti — la coscienza per cui il soggetto è conscio, e l'intenzionalità, per cui la conoscenza tende all'oggetto, sono la stessa cosa, il soggetto e l'oggetto *convengono* veramente nell'atto della conoscenza. Questo vale evidentemente anche per tutti i processi di attuazione del sapere. Per il sapere come capacità è chiaro che implica questa consapevolezza solo, ma davvero, come possibilità reale, non come attualità permanente e continua.

La conoscenza e specialmente il sapere sono intenzionali non tanto perché sono — o possono essere — consci ma perché sono conoscenza. La stessa cosa vale per ogni tipo, forma ed elemento di conoscenza. Solo così la conoscenza, specialmente il sapere possono essere intenzionali anche quando non sono attualmente consci.

2. Tipi e gradi di intenzionalità

L'intenzionalità come relazione del soggetto cosciente al suo oggetto può essere di diverso tipo. Già l'intenzionalità della conoscenza è diversa da quella della volontà, ma anche nell'ambito dell'intenzionalità conoscitiva dobbiamo distinguere diversi tipi e gradi. La diversità di tipi e di gradi dell'intenzionalità, sulla quale qui indaghiamo, non riguarda il fatto che il soggetto si riferisca a diversi campi di oggetti: non si tratta della relazione del soggetto a diversi parti, campi, orizzonti di oggetti, cioè del suo mondo. È da prendere in considerazione, invece, il *modo* del soggetto di relazionarsi al suo mondo, in diversa maniera.

L'intenzionalità, con ciò, può essere ridefinita così: la relazione diversificata del soggetto (io, uomo, persona) all'oggetto (mondo, realtà ecc.).

Lo scopo di questa panoramica sui diversi tipi e gradi di intenzionalità, è di elaborare una visione globale della relazione del soggetto cosciente al suo mondo, cioè dell'intenzionalità, dentro il quale poi sarà da situare *l'intenzionalità specifica del sapere*.

Il *metodo* è quello *fenomenologico*, appositamente sviluppato da Husserl, in seguito a Brentano, per la descrizione e la distinzione di vari tipi di intenzionalità.

a. *L'intenzionalità umana preoggettiva*

Tipi di intenzionalità preoggettiva. Tratteremo dell'intenzionalità dei diversi sensi, cioè del vedere, dell'udire, del toccare ecc., ma anche dell'intenzionalità della memoria e della fantasia. Nella sua applicazione all'intenzionalità preoggettiva, il metodo fenomenologico si esercita in modo specialmente preciso e utile. Proprio per questo la fenomenologia della percezione è illuminante per il metodo fenomenologico in generale, anche se forse proprio questo fatto è un indice dei limiti di questo metodo[6]. Nella prassi si tenta di *isolare* metodicamente i contenuti tipici di un senso da tutti gli altri e dal pensare, per meglio determinare la sua specifica relazione al mondo («seinen spezifischen Weltbezug»). Questo deve essere fatto con vari esercizi abbastanza rigorosi, che esigono perfino una certa *ascesi* intellettuale. Nel contesto del nostro trattato possiamo dare solo alcune indicazioni.

La vista: l'oggetto: colori e figure; la coseità; la cosa tridimensionale; distanza, prospettiva, movimento.

L'udito va verso l'astrazione: sento qualcosa che non vedo. Quello che sento è molto meno di quello che posso vedere contemporaneamente. Va verso la significazione: il suono sta per sé solo; perciò può stare per qualcos'altro. L'uomo sviluppa un linguaggio vocale, non tanto perché è dotato di bocca e di corde vocali, ma perché è dotato *d'udito*. Il bambino impara a parlare imitando quello che sente. La prima parola umana non è chiamata, ma risposta[7].

Il tatto: a differenza dell'udito e dalla vista, il tatto non gode di prospettiva e non percepisce la contemporanea distanza, che specialmente prevale nella vista.

---

[6] Cfr. specialmente M. MERLEAU-PONTY, *Phénoménologie de la perception*, pt. II.
[7] Cfr. F. ROSENZWEIG, *Der Stern der Erlösung*; 194ss.

Il gusto mostra più chiaramente la possibilità di allenamento e la possibilità di una raffinatezza progressiva, e così la non-naturalezza della sensibilità *umana*, che è informata dall'intelletto.

NB: Nella vista, nell'udito e nel tatto l'apprendimento iniziale avviene in modo abbastanza spontaneo e con facilità, e può essere sviluppato fino a un livello relativamente alto.

Gradi di intenzionalità preoggettiva. Si è spesso tentato di determinare una sorte di *gerarchia* dei vari sensi, chiedendosi se certi sensi siano più utili, più vicini all'intelletto, più spirituali, o semplicemente più *perfetti* degli altri, e quale senso tenga eventualmente il primo posto in questa graduazione. Queste riflessioni sul valore dei singoli sensi sono certamente provocate dal possibile indebolimento e dall'eventuale perdita di un senso, nel caso di cecità, di sordità e di altri menomazioni della sensibilità umana.

È di speciale interesse la graduazione dei sensi di Aristotele, che mette la vista al primo posto[8]. Bisogna ricordare anche la distinzione di Hume dei contenuti sensibili, non però dei singoli sensi, secondo «gradi di forza e di vivacità», in «vivaci e forti» d'una parte, e «deboli» d'altra[9], che riecheggia le distinzioni precedenti di Berkeley, riducendole però[10]. La terminologia degli empiristi inglesi torna poi in Newman[11], con significato e intenti fortemente cambiati.

---

[8] ARISTOTELE, *Metaph.*, I 9, 1080a 21-26: «Tutti gli uomini per natura tendono al sapere. Segno ne è l'amore per le sensazioni: infatti, essi amano le sensazioni per se stesse, anche indipendentemente dalla loro utilità, e, più di tutte, amano la sensazione della vista: in effetti, non solo ai fini dell'azione, ma anche senza avere alcuna intenzione di agire, noi preferiamo il vedere, in un certo senso, a tutte le altre sensazioni».

[9] Cfr. D. HUME, *An Inquiry*, sz. II: «Qui possiamo dunque dividere tutte le percezioni della mente in due classi o specie, che non sono distinte dai loro differenti gradi di forza e vivacità. Le meno potenti e vivide sono comunemente denominate *pensieri* o *idee*. L'altra specie [...] impressioni [...]. E le impressioni sono distinte dalle idee, che sono le percezioni meno vivide». Cfr. C. HUBER, «Die Vollendung des englischen Empirismus», 147-149.

[10] G. BERKELEY, *A Treatise*, §§ 29-30.

[11] J.H. NEWMAN, nel suo: *An Essay in Aid*, distingue la «real apprehension» come «strong and concrete» dalla «notional apprehension», che è «week and abstract».

Come ogni graduazione, anche quella delle intenzionalità sensibili *dipende dal punto di vista* sotto il quale si vuole fare una graduazione. L'intenzionalità dei diversi sensi può essere considerata verso l'oggettività del sapere o verso l'esattezza scientifica o verso il coinvolgimento esistenziale ecc. Allora il *contributo* dei diversi sensi sarà valutato nella linea di una maggiore precisione, di maggiore concretezza, di maggiore forza d'esperienza soggettiva e così via. Sono specialmente da considerare le possibili determinazioni *spazio-temporali* dei diversi tipi di gradi e dell'intenzionalità preoggettiva sensibile. Essi sono distinti per i vari sensi, ad esempio, per la vista, l'udito e il tatto[12].

Più importante che paragonare i vari sensi fra di loro è osservare ed analizzare lo *sviluppo* progressivo delle capacità sensibili di ogni *singolo* senso e della capacità sensitiva *complessiva*. Lo studio dello sviluppo della sensibilità nel bambino, sia quello normale, sia quello almeno parzialmente diverso dei bambini ciechi o sordomuti, è di forte importanza per la comprensione filosofica della conoscenza umana. Questo processo e questi fenomeni vanno perciò studiati anche da un punto di vista filosofico e fanno parte della problematica dell'*antropologia filosofica*.

Bisogna però ribadire che, oltre alla graduazione progressiva della sensibilità umana verso l'intelletto, è da considerare l'appartenenza della sensibilità alla realtà completa della persona umana. In questo contesto bisogna riflettere anche sulla sensibilità umana e il suo possibile sviluppo nella direzione verso la libertà e verso la moralità e perfino nella direzione verso un sempre maggiore approfondimento spirituale. Diventa così un problema della filosofia della conoscenza anche l'evoluzione morale e spirituale della sensibilità umana. Oltre ad essere di interesse filosofico, queste considerazioni sono d'importanza anche teologica, specialmente per la catechesi e per la teologia spirituale.

---

[12] Vedi c. XIX **1. c.**

Conviene fare questa *riflessione in forma di domande* che dovranno far pensare.

A livello umano naturale e filosofico:
— Quali sono gli oggetti del rispettivo senso? Qual è il suo oggetto formale? Qual è il tipo di relazionarsi del soggetto al mondo per mezzo dell'intenzionalità del rispettivo senso?

— Qual è la consapevolezza e lo sviluppo progressivo di consapevolezza nel rispettivo campo di sensibilità?

— Quali distinzioni si fanno fra i vari contenuti sensibili, specialmente in opposizione, sia puramente fisica, sia conscia, ad altri?

— Qual è la partecipabilità e la comunicabilità con altri soggetti dei contenuti sensibili specifici dei diversi sensi, sia che si tratti di oggetti sensibili non personali, sia che si tratti di realtà sensibili, che sono anch'esse delle persone umane?

— Quali sono le modalità di apprendimento e quali sono le possibilità di un raffinamento progressivo e di una cultura nell'ambito del rispettivo senso? Come esempi possono servire i buongustai, gli assaggiatori di vino o di caffè ecc.

— Qual è il tipo normale di oggettivazione nel campo del rispettivo senso, per quale mezzi essa avviene normalmente e per quali strumenti, anche tecnici, essa viene perfezionata?

— Quali sono le strutture del sapere umano collegate in modo speciale a questo senso? Come si sono sviluppate e come furono e possono ancora essere perfezionate? Qual è la concettualizzazione specifica o almeno prevalente nel campo delle intenzionalità del rispettivo senso? Per quale arte e per quale mestieri il rispettivo senso e il perfezionamento delle sue capacità sono specialmente importanti? Per quale scienza questo senso è specialmente importante e come questo si esprime nel rispettivo campo linguistico e nella terminologia scientifica rispettiva?

— Qual è la responsabilità morale del soggetto per il funzionamento, l'uso, eventualmente selettivo, e il perfezionamento del rispettivo senso? Quali sono gli specifici peccati, vizi e virtù nel campo di questo senso? Ci sono dei tipi speciali di bene e male morale e delle differenze specifiche fra essi?

A livello soprannaturale cristiano e teologico:
— Qual è la caducità e la caduta di questo senso? Come è diventato strumento specifico di peccato? In quale modo diventa specificamente tentazione? Quali sono gli abusi collettivi e quasi istituzionali dell'attività e dell'intenzionalità del rispettivo senso? Cosa ci racconta la Bibbia, a partire dal racconto del peccato di Adamo ed Eva, sul coinvolgimento della specifica intenzionalità di questo senso nella storia del peccato umano?

— Come avviene la redenzione di tutta la persona umana nel campo dei vari sensi? Quali sono i miracoli, specialmente, ma non esclusivamente quelli di guarigione, che riguardano le malattie dei sensi: le guarigioni dei ciechi, dei sordomuti, dei zoppi e dei lebbrosi? Qual è la relazione dei sacramenti all'intenzionalità dei diversi sensi?

— Di quale spiritualizzazione soprannaturale sono capaci i diversi sensi e a quali cambiamenti e trasformazioni della loro intenzionalità porta questo processo di spiritualizzazione? Quale funzione hanno i diversi sensi nell'ascesi e nella mistica cristiana? Quale purificazione progressiva i vari sensi subiscono e come essi vengono progressivamente trasformati? Qual è la funzione dei sacramenti in questo processo? Quale sarà la funzione dei sensi nella visione beatifica e nella resurrezione dei corpi[13].

La memoria e la fantasia. Anche se per la memoria si distingue tradizionalmente fra memoria sensibile e memoria intelligibile, e nella fantasia prospettiva e creativa umana è presente una forte componente intellettiva, ciononostante memoria e fantasia sono determinate, almeno parzialmente, da una intenzionalità preoggettiva. Per esse vale perciò fondamentalmente quello che si è detto nelle pagine precedenti.

Conviene però insistere su un punto. A differenza dell'intenzionalità di tutti i sensi, che riguarda un oggettualità presente, la

---

[13] Cfr. IGNAZIO DI LOYOLA, *Exercitia spiritualia*: l' «applicazione dei sensi» come quinto esercizio della giornata specialmente nella prima e nella seconda settimana.

memoria si riferisce a una realtà che era, ma che non c'è più. Anche la fantasia si riferisce a una realtà, che non c'è, ma che, forse, ci sarà, e che in ogni caso è immaginaria, sia essa prospettiva o no.

La differenza fra l'intenzionalità preoggettiva dei sensi e l'intenzionalità oggettiva consiste nel fatto che la seconda si costituisce in una terza realtà, distinta sia dal soggetto sia dagli oggetti, ed è per questo intersoggettiva.

b. *L'intenzionalità oggettiva*

I tipi di intenzionalità oggettiva. La *tecnica* crea dei strumenti, questo si vede sin dalla sua nascita nell'uso dei primi strumenti primitivi, dei quali ci parla la paleontologia umana, attraverso lo sviluppo degli attrezzi dei vari artigianati, fino alle complesse tecnologie contemporanee. Nella presenza di strumenti esiste una realtà intenzionale oggettiva. Gli strumenti tecnici introducono poi una *specificazione*: essi sono usati per un determinato scopo e non sono più usati per alcun altro. L'uso di uno strumento comporta anche una *ripetibilità*: si ripete lo stesso colpo, si ripete la stessa azione. Questa ripetibilità di uno *stesso* identico implica un inizio di astrazione[14]. Della tecnica tratta come disciplina filosofica di origine recente la *filosofia della tecnica*[15].

Anche *l'arte* nelle sue varie forme, dalla musica all'architettura, è oggettiva. Essa acquista una sua esistenza indipendentemente dal soggetto, che però è diversa nei diversi generi dell'arte: nella pittura, nell'architettura, nella musica e nella danza. Ma la realtà dell'arte resta ancora singola e irripetibile: una copia non sostituisce l'originale! Dell'arte trattano come discipline filosofiche l'*estetica* e la *filosofia dell'arte*[16].

---

[14] Un simile tipo di intenzionalità oggettiva si trova nel modo di mangiare *umano* nella cultura della cucina: l'uso del cucchiaio, della forchetta, del coltello o dei bastoncini, ma anche quello delle dita è un uso culturale e istituzionale. La stessa cosa vale anche per il modo di cucinare e lo stile di una cucina specifica. Cfr. c. XXI, **4. b.**

[15] Cfr. specialmente: M. HEIDEGGER, *Das Gestell*.

[16] Cfr. specialmente G.W.F. HEGEL, Phänomenologie des Geistes, cap.

Nelle *istituzioni sociali*, cioè nelle relazioni sessuali umane, nella famiglia, nei vari gruppi di aggregazione sociale, nella società, nello Stato e anche nella Chiesa il comportamento umano è organizzato in maniera intersoggettiva. Questo avviene per mezzo delle regole, delle tradizioni, delle leggi, degli statuti, delle costituzioni ecc. In tutto questo il comportamento umano si stabilizza ed emerge come una realtà distinta e in un certo senso indipendente dai singoli soggetti. Esso costituisce quello che nel senso proprio si chiama *istituzione*. Delle istituzioni sociali trattano varie discipline filosofiche, specialmente la *filosofia sociale*, l'*etica sociale* e la *filosofia della cultura*[17].

Un caso specifico in questo campo delle istituzioni sociali è costituito dai *rapporti sociali di produzione*. In essi, sono sistematicamente correlati modi di cooperazione umana per la produzione dei beni di utilità e di consumo comune, con diversi tipi di organizzazione della convivenza sociale. Tutto questo è stato inizialmente elaborato da Carlo Marx[18]. Fino a quale punto le sue intuizioni siano giuste o piuttosto riduttive non è da discutere qui e in questo momento.

Le varie *scienze*, cioè la matematica, la fisica, la biologia, la storiografia ecc. sono sistemi elaborati del sapere umano[19]. La loro intenzionalità, cioè il modo di riferirsi alla realtà, è diverso nelle diverse scienze. Le scienze, perciò, formano solo un'unità analoga, non quella univoca della *scienza*. Nelle scienze si concretizza in maniera pubblica e con una forte stabilità il contatto conoscitivo del soggetto umano con il mondo reale. Anzi, è questo stesso contatto, come una nuova realtà, distinta dal soggetto e dall'oggetto, che si realizza e si solidifica in vario modo in quello che chiamiamo *le scienze*. La tematica delle scienze

---

VII, sz. B (Die Kunst-Religion), pp. 651-698; trad. italiana, *Fenomenologia dello spirito*, cap. VII, sz. B (La religione estetica); ID., *Encyclopädie*, §§ 553-577 (Die Kunst); trad. italiana, *Enciclopedia* (L'arte); B. CROCE, *Estetica*.
[17] I migliori contributi a tutta questa tematica si trovano nelle opere di Hegel, di Marx, di Scheler ed in campo sociologico.
[18] Cfr. K. MARX, *Il Capitale*.
[19] Vedi. c. XV, tesi XXI, 3..

viene trattata filosoficamente dalla *filosofia delle scienze*[20].

Anche *la religione* e le varie religioni sono strutture e sistemi reali, nei quali si è concretizzata la relazione vissuta del soggetto umano con la realtà che non dipende da lui. Nel caso della religione questa realtà è quella dalla quale il soggetto stesso dipende, cioè la realtà infinita, che è chiamata *Dio*. Nelle religioni questa relazione si articola in credenze, azioni, riti, simboli e liturgie, e acquista così un'esistenza intersoggettiva, pubblica e stabile. La religione e le religioni vengono trattate dal punto di vista filosofico dalla *fenomenologia della religione* e dalla *filosofia della religione*.

Tutti i tipi di intenzionalità oggettiva sono caratterizzati da un'indipendenza dal soggetto, da un'astrattezza dalla sensibilità e, come vedremo, da una istituzionalità, ma proprio in queste stesse caratteristiche si differenziano fra di loro.

Ci sono *due tipi* di intenzionalità, che *non* stanno, per così dire, *accanto* agli altri tipi, ma essi, specialmente il primo, cioè il pensiero, si trovano, anche se in modo diverso, *in tutti*, quasi al loro interno: *il pensiero* e *il sapere*. Essi sono, per così dire, *l'anima* di ogni intenzionalità oggettiva. Dal punto di vista strutturale e formale il pensiero viene trattato dalla *logica*[21].

Il linguaggio e la scrittura contribuiscono a tutti i tipi di intenzionalità oggettiva per una reale e sempre maggiore intersoggettività. Da un punto di vista filosofico il linguaggio viene trattato dalla *semiotica*[22], dall'*analisi linguistica*[23], dall'*ermeneutica*[24], o genericamente dalla *filosofia del linguaggio*[25].

I *gradi dell'intenzionalità oggettiva*. Per una graduazione dell'intenzionalità oggettiva vale quanto abbiamo avuto occasione di sottolineare riguardo all'intenzionalità preoggettiva[26]:

---

[20] Cfr. *Teoria e metodo delle scienze*.
[21] Vedi c. XIV 2. e c. XVI 1. b.
[22] Cfr. es. U. Eco, *Trattato di semiotica generale*.
[23] Cfr. specialmente L. Wittgenstein, *Ricerche Filosofiche*.
[24] Cfr. specialmente: H.G. Gadamer, *Verità e Metodo*.
[25] Cfr. c. XII.
[26] Vedi 2. a. di questo capitolo

il metro di una graduazione dipende dallo scopo della medesima. Il nostro interesse prevalente, nel contesto di un trattato filosofico sul sapere umano, è ovviamente quello nei confronti dell'oggettività di un sapere informativo ed eventualmente scientifico[27]. In questa linea si può indicare una certa graduazione, che coincide con lo sviluppo storico del filone appena indicato per il linguaggio[28]. Questo sviluppo permette progressivamente una sempre maggiore indipendenza dal soggetto e, perciò, una sempre più completa intersoggettività. Per gli altri tipi di intenzionalità oggettiva è possibile solo una graduazione analoga.

Il *linguaggio umano* concettuale segna l'inizio dell'umanità, *l'ominazione*, l'inizio cioè della *consapevolezza* umana. Senza linguaggio non esiste intersoggettività e ancor meno la possibilità di un qualsiasi tipo di intenzionalità oggettiva. Senza la facoltà della parola l'uomo non può pensare, cioè non è uomo[29].

La *scrittura* segna l'inizio della *storia* cioè della consapevolezza storica. Con l'invenzione della *macchina da stampa* fatta da Guttemberg nel cinquecento, nasce la cultura del libro, cioè una *consapevolezza letteraria*, che però resta ancora elitaria. L'invenzione del *rotocalco* nell'ottocento, con la conseguente sempre maggiore diffusione dei giornali e di una stampa di massa in genere, insieme con una scolarizzazione pressoché comune, riduce fortemente il fenomeno dell'analfabetismo. Nasce così una *consapevolezza collettiva*. La comunicazione *elettrica ed elettronica*, attraverso il telefono, la radio, il film, la televisione, il computer, le reti telematiche (*internet*), insieme con la possibilità di immagazzinazione di informazioni pressoché illimitata, portano attualmente a un nuovo livello di consapevolezza umana, cioè alla *consapevolezza tecnologica*. Di tutta questa problematica si occupano le diverse scienze di comunicazione e, dal punto di vista filosofico, la *filosofia della comunicazione*.

---

[27] Cfr. c. XV.
[28] Vedi . **2. b.** di questo capitolo
[29] Vedi **2. a.** di questo capitolo

L'origine e lo sviluppo del sapere umano. Ci sono varie teorie sull'origine e sullo sviluppo fondamentale del sapere umano — dello stesso genero umano — che collegano questi con uno o l'altro tipo di intenzionalità oggettiva. Si tratta non tanto di teorie scientifiche ma piuttosto di posizioni speculative di tipo filosofico, a volte anche ideologiche, parascientifiche, mitiche e parareligiose. L'origine e lo sviluppo dell'umanità può essere visto collegato a diversi fattori.

— *Con la tecnica*, cioè colla capacità umana di impossessarsi della natura, di dominarla e di umanizzarla. Allora l'umanizzazione è determinata dall'invenzione dei primi strumenti e dall'uso del fuoco: la presenza di artefatti per la *paleoantropologia* è indice certo di esistenza dell'*homo sapiens*.

— *Con l'arte*, cioè colla capacità di rappresentazione creativa di una realtà non immediatamente presente. Allora la presenza di dipinti nelle caverne, di incisioni non utili ecc. sono indice certo di attività specifica umana e vengono usati come tali dalla paleoantropologia e dalla preistoria per determinare diversità di sviluppo di cultura.

— *Con le istituzioni sociali*, specialmente coll'origine della famiglia e dello stato. Per il freudismo l'uomo diventa uomo superando la barriera del divieto dell'incesto (*Inzestschranke*). Per Hobbes e altri l'umanità praticamente nasce con il «contratto sociale», il progresso umano e quello delle istituzioni.

— *Con i rapporti sociali di produzione*. Per il *marxismo*, e più specialmente per il materialismo storico, l'umanizzazione avviene al momento della prima divisione dei lavori per la produzione dai beni di consumo necessario. Lo sviluppo — necessario — dell'umanità è quello dell'organizzazione della produzione che determina le forme di struttura della società: raccoglitori e cacciatori, agricoltura, schiavitù (*Sklavenhaltergesellschaft*), feudalismo, capitalismo, socialismo, comunismo.

— *Con lo sviluppo delle scienze*. In questo caso non viene *teorizzata* l'origine, ma il fondamentale progresso dell'umanità. Tipico per questo è il *positivismo* di *Comte* con la «legge» dei tre stadi successivi del sapere umano; religioso, filosofico, scientifico.

— *Con la religione*, cioè colla capacità umana di relazionarsi al trascendente e di esprimere questa relazione per mezzo di oggetti sacri, riti e miti. Allora l'uomo diventa uomo per il primo atto di culto religioso. In tale contesto l'arte primitiva è letta in chiave religiosa. Eventualmente il progresso umano è costruito secondo il — preteso — succedersi dei tipi di religione: animismo, politeismo, monoteismo, cristianesimo, protestantesimo[30].

— *Col linguaggio*, cioè con la capacità di espressione e comunicazione per mezzo di un sistema segnaletico astratto. In tal caso, l'uomo diventa uomo nel momento in cui parla o eventualmente risponde per la prima volta. Una tale posizione è evidentemente aperta a interpretazioni *teologiche* [31].

La caduta e la redenzione del sapere umano. In questo contesto vengono inserite spesso concezioni d'origine cristiana, cioè il *peccato originale* e la *redenzione*, nonché quella del *Regno di Dio escatologico*, anche se poi si tratta frequentemente di assunzioni teologiche ormai secolarizzate.

— *In un contesto linguistico*, il peccato originale può essere la bugia o il rifiuto di comunicare. La redenzione sarà la Pentecoste contro Babele. L'escatologia sarà una comunità di comunicazione totale.

— *In un contesto psicoanalitico*, ma non solo, il peccato originale sarà un peccato sessuale ed eventualmente il risultante complesso, quello di Edipo. La redenzione sarà di tipo terapeutico e l'escatologia sarà un'umanità senza complessi e senza tabù.

— *In un contesto marxista*, il peccato originale è l'alienazione, cioè l'espropriazione del prodotto dall'operaio che ha prodotto. La redenzione è la rivoluzione e l'escatologia è la società senza classe.

— *In un contesto religioso*, di un certo tipo, il peccato originale è la disobbedienza contro il comandamento di Dio. La redenzione si compie per un atto di obbedienza e l'escatologia

---

[30] Cfr. G.F.W. HEGEL, *Filosofia della Religione*.
[31] Es.: L. De Bonald, F. Rosenzweig.

consiste nel compimento definitivo della volontà di Dio nel giudizio universale.

3. Il sapere umano con tutti i suoi elementi oggettivi come *istituzione*

TESI XIV: Il sapere umano gode di una intenzionalità istituzionale.

a. *Il concetto di* istituzione

Usiamo il termine *istituzione*, in questo contesto, come termine *analogo*. Il suo significato primario è quello delle istituzioni sociali. I suoi significati ulteriori sono tutti i tipi di intenzionalità oggettiva. Essi ci serviranno come esempi per l'elaborazione delle caratteristiche di quello che chiamiamo *istituzione* e ne garantiscono la validità. L'esempio più illuminante, che più si presta a un'analisi esatta e dettagliata, è il linguaggio.

Un'istituzione è una realtà *intersoggettiva*. Essa possiede un'esistenza distinta e ormai separata dall'esistenza e dalle attività del soggetto, anche se evidentemente non è venuta ad esistere indipendentemente da queste. Per tale ragione un'istituzione è partecipabile in diverso modo da parte di una pluralità di soggetti e i suoi elementi sono possibili contenuti di comunicazione. Da questo segue anche che le istituzioni precedono *a priori* ogni attività del soggetto e la determinano in maniera normativa con regole e leggi. Le realtà istituzionali si apprendono, almeno generalmente, attraverso un processo di socializzazione.

Un'istituzione è una realtà *secondaria*. Essa possiede anche un'esistenza propria e distinta dagli oggetti ai quali eventualmente rimanda. Le istituzioni non sono realtà naturali. Esse non sono, per così dire, create da Dio. Detto in termini filosofici: esse non sono realtà del tipo degli oggetti, ma evidentemente Dio ha creato l'uomo in tal modo che può e deve da parte sua *creare* e sviluppare le istituzioni. Questo evidentemente non esclude che il soggetto si possa relazionare anche a un'istituzione come a un suo oggetto; ma in tal caso il suo relazionarsi a un'istituzione come oggetto sarà precisamente di intenzionalità oggettiva e possederà, a sua volta, un'esistenza istituzionale.

Le istituzioni costituiscono un *terzo tipo* di realtà, distinto e diverso dal tipo, sia del soggetto, sia da quello dell'oggetto. Essi sono quello che generalmente si chiama *realtà culturali*, o semplicemente *cultura*, o, in opposizione a natura, *seconda natura*. Per questa ragione anche termini come *unità, unicità, pluralità, semplicità, composizione* ecc. se usati per le istituzioni, hanno un significato diverso da quello che hanno se usati per realtà naturali. Questo è specialmente importante per la comprensione di quello che nel campo delle realtà istituzionali si chiama *legge*. *Legge* o anche *regola* in questo contesto ha un senso diverso da quello di legge della natura[32].

Un'istituzione è una realtà *storica*. Le istituzioni sono proprio quello che costituisce, per così dire, la sostanza e la realtà della storia e dei cambiamenti storici[33]. Esse sono generalmente più o meno mutabili storicamente; possono godere di una certa immutabilità, come per esempio, sotto certi aspetti, l'istituzione del matrimonio. La loro minore o maggiore immutabilità dipende dalla loro minore o maggiore dipendenza dalla natura umana, fisica o metafisica. Tuttavia, sia i cambiamenti delle istituzioni sia una loro eventuale immutabilità, sempre relativa, non sono cambiamenti o, rispettivamente, un'immutabilità naturale. Questi due tipi di cambiamento, perciò, debbono essere anche analizzati con diversi strumenti[34]. Un'istituzione storica, ma ciononostante definitiva e perciò in un certo senso

---

[32] Per questa ragione non è privo di pericolo parlare in un contesto morale di «legge naturale». Ma bisogna pur ricordare che il significato originario e tuttora primario della parola *legge*, è quello istituzionale e sociale.

[33] In questo contesto anche i cosiddetti personaggi storici sono da considerarsi istituzioni.

[34] L'analisi aristotelica per mezzo di *atto* e *potenza*, *sostanza* e *accidente* fu sviluppata attraverso l'analisi dei cambiamenti naturali. Essa è insufficiente per l'analisi dei processi storici ed in genere non è applicabile alle realtà istituzionali.

immutabile e assoluta, è concepibile solo come istituzione sovrannaturale e divina, cioè istituita da Dio che si è fatto uomo, perché, in tal caso, la realtà storica stessa partecipa all'assolutezza di Dio[35].

Un'istituzione è una realtà di tipo *logico*. Essa è una realtà *generale* e, in un certo senso, astratta: si ripete la *stessa* azione battendo, ad esempio, vari colpi di martello[36]. Si usa la stessa parola, la stessa frase ripetendola. Il *negativo* ha un valore e un significato; anzi, esso possiede una realtà e un'esistenza propria, alla pari di quella del positivo: in musica sono importanti le pause. Nel linguaggio, le pause contribuiscono al significato allo stesso modo dei suoni e anche il silenzio può essere significativo[37]. L'omissione di un'azione, in morale, può essere un peccato, e, secondo la legge, può essere un reato o perfino un delitto. Infine, una proposizione negativa dice qualcosa ed è una proposizione con uguale diritto di una proposizione affermativa.

Le realtà istituzionali sono realtà *ambivalenti*. Per esse si possono generalmente usare termini valutativi oppositori[38]: vero ↔ falso, buono ↔ cattivo, bello ↔ brutto, giusto ↔ ingiusto ecc. Le realtà istituzionali, poi, fanno tutte parte di un insieme strutturale del comportamento umano e sono organizzate secondo leggi strutturali[39].

Un'istituzione è una realtà *non aliena*. Se il soggetto considera le istituzioni come realtà semplicemente esistenti nella maniera delle realtà naturali, allora le considera non più come

---

[35] Ma anche in questo caso non si tratta di un'immutabilità *naturale*. L'unione fra Dio e l'uomo in Cristo non è un'unione delle nature, ma un'unione nella persona, nella quale le nature restano distinte. Perciò, anche per l'analisi della realtà della Chiesa e dei sacramenti e della loro eventuale immutabilità non è applicabile un strumentario di analisi naturali.
[36] Cfr. M. HEIDEGGER, *Essere e Tempo*, § 15 e 33. Vedi anche c. XXI **4. b.**
[37] Vedi c. XII **1. c.**
[38] Vedi c. III, tesi VI, **4. b.**
[39] Vedi c. XII e c. XVI.

qualcosa di *suo* ma di alieno. Facendo così, le realtà istituzionali sono *alienate* dal soggetto e il soggetto umano è alienato dalle sue istituzioni[40]. Si ricordi bene che la necessaria oggettivazione non è già un'alienazione. Le istituzioni restano così dipendenti dai soggetti umani ed essi restano responsabili per esse. Un'istituzione può essere ingiusta, e allora deve essere cambiata, ma esse *debbono* esistere o piuttosto debbono essere cambiate. Esse sono e restano un pensiero umano oggettivato e perfino materializzato.

Un'istituzione è una realtà *mediata*. Non è una realtà immediata come l'oggetto reale esistente in sé o come lo stesso soggetto; nasce come mediazione fra soggetto e oggetto e resta sempre una realtà mediata.

b. *Il sapere come istituzione*

Che il sapere umano abbia un carattere istituzionale *segue* da quanto è stato appena detto sopra. Il sapere oggettivizza, è intersoggettivo e oggettivo, gode di una realtà relativamente indipendente dal soggetto. In più, è specificamente astratto. Il carattere strutturale verrà sviluppato nel cap. XIV

Il sapere — a differenza di molti altri tipi di intenzionalità oggettiva e istituzionale — *non è relativo* a un certo gruppo o una classe sociale, a una cultura, a un'epoca storica (relativismo, storicismo), oppure alla specie umana. Esso è oggettivo e intersoggettivo per ogni intelletto e vale — anche in questo senso — *assolutamente*.

c. *Il sapere e il pensare sono la forma originaria e fondamentale dell'intenzionalità oggettiva e istituzionale*

Gli altri tipi di intenzionalità oggettiva sono *pensieri solidificati*, cioè «spirito oggettivo» (più o meno secondo Hegel).

---

[40] Questo è il significato originale del termine *alienazione* in Hegel, che prevale ancora in Marx, ma in quest'ultimo si riferisce prevalentemente all'alienazione del prodotto dall'operaio.

L'uomo può dipingere e fare uno strumento, perché e in quanto può pensare[41]. Questo non significa che il pensiero preceda temporalmente il parlare, il dipingere, l'organizzazione sociale primitiva, la produzione di un artefatto ecc., né nell'individuo, né a fortiori nello sviluppo del genere umano. Anzi, *tutti* i tipi di intenzionalità oggettiva *insieme* — in forma iniziale e primitiva — segnano l'inizio dell'umanizzazione[42].

Il pensiero e il sapere non sono neppure delle realtà contemporanee ma collaterali, unite, ma realmente distinte dalla realtà degli altri tipi indicati, ad esempio del parlare o del dipingere, ma sono — per così dire — *l'anima* di essi[43].

d. *Conclusione*

Giunti a questo punto comprendiamo come nasce *speculativamente* il problema del ponte[44]: la nuova realtà, nella quale si realizza la relazione fra soggetto e oggetto, viene fraintesa come passaggio dal soggetto all'oggetto, cioè in questo senso:

S   —   Rap. —   0

1   2   3

La situazione è invece la seguente[45].

S   —   N   —   0

1   3   2

La nuova realtà dell'oggettività istituzionale, nella quale si realizza la relazione del soggetto all'oggetto, dell'Io al mondo,

---

[41] Cfr. L. WITTGENSTEIN, *Tractatus*, 2.13.
[42] Vedi **2. b.** di questo capitolo.
[43] Cfr. G. RYLE, *The Concept of Mind*, cap. I.
[44] Vedi c. II, tesi III, **3.**
[45] Cfr. la struttura speculativa del sistema hegeliano, nella sua versione divulgativa: tesi — antitesi — sintesi.

alla realtà, non si antepone, non sostituisce, non è simile alla realtà dell'oggetto. La realtà dell'oggettività istituzionale non è della stessa natura della realtà dell'oggetto opposto al soggetto, ma in essa si costituisce la mediazione *successiva*, nella quale l'immediatezza viene superata e così *oggettivata*.

4. Bibliografia ragionata

ARISTOTELE, *Metafisica*
U. ECO, *Trattato di semiotica generale*, Milano 1975
H.G. GADAMER, *Verità e metodo*, Milano 1972.
G.W.F. HEGEL, *Fenomenologia dello spirito*, VII, sez. B: *La religione artistica*
——, *Enciclopedia* §§ 553-577 (*L'arte*)
——, *Filosofia della Religione*
C. HUBER, *Die Vollendung des englischen Empirismus*, in: Gregorianum 59/1, pp. 147-149
D. HUME, *Ricerca sull'intelletto umano*
M. MERLEAU-PONTY, *Phénoménologie de la perception*, parte II
J.H. NEWMAN, *An Essay in Aid of a Grammar of Assent* (1870), New York 1955
F. ROSENZWEIG, *La stella della redenzione*, Casale Monferrato 1996
G. RYLE, *The Concept of Mind*

Capitolo IX

L'IMMEDIATEZZA DEL SAPERE: LA CONFUTAZIONE DELLE TEORIE RAPPRESENTAZIONISTICHE

Ci troviamo di fronte a un nuovo problema. La conoscenza oggettivizzante, specialmente il sapere, possiede un'indipendenza relativa dal soggetto, perciò, possiede un'indipendenza relativa in sé; essa si mostra specialmente nel pensare e nelle forme istituzionali del sapere (c.VII **3**). Come conoscenza oggettivizzante e oggettiva è anche distinta dal suo oggetto. In quanto astratta (c.VIII **2. b.**), è chiaramente non identica coll'oggetto concreto, al quale si riferisce solo sotto determinati aspetti classificatori. In più, posso pensare e dire ciò che non esiste, sia in forma creativa e poetica, sia da bugiardo. Anche sbagliando penso e penso di sapere ciò che non esiste. Il sapere può continuare ed esistere — e già generalmente esiste così — conservato in forma istituzionale in assenza dell'oggetto.

Perciò, la conoscenza oggettivizzante gode di una relativa indipendenza anche dal suo oggetto, al quale nonostante si riferisce. Così il sapere come oggettivo e intersoggettivo si costituisce come una realtà *distinta* dal soggetto e dall'oggetto della conoscenza, relativamente indipendente da essi. Nasce dunque il pericolo di dare alla conoscenza e al sapere una realtà piena in se stessa, rendendola pienamente indipendente. In tal modo, essa, in un primo tempo, diviene una realtà in sé come la realtà dell'oggetto, lo rappresenta, «eius vicem gerit». Il rappresentante deve essere della stessa realtà del rappresentato, altrimenti non può rappresentarlo; dev'essergli *simile*. Questa è la posizione che si può chiamare *rappresentazionismo*. In un secondo tempo, la rappresentazione sostituisce il rappresentato, lo fa superfluo e lo elimina, il che ci porta all'idealismo. Per non ricadere in un rappresentazionismo parallelistico (c.II, tesi III; **3. a.**), dobbiamo rifiutare ogni teoria rappresentazionistica della conoscenza e dobbiamo determinare più esattamente il tipo di realtà di questa «seconda natura»[1].

1. Il problema

Spesso, la conoscenza viene spiegata nel modo seguente: abbiamo in noi — nella nostra mente o nei nostri cuori — una specie di immagine delle cose. La cosa reale rimane fuori dalla nostra mente, ma nella nostra mente, in sua vece e come sua rappresentazione, c'è un'immagine di essa. E questa immagine ha una certa somiglianza con la cosa reale. Ora il valore della conoscenza e quindi la sua verità consistono nella corrispondenza tra l'immagine e la cosa. Per indicare una tale immagine mentale usiamo vari termini: immagine, specie, concetto, idea, rappresentazione ecc. Secondo le *varie scuole filosofiche* tale immagine mentale è considerata sensibile o intelligibile.

Anche il formarsi dell'immagine nella mente viene spiegato in vari modi: l'immagine rappresentativa viene prodotta fisicamente dall'oggetto stesso nei sensi, e, attraverso questi, nella nostra mente, e quindi il soggetto la riceve in modo passivo (empirismo inglese). *Oppure*, viene prodotta dalla mente stessa sotto l'influsso dei sensi, conformemente all'oggetto o viene prodotta sia dalla mente che dall'oggetto (alcune teorie scolastiche). *Oppure*, infine, è a priori nella nostra mente, e ne fa parte fin dall'inizio (innatismo delle idee, proprio del razionalismo). *Oppure*, è prodotta nella nostra mente da Dio corrispondentemente alla cosa o realmente esistente o eminentemente realizzata in Dio stesso (occasionalismo gnoseologico, ontologismo, e anche Berkeley).

2. Origine storica

Le radici storiche di queste concezioni si trovano nell'accettazione erronea dei termini scolastici *specie* e *concetto* al tempo della tarda scolastica (*species, conceptus, phantasma* ecc.). In

---

[1] Vedi c.XIII e XIV, ma anche c.VIII **3. a.**

questo periodo anche il termine *idea* viene reintrodotto nella terminologia filosofica al posto del termine *concetto* e alcune volte al posto del termine *specie*. Nella filosofia aristotelica e nell'alta scolastica la specie e il concetto erano soltanto «ciò per mezzo di cui» noi conosciamo o pensiamo: mai ciò che conosciamo. L'intenzionalità riguardava la stessa cosa reale conoscibile. Ora poco a poco questi concetti assumono il significato di *oggetto* e diventano termini (non più mezzi) di conoscenza (*medium quod, medium quo*)[2].

In Cartesio, la cosa è molto chiara: *idea* si dice «tutto ciò di cui io sono conscio, in quanto è nella mente e costituisce il contenuto del mio pensiero». L'idea viene definita così: «Nota... che il termine idea vien preso in senso generale per ogni cosa pensata, in quanto ha un'esistenza oggettiva solo nell'intelletto»[3]. Ciò che penso, il termine della mia conoscenza, sono idee, non le cose!

Di qui nasce l'esigenza di provare che le cose corrispondono alle idee della mente, anzi che *esistono* delle cose che corrispondono alle mie idee. Questa spiegazione della conoscenza, come possesso dell'idea — sia essa chiara, sia confusa e da chiarire — o dell'immagine o dell'impressione, caratterizza non solo tutta la filosofia razionalistica ma anche quella empiristica del periodo moderno, fino alle dottrine epistemologiche del circolo di Vienna di B. Russell e di A.J. Ayer.

La differenza tra empirismo e razionalismo consiste solo in questo: la natura e la formazione delle idee sono concepite in

---

[2] Cfr. F. MORANDINI, *Critica*, p. 94, nota 7: «Contra cos Antiquos qui dicebant omnes proprietates et naturas rerum consistere solum in sentiri vel opinari, S. Thomas cum Aristotele animadvertit quod ex hac opinione consequeretur ‹contradictoria simul esse vera, cum diversi circa idem contradictorie opinentur› (*In IX Metaph.*, lect. 3 n. 1800; cfr. etiam *In IV Metaph.*, lect. 9 et ss.). Et in *Summa*, ut excludat quod species intelligibilis sit illud ‹ipsum quod intelligitur›, similiter animadvertit quod ‹sequeretur error antiquorum dicentium quod omne quod videtur est verum; et sic quod contradictoriae essent simul verae..., omnis opinio aequaliter vera, et universaliter hominis acceptio› (I q. 85 art. 2)».

[3] R. DESCARTES, *Discours de la méthode*, 4, nota.

modo diverso. In ambedue le tendenze filosofiche nasce l'esigenza di dimostrare la corrispondenza delle nostre idee alle cose reali; e si cerca di provarla in diversi modi. La difficoltà di questa dimostrazione consiste nell'impossibilità per la nostra mente di fare un paragone tra l'immagine immanente e la cosa reale al di fuori di essa. È il cosiddetto «problema del ponte». Così l'oggetto al di fuori della nostra mente diventa semplicemente sempre più inconcepibile.

Alla conoscenza umana rimane come unico suo oggetto un *oggetto* immanente costituito dalla stessa conoscenza (Kant). Così si ha una duplice *realtà*: la realtà conosciuta e immanente nella nostra mente e la realtà *reale*, sconosciuta. Quella realtà *reale* diventa quindi un mondo quasi oscuro (un al di là del mondo), metafisico, ecc.

Giacché il nostro mondo umano è mondo in quanto conosciuto da noi, quella realtà extramentale diventa per noi semplicemente superflua: la cosa per noi o si identifica con la cosa in sé, reale extramentale, oppure — che è lo stesso — la cosa in sé viene annullata (idealismo e positivismo); l'idealismo puro, anzi il solipsismo puro e il realismo puro sono la stessa cosa. Il modo in cui viene posto il cosiddetto problema critico, da parte della neoscolastica, si può intendere come il problema se le rappresentazioni o immagini delle cose che ho nella mente corrispondono alle cose extramentali.

3. Ragioni che si portano a favore della *teoria dell'immagine* (*picture theory*) della conoscenza e di ogni teoria rappresentazionistica

Vi sono diverse ragioni che supportano le argomentazioni della teoria dell'immagine.

Anzitutto l'*errore*: quando sbagliamo pensiamo qualcosa che in realtà non esiste. Perciò nei sensi si ha qualche immagine o impressione o qualche dato sensibile. Le illusioni dei sensi: si percepisce qualcosa che non esiste nelle cose. Perciò nei sensi si ha qualche immagine o impressione o qualche dato sensibile. La stessa cosa viene spesso percepita e pensata da molti uomini in modo, almeno in parte, diverso. Ora ciò che esiste nella mente in modo così diverso, non può essere in una cosa unica; perciò si hanno molte e varie immagini mentali. Io stesso, in diversi momenti e in diverse circostanze, percepisco e penso in modo diverso la stessa cosa. Perciò, la stessa cosa viene conosciuta in modo più o meno perfetto: viene conosciuta in parte o in modo astratto o sotto vari aspetti. Questa varietà di aspetti non può esistere allo stesso modo anche nella cosa. Perciò, la stessa cosa pur essendo unica è conosciuta da più soggetti. Ora la stessa cosa non può esistere in più menti. Perciò nelle menti esistono delle immagini almeno numericamente differenti[4]. Le espressioni linguistiche (proposizioni, parole) che usiamo per indicare le cose e — almeno generalmente — per pensare sembrano essere immagini delle cose o dei fatti.

4. Ragioni contro la teoria rappresentazionistica

TESI XV: Le teorie rappresentazionistiche non spiegano il sapere umano, ma lo rendono impossibile e sono intrinsecamente contraddittorie. La conoscenza e specialmente il sapere umano si riferiscono immediatamente e per se stessi all'oggetto da essi distinto.

Senso della tesi.
Negativamente: la conoscenza, e specialmente il sapere, non possiede una realtà pienamente in sé indipendente, dello stesso tipo dell'oggetto, perciò, non è una rappresentazione simile all'oggetto. Come tale ricadrebbe allo stato ontico, naturale.
Positivamente: la conoscenza, e specialmente il sapere, resta una realtà pienamente intenzionale, vuol dire relativa al suo oggetto, al quale si riferisce per la sua stessa natura intenzionale, cioè per sé e immediatamente.
Non neghiamo che esistano immagini e rappresentazione mentali, ma solo che per tale motivo siano già conoscenza; che la conoscenza sia mediata sotto certi altri aspetti; che esistano

---

[4] Cfr. SESTO EMPIRICO, *Ipotiposeon Pyrronianon*.

ragionamenti nei quali mediante la conoscenza di uno conosciuto veniamo a conoscere un altro distinto, per esempio il sillogismo.
Termini:
Species — impressa — expressa;
Rapraesentatio; *Vorstellung*; *Idea*;
«immediate»— medium quod (ipse cognoscitur ad cognoscendum aliud) medium quo — in quo[5].

a. *Le teorie rappresentazionistiche non spiegano la conoscenza e il sapere umano*

Attraverso un'attenta *descrizione fenomenologica* di quello che avviene in me quando conosco è evidente che non si trova appoggio per una teoria rappresentazionistica. Infatti, i vari elementi che costituiscono la conoscenza, in generale, non si presentano come rappresentazioni e ancora meno come immagini.

Parole, proposizioni, concetti, pensieri, non sono immagini: quando uso la parola *caldo* in modo intelligente e intelligibile — cioè quando la uso in modo che io so cosa dico e che un altro è in grado di capire — non è affatto necessario, né in genere avviene, che io senta caldo oppure che io abbia un'immagine del caldo o di me che sento caldo. Lo stesso vale per chi mi capisce quando uso quella parola. Le cose non vanno diversamente nel pensiero privato e silenzioso.

Ciò che ricordiamo a *memoria* non è un'immagine presente di un fatto passato, ma il ricordo di un fatto passato: parlo del caldo dell'anno passato — e l'altro capisce — non dell'immagine presente del caldo. Né io né l'altro abbiamo bisogno di qualche immagine per questo, né, in genere, abbiamo una tale immagine. La stessa cosa vale per quanto riguarda il ricordo privato[6].

---

[5] «Manifestum est idem quod hic homo singularis intelligit; numquam enim de intellectu quaereremus nisi intelligeremus, nec cum quaerimus de intellectu de alio principio quaerimus quam de eo quo nos intelligimus» (TOMMASO D'AQUINO, *De unitate*, c. III, n. 27).

[6] Cfr. L. WITTGENSTEIN, *Philosophische Untersuchungen*, II, XIII.

NB: La memoria non è un tesoro di immagini dei fatti di cui via via ho avuto esperienza; essa è la *possibilità* e la facoltà di ricordare i fatti passati di cui ho avuto esperienza.

Neppure ciò che *immaginiamo* con la fantasia o con l'immaginazione per sé è immagine della cosa in senso proprio: immagino un caldo immaginario, non l'immagine del caldo. Inoltre *quale* potrebbe essere tale immagine? *Ciò che* penso, ricordo, immagino, ha dimensioni, durata, colore ecc., invece, il mio pensiero, il mio ricordo, la mia immaginazione non hanno niente di tutto questo.

Anche nel caso in cui con la mia fantasia immagini qualcosa in modo vivido (per esempio i colori), questi differiscono dalle cose colorate viste in senso proprio: il colore immaginario non è qualcosa di colorato.

Infine, neppure i *dati sensibili* sono immagini. Infatti, non sono mai conscio di un dato sensibile, ma sempre di qualche cosa. I dati sensibili si rivelano solo attraverso una ricerca scientifica o attraverso l'analisi psicologica degli elementi della nostra conoscenza, o attraverso la riflessione psicologica sul fatto che ciò che non sentiamo *non* corrisponda realmente alla cosa.

Inoltre il dato sensibile di per sé non ha *dimensioni*. Per esempio, quale sarebbe il diametro apparente della luna? Quali le dimensioni della figura ellittica che mi dà una moneta circolare vista con una certa inclinazione?

La teoria dell'immagine *contraddice* così all'evidenza primaria della fenomenologia della conoscenza, e cioè che nella conoscenza il soggetto conosce l'oggetto come distinto da sé. La conoscenza stessa e i suoi elementi non sono ciò che si conosce, ma ciò con cui conosco l'oggetto.

b. *Le teorie rappresentazionistiche rendono la conoscenza impossibile*

Non si riesce a dare un criterio di identificazione della rappresentazione. Essa non spiega la conoscenza (cioè in che modo la conoscenza si riferisca alla cosa da conoscere): come posso identificare l'immagine in quanto immagine del calore col calore reale? In che modo posso identificare di nuovo l'immagine come la stessa immagine, come l'immagine dello stesso colore? In che modo posso sapere che l'immagine corrisponde alla cosa? In che modo posso sapere che l'immagine è immagine della cosa (cioè distinta)? In che modo posso sapere che in generale un'immagine è immagine?

La teoria rappresentazionistica non spiega la comunicazione, ma la rende impossibile e conduce, perciò, al solipsismo. Non posso sapere che io e un altro ci riferiamo alla stessa cosa, quando egli ascolta le mie parole o quando lui stesso parla. Non posso sapere se un altro ha la medesima immagine o per lo meno una simile: conosco solo le mie immagini mentali. Neppure la collaborazione con un altro sarebbe probante: conosco anche quella, solo in quanto è la mia immagine mentale. Così la teoria delle immagini necessariamente tende al soggettivismo, anzi al solipsismo puro. Ma si noti: neppure posso conoscere me stesso, né le mie immagini, né i miei pensieri, se non in quanto sono pensieri quasi sussistenti, forme della conoscenza generale (idealismo). Una lingua puramente privata non soltanto sarebbe possibile di fatto, ma ogni lingua necessariamente sarebbe privata; al contrario, sarebbe impossibile ogni lingua comune o pubblica[7].

c. *Le teorie rappresentazionistiche sono intrinsecamente contraddittorie*

Le teorie rappresentazionistiche *portano a un regresso all'infinito* e sono per ciò contraddittorie sotto un duplice aspetto.

Primo, il soggetto conoscente si riferisce all'oggetto per mezzo dell'immagine dell'oggetto. In che modo l'immagine stessa si riferisce all'oggetto? Se non per se stessa, allora per un quarto intermediario, il quarto per un quinto, e così di seguito. Secondo, l'immagine deve corrispondere alla cosa. Questa corrispondenza deve essere conosciuta. In che modo questa immagine della corrispondenza conosciuta si riferisce alla corrispon-

---

[7] L. WITTGENSTEIN, *Philosophische Untersuchungen*, I, 269, 275.

denza reale tra la prima immagine e la cosa? In che modo si riferisce alla cosa stessa? Attraverso una quarta immagine e così via. Devo paragonare l'immagine con la cosa stessa: devo dunque conoscere l'immagine e la cosa come distinte ma corrispondenti. Conosco forse la cosa per mezzo di un'altra, per mezzo cioè di un'immagine secondaria? Conosco l'immagine stessa attraverso una terza sua immagine e così di seguito? Come si conosce l'immagine stessa? Attraverso un'altra sua immagine? E così di seguito. In tal modo la conoscenza dell'oggetto non avviene mai, qualunque sia l'oggetto.

I concetti di *verità* e *falsità* vengono cambiati e annullati: la verità non è più l'equivalenza dell'enunciazione al fatto (cosa) reale, ma la similitudine dell'immagine con la cosa. Ma in quanto la cosa in se stessa non è conosciuta, anzi è inconoscibile e di fatto è eliminata come superflua, la verità sarà coerenza reciproca delle immagini (delle idee), coerenza sia logica (cfr. la verità della matematica) sia vitale. Ma neppure questo si può ammettere: la coerenza delle idee suppone il ricordo delle idee passate. Ma, per ipotesi, nella mia mente ho soltanto le immagini presenti, che non posso paragonare con la realtà delle idee precedenti. E non posso identificare né nominare le stesse idee presenti.

La teoria rappresentazionistica della conoscenza riduce la conoscenza dal livello noetico e logico a quello naturale e fisico: essa postula una somiglianza fra contenuto di coscienza e oggetto reale, cioè una relazione naturale fra due realtà che non sono dello stesso genere[8].

Così, la teoria è intrinsecamente *contraddittoria*: la stessa rappresentazione, in quanto essa è un oggetto di conoscenza, dovrebbe essere conosciuta mediante una sua rappresentazione, e così via.

d. *La conoscenza e specialmente il sapere umano si riferiscono immediatamente e per se stessi all'oggetto da essi distinto*

---

[8] Cfr. L'argomentazione di Berkeley contro Locke: G. BERKELEY, *A Treatise*, §§ 8, 15, 19, 23-24. 50.

Quello che si sa non è il sapere stesso. La riflessione iniziale e marginale, ma contemporanea del sapere su se stesso, si *realizza* solo in una riflessione esplicita e oggettiva. L'oggetto del sapere è distinto dalla capacità di sapere e dalla sua attuazione, specialmente in quanto è il suo oggetto. Certamente è *saputo* e legato da ragioni, ma l'attività di sapere non è un'attività fisica ma intenzionale e ciò a livello massimo, perciò coglie e possiede il suo oggetto come altro da sé, come è «in se stesso».

L'oggetto del sapere, perciò, gode di un'esistenza oggettiva davanti al sapere, esso è distinto dal sapere, l'altro del sapere. Lo è precisamente in quanto è l'oggetto dell'intenzionalità oggettiva del sapere. Questo vuol dire che l'oggetto del sapere è oggettivo e distinto dallo stesso sapere in quanto è saputo, in quanto è intenzionalmente unito a una coscienza — almeno possibile — e in quanto vi è unito come oggettivamente valido per alcune ragioni. L'oggetto del sapere, perciò, è oggettivo e distinto dal sapere in quanto oggetto del sapere, oggetto possibile di una coscienza, non in quanto esiste in un muto isolamento materiale.

Questo non esclude minimamente una *riflessione oggettiva* sul sapere — sia essa psicologica, sociologica o filosofica — che metta in rilievo condizionamenti soggettivi, individuali o collettivi di questo che si pretende di chiamare *sapere*. Ma essa è fatta precisamente con intenzione *critica*, di *illuminazione* («In kritischer und aufklärerischer Absicht»). Non invalida l'intenzione oggettiva del sapere — anzi la difende e la esalta.

In genere nessuna teoria che introduce qualche terzo elemento di congiunzione fra la conoscenza e il suo oggetto riesce a spiegare la conoscenza. Gli argomenti riportati contro la teoria dell'immagine escludono ogni mediazione tra la conoscenza e il suo oggetto per mezzo di un terzo elemento, se questo è concepito o come qualcosa di conosciuto esso stesso o almeno staticamente esistente in sé.

NB: Anche il concetto, ecc. non spiega la conoscenza, anzi la distrugge, se è inteso in questo modo.

Non si esclude che la nostra conoscenza abbia — o piuttosto

che essa sia — un contenuto simbolico, che in vario modo si riferisce all'oggetto e quindi che la nostra conoscenza sia *mediata*, in opposizione alla conoscenza *intuitiva*, qualora si intenda che tutto il suo essere è intenzionale (né si esclude, come è chiaro, che sia possibile la conoscenza mediata nel senso che da un oggetto conosciuto si possa concludere all'esistenza o alle qualità di un altro oggetto).

Perciò la conoscenza si riferisce immediatamente e per sé al suo oggetto. Attenzione ai vari significati dei termini: *mediatamente* e *immediatamente*!

5. Conclusione

La teoria rappresentazionista non spiega la conoscenza. La teoria dell'immagine non riesce a spiegare la conoscenza. Non spiega in che modo il soggetto conoscente si riferisca all'oggetto distinto da sé. Essa rende in genere impossibile la conoscenza e non risolve le difficoltà che sono addotte come ragioni a favore della teoria. Perciò la conoscenza non è spiegata con il processo di una qualche immagine, che sarebbe simile alla cosa, e per la cui conoscenza il soggetto sarebbe condotto alla conoscenza dell'oggetto.

6. Bibliografia ragionata

J.L. AUSTIN, *Sense and Sensibilia*, (Truth), pp. 85ss.
G. BERKELEY, *A Treatise on Human Understanding*, §§ 8, 15,19, 23-24, 50
F. BRENTANO, *Psychologie vom empirischen Standpunkt*, II 1, par. 5
R. DESCARTES, *Discorso sul metodo*
F. MORANDINI, *Critica*, p. 94, nota 7
J. PASSMORE, *Philosophical Reasoning*, cap. II (The Infinite Regress), pp. 19-37
L. WITTGENSTEIN, *Ricerche filosofiche*, I, 269. 275. 48-58.
———, *Philosophische Bemerkungen*, 20ss.

Capitolo X

LA VALIDITA' OGGETTIVA DEL SAPERE UMANO CONTRO IL SOGGETTIVISMO

Nei cc. VII, VIII e IX abbiamo parlato sotto vari aspetti dell'oggettività del sapere umano. Nel cap. IX abbiamo mostrato che il sapere non si riferisce immediatamente a qualcosa del soggetto, ma solo al suo oggetto distinto e opposto ad esso. In questo capitolo si aggiunge che il sapere *vale per* l'oggetto, distinto da esso; è vero (o falso), e come tale ragionato (*begründet* ovvero *begründbar*) per l'oggetto, ovverosia è oggettivamente valido. In un certo senso si può anche dire: il sapere è *misurato* dall'oggetto, non lo misura. La validità del sapere (il suo essere vero e ragionato) dipende dall'oggetto e solo da esso; oppure, il sapere è valido perché esso corrisponde all'oggetto non perché l'oggetto corrisponde a esso. Tuttavia, si deve fare attenzione a non indebolire con queste espressioni il valore assoluto del sapere: il sapere non cambia, non trasforma, non *fa niente* all'oggetto, ma anche l'oggetto non cambia, non trasforma, non fa niente al sapere (e al Soggetto?).

TESI XVI: Ogni forma di soggettivismo universale rispetto al sapere umano è contraddittorio. In diversi campi la conoscenza umana si realizza come sapere oggettivo; per essi, perciò, è da respingere anche il rispettivo soggettivismo particolare. Le forme di conoscenza umana preoggettiva, specialmente quelle percettivo-sensitive, invece sono soggettive.

1. **Spiegazione della tesi sul soggettivismo**

a. *I termini*

Oggettivo — soggettivo, in genere, si usano in molti modi

con significato spesso non preciso. Nell'uso quotidiano equivalgono spesso a *reale* — *illusorio*; *ragionevole* — *irragionevole*; *giustificato* — *ingiustificato*, anzi *vero* — *falso*; *assoluto* — *relativo*.

In *filosofia* si tratta di una terminologia *moderna*. *Objectivum* e *subjectivum* nella filosofia medioevale fino a Cartesio hanno un altro significato: *subjectivum* significa «contenuto intelligibile realizzato in subjecto, in hypokeimeno»; *objectivum* significa «contenuto intelligibile, oggettivamente concepito» (cfr. Scoto, Suarez, fino a Cartesio). Anche in filosofia questi termini non si adoperano con un significato comune. Si deve, perciò, sempre determinare il significato dal rispettivo contesto, e stare attenti specialmente alla terminologia kantiana.

Sono spesso usati in modo non tanto descrittivo/fattuale ma prevalentemente *valutativo*: sia nell'uso quotidiano, sia nell'uso filosofico moderno prevale la valutazione positiva per *oggettivo* e quella negativa per *soggettivo*. Tuttavia nell'ambito della fenomenologia e specialmente della filosofia esistenziale — a partire da Kierkegaard — si trova anche l'accento positivo per *soggettivo*. L'aspetto valutativo di questi termini non è privo di ragioni. Vedremo in seguito che qualche volta questi aspetti valutativi o non vengono distinti o qualcosa di soggettivo viene effettivamente preso come oggettivo, senza esserlo, ma considerato come tale. Anche se la conoscenza resta a livello soggettivo potrebbe raggiungere un'oggettività maggiore: questo è considerato manchevole.

Oggettivo e *soggettivo*, oltre rispetto alla conoscenza, si dicono anche *in molti altri campi*: decisioni, scelte, desideri, bisogni, doveri, obbligazioni, norme di comportamento ecc. vengono detti *oggettivi* o *soggettivi*, ad esempio l'espressione «essere soggetto e non oggetto dei cambiamenti sociali» (*soggettualità* versus *oggettualità*). Per una terminologia più *coerente* possibile conviene prendere il significato nel campo della conoscenza come primario o centrale e quello negli altri campi come secondario o derivato e, perciò, da determinare per la sua relazione al significato nel campo della conoscenza.

Per i significati di *oggettivo* e *soggettivo*, a partire dalla conoscenza umana, diciamo che si tratta di concetti correlativi e variabili a seconda del significato di *soggetto*, e quindi analoghi e graduabili (più o meno). Possiamo pertanto definirli nei seguenti modi.

La *conoscenza oggettiva* è «la conoscenza *valida* come *vera per l'oggetto* distinto e opposto della conoscenza o invalida come falsa e perciò valida intersoggettivamente (è una conoscenza oggettivizzante, concettuale, astratta, proposizionale)».

La *conoscenza soggettiva* è «la conoscenza *non* valida come vera per un oggetto distinto (non ha un tale oggetto, né è invalida come falsa) e opposto della conoscenza e perciò *non* valida intersoggettivamente (non è realmente oggettivizzante, ma può apparire tale in quanto è o falsa o non fondata da ragioni)».

Da queste definizioni possiamo dedurre che la *conoscenza oggettiva* è una conoscenza da un *punto di vista non* limitato al soggetto e relativo ad esso, ma da un punto di vista *intersoggettivo* relativo al *solo oggetto*; una conoscenza la cui verità o falsità è determinata dall'oggetto in quanto distinto e opposto al soggetto e alla sua conoscenza; il suo contenuto non è determinato dal modo dell'operazione conoscitiva (recettiva e *sfigurante*) del soggetto, ma dalla realtà dell'oggetto distinto e opposto al soggetto e alla sua conoscenza.

Al contrario la *conoscenza soggettiva* è conoscenza da un punto di vista *limitato al soggetto* e relativo ad esso; determinata — prevalentemente — dal modo dell'operazione della stessa conoscenza ovvero dalla sua recettività; il suo contenuto è — prevalentemente — determinato dal modo dell'operazione conoscitiva (recettiva e *sfigurante*) del soggetto.

b. *Opinioni intorno al soggettivismo*

Il termine *soggettivismo* si usa come etichetta filosofica classificatrice per una varietà storica di opinioni, che possiamo sinteticamente definire «posizione filosofica che nega la possibilità di una conoscenza oggettiva umana». Essa afferma che la conoscenza (umana) è soggettiva, le ragioni che si danno per proposizioni hanno valore solo soggettivo, i criteri per la verità o falsità delle proposizioni sono solo soggettivi, non esiste sapere (umano) e, in tal senso, coincide con lo scetticismo, non esiste verità (umana). Si tratta di un relativismo del soggetto: la conoscenza è relativa al soggetto: relativismo del sistema.

Esistono diverse forme di soggettivismo (a seconda del soggetto):

— Il *soggettivismo individuale* afferma che la conoscenza è relativa al soggetto *individuale* (Protagora, i sofisti) ovvero esclude *ogni* validità intersoggettiva della conoscenza.

— Per il *soggettivismo collettivo* la conoscenza è relativa a un soggetto *collettivo*: alla classe, alla razza, alla cultura, all'epoca storica (gli storicisti, alcuni pragmatisti, alcuni esistenzialisti, i marxisti); esso esclude una validità intersoggettiva *universale* della conoscenza (umana?).

— Il *soggettivismo trascendentale* sostiene che la conoscenza è relativa al soggetto *trascendentale* (Kant) ed esclude una validità intersoggettiva *assoluta* della conoscenza.

I *gradi del soggettivismo* possono essere diversi:

— *soggettivismo universale*: *ogni* conoscenza (umana) è relativa al soggetto (umano);

— *soggettivismo particolare*: certe forme, tipi di conoscenza, la conoscenza umana in certi campi è relativa al soggetto.

Interessano le seguenti forme di soggettivismo a seconda di ciò che intendono relativizzare:

— la *percezione sensibile*, le qualità sensibili secondarie (Cartesio e il razionalismo), ma anche le qualità sensibili primarie (Berkeley);

— il *modo sensibile* (Platone e i platonisti, Kant);

— il *mondo umano*;

— la *realtà interna psichica* (behavioristi);

— la *società* (marxisti);

— la *storia* (gli storicisti e alcuni idealisti);

— il *significato dei segni* (l'ermeneutica o anche certe correnti di esegesi protestante; Schleiermacher, Dilthey, alcuni esistenzialisti; la nuova ermeneutica);

Sono abbastanza frequenti ed oggi anche generali le forme del soggettivismo per:

— l'estimazione estetica (ma contraria la filosofia estetica e del bello, antica e idealistica);

— le norme morali (tutte le forme del relativismo morale);

— la religione *naturale* ed ancora più per la religione "rivelata" (l'emprismo e la così detta "critica della religione");
— la filosofia e i suoi sistemi storici (certe forme dello storicismo).

c. Senso della tesi

1) Rifiutiamo il soggettivismo universale:
a) individuale,
b) collettivo.
2) Ammettiamo la soggettività della percezione sensibile:
a) esterna e interna,
b) delle qualità sensibili secondarie *e* primarie.
3) Difendiamo la possibilità di una conoscenza oggettiva cioè di un sapere teoretico e delle rispettive scienze:
a) del mondo sensibile fisico (della matematica e delle scienze naturali),
b) della realtà psichica, interna (psicologia),
c) della realtà umana esterna (scienze seriali).
4) Anche per
a) i valori e le norme morali,
b) la religione e
c) la filosofia non si possono escludere a priori una conoscenza oggettiva,
d) non negando l'influsso soggettivo e con ciò la difficoltà e l'approssimatività di questa conoscenza.

2. Ogni forma di soggettivismo universale rispetto al sapere umano è contraddittoria

a. *Il soggettivismo universale individuale è contraddittorio*

Il soggettivismo universale deve enunciare la sua tesi come *oggettivamente* vera. Così al soggettivismo universale si applicano, mutatis mutandis, tutti gli argomenti contro lo scetticismo. L'intenzionalità della conoscenza oggettivizzante, cioè del sapere e specialmente delle proposizioni, è per sua stessa natura oggettiva. Perciò, l'argomentazione fondamentale contro il soggettivismo è necessariamente di tipo — almeno parzialmente — concettuale, grammaticale, logica: un «sapere soggettivo» non è sapere. Parlare di «sapere soggettivo» implica una contraddizione. Anche una conoscenza *totalmente* e puramente soggettiva non è conoscenza. Solo la «non-conoscenza» e la «non-coscienza» — l'unione fisica, ma non intenzionale — sono puramente soggettive. Esistono però gradi di oggettività che seguono i gradi di possibile — non attuale — coscienza.

Il soggettivismo si riduce, così, allo *scetticismo*: un sapere che non vale per l'oggetto distinto e opposto a sé semplicemente *non* vale. L'affermazione apodittica e assoluta della validità del sapere contro lo scetticismo così non solo viene sviluppata come validità per l'oggetto ma anche determinata: in certi campi è realizzabile e realizzata. Alla validità concettuale del sapere, finora parzialmente elaborata a priori, viene così dato un contenuto fattuale.

b. *Anche il soggettivismo universale collettivo è contraddittorio*

Tutti gli argomenti contro il soggettivismo universale individuale valgono *anche* contro tutte le forme di soggettivismo universale collettivo. La possibilità di comprensione, comunicazione e traduzione transculturale, anche se forse non perfetta e possibile solo entro certi limiti, sono fatti innegabili. Il soggettivismo universale collettivo viene così costantemente superato e non è per niente *universale* e totale. La stessa riflessione sui limiti della comprensione e comunicazione transculturale, che spesso viene fatta in chiave critica, è oggettiva e vuole esserlo.

3. Ammettiamo la soggettività della percezione sensibile

a. *Le percezioni sensibili umane esterne e interne sono soggettive*

Le percezioni sensibili umane, sia quelle esterne dei nostri sensi corporali sia quelle interne, sono diverse:
— fra la specie umana e altre specie di animali con organi sensoriali simili;
— fra gruppi umani, dipendentemente della loro determinazione socioculturale;

— fra individui umani, indipendentemente e precedentemente alla loro determinazione socioculturale, e non solo in forma di malattia e di difetto;
— fra i vari sensi stessi.
Le percezioni sensibili umane sono spazio-temporali e perciò sono soggettive. Le percezioni sensibili umane sono la reazione prevalentemente passiva a stimoli causali esterni. La percezione sensibile, né esterna né interna, gode di coscienza piena.

b. *Le qualità sensibili secondarie e primarie sono ugualmente soggettive*

L' argomento fondamentale dai tempi di Berkeley contro Cartesio e Locke è che sia le une che le altre hanno bisogno di apprendimento[1].

4. Il giudizio sulla percezione, cioè la proposizione che esprime una tale percezione, è oggettivamente valido

a. *Ogni giudizio sulla percezione esterna e perciò sulla realtà del mondo sensibile è un sapere oggettivo*

Un giudizio sulla percezione in quanto dice qualcosa è pienamente conscio e perciò *oggettivamente* o vero o falso. Questo vale ugualmente per le così dette qualità primarie e secondarie. L'oggettivazione della percezione si realizza a vari livelli: pensiero oggettivizzante, cioè la proposizione, la comunicazione linguistica, la misurazione e l'espressione numerica di questo.

NB: Per Cartesio le idee delle qualità secondarie erano soggettive, perché non erano — all'epoca — misurabili[2].

Perciò è possibile una scienza del mondo sensibile basata sull'osservazione sensibile. Le qualità sensibili, come pure le

---

[1] Cfr. G. BERKELEY, *New Theory of Vision*.
[2] R. DESCARTES, *Meditationes de prima philosophia*, med. X.

cosiddette esperienze, non sono una realtà semplice e assoluta, ma sono sempre relative alla realtà e al funzionamento dei nostri sensi: la realtà oggettiva, per esempio del colore rosso, è la risultanza della combinazione di una luce determinata *con una superficie determinata* che riflette questa luce in determinato modo, *coll'* occhio umano *normale*, cioè per esempio *non* daltonico, e *con* l'uso linguistico. Anche questo vale per tutte le qualità sensibili, cioè anche per l'estensione e il moto locale.

b. *Ogni giudizio sull'esperienza interna e perciò sul mondo psichico è un sapere oggettivo*

Le esperienze interne sono, come tali, soggettive ma possono essere oggettivate, espresse e comunicate. Perciò, è possibile la psicologia come scienza, in quanto basata sull'introspezione, sulla comunicazione delle proprie esperienze e, prevalentemente, sull'osservazione del comportamento umano.

c. *Ogni giudizio sulla realtà umana esterna è un sapere oggettivo*

Le realtà umane comprendono, dal punto di vista esperienziale, percezioni sensoriali esterne ed esperienze interne, ambedue oggettivabili. Perciò, sono possibili la sociologia e le altre scienze che trattano il comportamento umano individuale e collettivo.

5. Anche per altri campi determinati è da ammettere la validità oggettiva dei rispettivi giudizi

a. *Giudizi su valori e norme morali, sia in forma indicativa che imperativa, sono oggettivamente validi, cioè o veri o falsi*

Qui non si tratta di dimostrare la validità di una specifica fonte di moralità, per esempio dell'utilità, della convivenza pacifica, del desiderio di felicità ecc. Nel campo *morale* prevalgono proposizioni singolari, che comprendono nel loro significato un riferimento al singolo e la sua situazione oggettiva. Perciò, in ciascun caso nel quale si fanno giudizi singoli, questi sono oggettivamente veri o falsi. Nel caso in cui nessun giudizio morale fosse valido, tali giudizi non sarebbero soggettivi, ma tutti falsi.

b. *Proposizioni nel campo religioso, cioè che hanno come soggetto Dio, sono oggettivamente valide, cioè o vere o false*

Nel campo *religioso*, (specialmente nel caso della fede cristiana) si trova un interesse sistemico, ma prevalgono per la loro importanza le proposizioni veramente fattuali, spesso storiche. La teologia perciò e prevalentemente una disciplina positiva, non tanto speculativa e non prevalentemente riflessiva.

Se Dio esiste, ed è conoscibile, alcune verità religiose possono essere vere o false. Se invece non esiste o è semplicemente non conoscibile, *tutte* le proposizioni religiose sono false, ma mai soggettivamente valide o meno. In tal caso, una religione, nonostante sia oggettivamente falsa, potrebbe ancora essere o utile o dannosa, ma anche una tale proposizione sarebbe o vera o falsa oggettivamente.

c. *Proposizioni di tipo filosofico singole sono oggettive, cioè o vere o false*

In quanto una proposizione filosofica singola dice qualcosa di determinato si muove necessariamente a livello dell'oggettività. Tuttavia, nel campo *filosofico* prevalgono le relazioni sistemiche non solo quando si parla delle diverse filosofie, ma anche proponendo delle tesi specifiche di un sistema, che *apparentemente* sono delle proposizioni fattuali. Le proposizioni che esprimono relazioni sistemiche sono *relative* a soggetti collettivi, culturali e storici, ma eventualmente anche individuali, per esempio ai grandi filosofi.

I sistemi filosofici come tali, perciò, non sono oggettivamente veri o falsi come delle singole proposizioni. Spesso non si escludono a vicenda, ma sono complementari, da diversi punti di vista. Il giudizio su un sistema filosofico si emette perciò non tanto con *vero* e *falso*, ma con *completo*, *adeguato*, *utile* ecc. I sistemi filosofici sono tutti incompleti e parziali. In un certo senso, possiamo dire, sono relativi allo stadio della conoscenza e della cultura umana. Fra varie proposizioni filosofiche si possono trovare delle contraddizioni. Per la maggior parte dei casi le diverse proposizioni filosofiche sono però complementari: non si escludono. In quanto un *sistema* filosofico — non una singola tesi — si pone come assoluto ed esclusivo è normalmente falso.

d. *Non si nega l'influsso soggettivo e con ciò la difficoltà e l'approssimatività della conoscenza oggettiva umana*

Le *ragioni* per le quali si *vede* una certa verità o falsità, altre invece per le quali non si vede, sono spesso di ordine soggettivo. Quanto all'oggettività dei giudizi morali bisogna ricordarsi che le condizioni — oggettive — del soggetto individuale entrano nelle determinazioni della verità o della falsità di tale giudizio morale, come nel caso dei giudizi sulle qualità sensibili. Un certo numero di errori nei giudizi morali e l'apparenza della loro soggettività proviene dal fatto che siamo inclini a trasporre la nostra situazione sugli altri.

6. Bibliografia ragionata

G. BERKELEY, *New Theory of Vision*.
R. DESCARTES, *Meditazioni metafisiche sulla filosofia prima*, med. 10.
SESTO EMPIRICO, *Ipotiposeon Pyrronianon*.

Capitolo XI

LA VALIDITA' REALISTICA DEL SAPERE UMANO CONTRO L'IDEALISMO TRASCENDENTALE KANTIANO

Abbiamo visto che la conoscenza si riferisce all'oggetto, distinto dal soggetto e dalla conoscenza stessa; che essa non si dirige all'oggetto immanente al soggetto (idea ecc.), ma all'oggetto che — per così dire — trascende la conoscenza.

Vogliamo ulteriormente determinare quest'oggetto della conoscenza come oggetto indipendente dalla conoscenza (mia e umana in genere), come dato alla conoscenza, esistente in sé: in una parola come oggetto reale.

Il problema si può enunciare nel seguente modo: ciò che conosciamo come reale — per esempio quegli uomini o in genere il nostro mondo — è veramente, almeno in linea generale, qualche cosa di reale? Il problema dunque non sta nel fatto *dell'errore*: talvolta sbagliamo, ma talaltra correggiamo gli errori e generalmente sappiamo come prevenirli. Il problema piuttosto è se *per sé e necessariamente* mediante la nostra conoscenza — dunque precisamente per mezzo di quella conoscenza che diciamo *vera* — noi conosciamo la cosa reale, in sé esistente e indipendente da noi o piuttosto qualche altra cosa.

La domanda può anche essere posta nel modo seguente: la cosa che conosco è sempre necessariamente *la cosa come conosciuta*? la cosa come conosciuta *da me, dall'intelletto umano*, ecc? Come posso sapere che la cosa da me conosciuta è la stessa cosa reale? Qui, di nuovo, non si tratta della possibilità del singolo errore; né della limitazione, dell'imperfezione, della parzialità della mia conoscenza, che non può esaurire tutti gli aspetti della realtà con un singolo pensiero e neppure forse con innumerevoli pensieri successivi, ma che progressivamente conosce sempre più la realtà. Non si tratta neppure della colorazione soggettiva della mia conoscenza, che è sempre presente, ma che può essere corretta in vari modi, soprattutto con il contatto o il confronto con altri uomini. Infine, non si tratta delle condizioni storiche, culturali, sociologiche, psicologiche della conoscenza, condizioni che limitano e influiscono sulla nostra conoscenza e che appunto possono essere precisamente individuate, anzi studiate sistematicamente, come limiti della nostra conoscenza.

Si tratta del problema generale: la cosa *in quanto* conosciuta è la cosa reale?

TESI XVII: Il sapere umano coglie la realtà com'è assolutamente in sé.

1. Spiegazione della tesi

a. *Termini*

I termini: *reale, indipendente dalla conoscenza, esistente in sé* si usano in diversi modi. Non ogni oggetto *reale* come tale esiste in sé o è indipendente dalla mia conoscenza. Si pensi agli oggetti matematici ecc. Non vogliamo qui affermare un'indipendenza totale dall'oggetto della conoscenza.

Oggetto assoluto si intende come nella critica hegeliana contro la separazione della «cosa per noi» dalla «cosa in sé»[1].

Assoluto e *assolutamente* qui hanno un altro significato che nel cap. VI (tesi IX) e nel cap. XVII (tesi XXIII).

b. *Senso*

Il nostro argomento *non* tocca la problematica del cosiddetto *idealismo tedesco* di Fichte, Hegel e Schelling. Esso rifiuta

---

[1] Vedi c. II, **4. b.**

realmente *solo l'accettazione generale e divulgativa della filosofia di Kant*, ma non entra nella problematica più profonda della distinzione fra «noumenon» e «phenomenon»[2].

La conoscenza coglie la realtà solo *quando* e *nella misura in cui si riferisce ad essa*: l'immaginazione e la fantasia *non* si riferiscono alla realtà esistente in sé, ma a qualche cosa che io immagino; il ricordo non si riferisce alla realtà presente, ma precisamente alla realtà passata; il pensiero, in quanto astratto, non si riferisce alla realtà sotto ogni aspetto possibile, ma sotto un certo aspetto determinato, ecc., ma a tutto questo si riferisce assolutamente.

Qui *non* ancora escludiamo definitivamente ogni forma di *relativismo rispetto alla verità*[3], *non* neghiamo *la finitudine* della conoscenza umana[4].

2. Soluzione del problema

a. *Le ragioni, che vengono date, per la posizione del problema sono illegittime*

Anzitutto la *generalizzazione* illimitata della possibilità *dell'errore* è illegittima. Così anche, la *generalizzazione* illimitata della pretesa *di prove* e dimostrazioni, anche questa è illegittima: si danno infatti elementi primi, altrimenti, si avrebbe un regresso all'infinito. Allo stesso modo, non è legittimo il tentativo di problematizzare ogni cosa, di renderla «problema strettamente detto»[5].

Con la generalizzazione *il significato* dei concetti, che all'inizio erano chiaramente determinati, prima *cambia* e poi semplicemente *svanisce*. Un certo uso dell'espressione «è realmente così» si oppone primariamente all'errore, all'inganno, all'immaginario ecc.; in seguito si oppone anche alla limitazione e

---

[2] Vedi c. II, **5. c.**
[3] Vedi c. XVII, **3.**.
[4] Vedi c. VI, **2.**
[5] Cfr. MORANDINI, *Critica*, 48-55.

all'astrazione del nostro intelletto; infine, non ha più assolutamente alcun significato. La conoscenza inizialmente è l'attività umana attraverso la quale conosciamo le cose; successivamente il verbo *conoscere* è stato usato per significare la nostra elaborazione, come quella di un artigiano intorno al suo materiale.

Si faccia attenzione a domande come queste che sono prive di senso:

— «Qual è l'aspetto (il colore, la bellezza) dell'albero, che nessuno vede e nessuno può vedere, dell'albero in sé, dell'albero intelligibile?»

— «Qual è il modo di essere dell'ente che nessuno conosce e nessuno può conoscere?»

— «Qual è l'equazione matematica del circolo quadrato?»

— «Che ora è sul sole quando a Roma è mezzogiorno?»

b. *Il problema stesso è illegittimo e privo di senso*

La domanda è priva di senso: non può essere propriamente neppure formulata. Se infatti ciò che in genere noi conosciamo attraverso la conoscenza non fosse lo stesso «ente reale», questo «ente reale» sarebbe del tutto incognito, inconoscibile, inimmaginabile, sarebbe impossibile perfino ricercarlo o nominarlo.

Se *il mondo che conosciamo* non *è il* «mondo reale» ma soltanto il «nostro mondo» e se d'altra parte quel «mondo reale» *non* è conosciuto, allora il «nostro mondo», l'unico conosciuto e conoscibile, sarà il mondo davvero reale e unico; mentre il cosiddetto «mondo reale» sarà un non—mondo.

Se ciò che conosciamo non è l'ente reale ma qualcosa d'altro, allora l'«ente reale» non è niente, è un concetto spurio e da eliminare; quel «qualcosa d'altro», al contrario, sarà l'unico ente veramente «reale».

La proposizione: certamente *noi conosciamo soltanto la cosa conosciuta*, è una proposizione analitica: una cosa non si conosce se non mediante la conoscenza. Perciò l'impossibilità di conoscere la cosa, proprio in quanto non è ancora conosciuta, è un'impossibilità logica, non è una limitazione del nostro intelletto: neppure Dio potrebbe conoscere qualche cosa senza che questo qualcosa sia da Lui conosciuto. La logica del termine *conoscenza* e *sapere* non è simile a quella di *mangiare* ovverosia l'unione intenzionale non è una unione fisica[6]

c. *La posizione dell'idealismo trascendentale kantiano contiene errori di fondo*

Anzitutto, *la separazione dell'intelletto dalla sensibilità* che contraddice l'unità del soggetto conoscente.

La separazione fra ragione teorica e ragione pratica che toglie alla conoscenza l'aspetto attivo e reale[7].

d. *L'idealismo trascendentale kantiano è contraddittorio*

La tesi dell'idealismo trascendentale, cioè che noi esseri umani possiamo conoscere soltanto la realtà come è «per noi», viene proposta come valida e vera «in sé». Qui si riafferma per l'ennesima volta l'intenzionalità inevitabile del dire[8].

In altre parole: se l'idealismo trascendentale fosse vero noi non potremmo mai accorgercene; la realtà per noi sarebbe l'unica realtà e non potremmo scoprirne la sua relatività e ancora meno i limiti della nostra conoscenza.

e. *La verità contenuta nell'idealismo trascendentale*

Il sapere umano è un modo di conoscenza finita e recettiva e perciò dipende dalla sensibilità.

Noi non conosciamo la realtà come la conosce Dio: Egli la conosce o in se stesso o creandola.

Il sapere umano non è semplicemente passivo, ma gode di un dinamismo strutturato interno attivo. Solo in funzione di questo il sapere è capace di conoscere.

---

[6] Vedi c. VII, **1. b.**.
[7] Vedi c. II, **5. c**.
[8] Vedi capitolo V.

3. Bibliografia ragionata

I. KANT, *Critica della ragion pura*.
F. MORANDINI, *Critica*, 48-55.

PARTE QUARTA

LA STRUTTURA DEL SAPERE UMANO

INTRODUZIONE

Nella terza parte del nostro trattato abbiamo visto che l'oggetto proprio del sapere non è — neanche nel caso della riflessione — il sapere stesso, il noema o un qualsiasi oggetto immanente alla coscienza. Il sapere si riferisce intenzionalmente all'oggetto distinto da se stesso.

La questione di questa parte quarta è la seguente: come deve essere organizzato internamente il sapere stesso per potersi riferire intenzionalmente al suo oggetto? La questione è evidentemente di ordine trascendentale, nel senso kantiano, in quanto cerchiamo le condizioni di possibilità del sapere in quanto tale.

La risposta completa a tale questione suonerà: il sapere umano vale per la realtà in quanto è una struttura relazionale aperta. Nell'elaborazione di questa risposta seguiremo la definizione del sapere, come l'abbiamo elaborata nel cap. III tesi IV: *sapere* significa essere capace di fare proposizioni vere e di dare valide ragioni per esse. Fare proposizioni è un'attività linguistica e di pensiero.

L'ordine dei prossimi capitoli sarà, perciò, il seguente: anzitutto, affronteremo la struttura del linguaggio (XII), poi quella del pensiero (XIII). Torneremo alla struttura del sapere (XIV) per poi meglio comprendere la scienza come struttura sviluppata del sapere (XV), per abbozzare successivamente la strutturalità formale della conoscenza (XVI). Da questi cinque capitoli seguirà come conseguenza la verità assoluta del sapere umano contro il relativismo (XVII).

Precisiamo l'uso di alcuni termini:

struttura = un insieme di elementi che sono ciò che sono per

la loro relazione agli altri elementi e allo stesso insieme;
orizzonte = l'insieme considerato formalmente in quanto determina i suoi elementi possibili.

Ne segue che:
— gli elementi di una struttrura non sono semplici ma composti;
— gli elementi di una struttura *non* sono *isolati* ma *relati*;
— gli elementi di una struttura sono realizzati, *esistono* — in quanto e nel modo in cui possono essere chiamati *esistenti* — in quanto fanno *parte dell'insieme*, *stanno* dentro di esso come nel loro orizzonte.

Le *leggi* dell'orizzonte determinano *a priori* gli elementi del rispettivo insieme.

Inoltre linguaggio, pensare e sapere sono strutture *aperte*: il loro orizzonte *non* è *limitato*.

Capitolo XII

LA RELAZIONALITA' STRUTTURALE DEL LINGUAGGIO CONTRO L'ATOMISMO LOGICO

Il sapere, cioè la capacità di fare proposizioni vere, deve essere non solo attuabile, cioè pensabile, ma anche dicibile e comunicabile, cioè esprimibile linguisticamente. Ricordiamoci che il sapere gode di un'intenzionalità istituzionale[1]. Tale intenzionalità implica la socialità, la pubblicità almeno potenziale e così la dicibilità linguistica. Quest'ultima va senz'altro intesa come realizzabile non solo attraverso la lingua, fonetica, ma anche in tanti altri modi, che nella terminologia attuale vengono chiamati *linguistici*.

La ragione per la quale trattiamo anzitutto della strutturalità del linguaggio è la seguente: nel linguaggio, dato il carattere pubblico che gli è proprio e che invece manca al pensiero, la strutturalità è più facilmente osservabile e analizzabile,. Anche storicamente, il carattere strutturale fu elaborato prima dai *linguisti* strutturalisti, in particolar modo a partire da Ferdinand de Saussure[2] all'inizio di questo secolo.

TESI XVIII: Le espressioni linguistiche hanno un significato in quanto appartengono alla struttura aperta del linguaggio.

1. Un'espressione linguistica è significativa in quanto non è semplice ma complessa

Ogni segno linguistico, ogni espressione linguistica significativa (*a meaningfull expression in language, eine sinnvolle*

---

[1] Cfr. c. VIII, tesi XIV, **3**.
[2] F. DE SAUSSURE, *Cours de linguistique générale*.

Sprachgestalt) è composta di elementi che hanno un determinato significato, precisamente in quanto coordinati fra loro.

a. *Il discorso è composto di frasi*

Il significato di un discorso è determinato dalla coordinazione delle frasi che costituiscono i suoi elementi significativi, ma anche dalla connessione di quelle frasi con altri elementi extralinguistici; per esempio: il soggetto che parla, la situazione, l'ambiente, la modulazione della voce ecc. Il significato di un discorso, in genere, vuole essere capito, e normalmente lo è, come unitario, al punto che le varie forme linguistiche non hanno un significato determinato se non in quanto costituiscono totalità strutturate.

Il significato di una forma linguistica *non è la somma* dei significati dei suoi elementi. Il significato di un discorso non consiste nella pura addizione dei significati delle frasi, né degli altri elementi; e così neppure viene capito. Le singole frasi che costituiscono gli elementi del discorso, considerate in sé e isolate dal loro contesto del discorso concreto, hanno un certo significato solo imperfetto e *potenziale* ma non completamente determinato. Si pensi a una trasmissione televisiva o radiofonica di cui non si è sentito l'inizio o alla riproduzione di una registrazione da nastro elettromagnetico, quando non si sa chi parla, in quale situazione, in quale ambiente, quando e dove. Allora, anche il significato degli altri elementi resta indeterminato e spesso si fa fatica a capire e vi si riesce meglio solo ricostruendo il contesto.

b. *La frase è fatta di parole*

Il significato di una frase, non del tutto determinato, è dato dalla coordinazione della parole che costituiscono i suoi elementi significativi. La relazione tra la frase e le parole è analoga a quella tra il discorso e le frasi. Anche la parola singola, considerata in sé e isolata dal suo contesto, ha un certo significato lessicale ma fortemente indeterminato e potenziale. La parola possiede inoltre questo significato proprio in quanto è ordinata alla costruzione di frasi e, come vedremo, in quanto appartiene a tutta una lingua e all'interno di essa è correlata ad altre parole.

c. *La parola è composta di fonemi*

I fonemi sono gli ultimi elementi sonori che costituiscono in una lingua determinata una differenza significativa tra parola e parola. Per esempio: rosa — *c*osa — *d*osa — *p*osa — *t*osa — r*a*sa —r*e*sa — ris*a* — ros*e* — ros*o* — ros*i* — Ro*m*a...
Il rapporto tra la parola e i fonemi è, di nuovo, analogo a quello tra il discorso e le frasi e tra le frasi e le parole. Tuttavia bisogna notare il fatto che il fonema singolo e isolato non ha più alcun significato. Così l'ultimo elemento della lingua, in quanto tale, differenzia il significato delle espressioni complesse ma non è esso stesso significativo.

I fonemi non sono realtà naturali ma culturali. Sono diversi nelle diverse lingue. Della molteplicità pressoché infinita di suoni, che l'uomo può foneticamente produrre, ogni lingua usa solo un numero molto ristretto come *fonemi*, cioè come «suoni discriminanti il significato». Il loro numero si aggira in genere fra i trenta e i cinquanta. I fonemi poi contano in forma stilizzata, anzi astratta: le differenze fonetiche generali non importano. Non fanno differenza di significato le differenze dialettali o di pronuncia, né generalmente quelle fra alto e basso se non in certe lingue, per esempio nel cinese, e in certe lingue bantù. Per la differenziazione del significato contano soltanto determinate differenze fonetiche che sono diverse in tutte le lingue. Lo stesso fatto si nota anche in quanto i fonemi di ciascuna lingua sono appresi nel processo di socializzazione dei bambini sulla base di una competenza fonetica antecedente molto più ampia.

È chiaro che si possono dare, e di fatto si danno, discorsi di una sola frase, frasi di una sola parola, parole di un solo fonema. Si pensi, per esempio, all'imperativo «i», del verbo latino *ire* (andare). Ma non per questo dette espressioni linguistiche si possono dire semplici: infatti, si debbono considerare come elementi che contribuiscono a determinare il loro significato anche le pause, cioè l'assenza di altri elementi. Semanticamente l'assenza di un suono è significativa.

L'analisi strutturale delle forme linguistiche non viene condotta sempre e necessariamente dal discorso ai fonemi attraverso i livelli semantici intermedi; date le circostanze e l'utilità, il discorso può anche essere immediatamente analizzato nelle sue parole o perfino nei suoi fonemi.

2. Un'espressione linguistica è significativa solo in relazione ad altre espressioni linguistiche sia attuali che potenziali

a. *Nessuna espressione linguistica ha un significato determinato se non in un contesto concreto*

La stessa frase in situazioni concrete diverse, la stessa parola in frasi diverse ha un significato — almeno in parte — diverso. Le frasi e le parole, prese singolarmente e isolatamente, hanno un significato indeterminato e potenziale che si attua pienamente e si determina mediante il loro inserimento in un contesto. Il significato lessicografico di una parola non è che la generalizzazione dei vari usi possibili di quella parola in frasi, e mediante frasi, all'interno di diversi discorsi concreti di una certa lingua. In tal modo si può definire il significato di una parola come l'uso che se ne fa in una determinata lingua[3].

Il significato di una parola, di una frase e di un discorso è determinato mediante le relazioni che quella parola, quella frase ecc., hanno in un'unità strutturale con altri elementi sia linguistici che extralinguistici.

b. *La determinazione del significato potenziale di una parola*

Il significato potenziale di una parola, cioè la possibilità che quella parola possiede di venir usata in diverse frasi, è determinato mediante relazioni di opposizione, di possibile sostituzione, di similitudine/dissimilitudine ecc., di questa parola con

---

[3] L. WITTGENSTEIN, *Philosophische Untersuchungen*, I, 43: «Per una *grande* classe di casi — anche se non per *tutti* i casi — in cui ce ne serviamo, la parola "significato" si può definire così: il significato di una parola è il suo uso nel linguaggio».

altre all'interno della totalità di una lingua. Se cambia il significato di una parola, cambiano anche i significati di molte altre, almeno quelli dello stesso campo linguistico.

c. *L'appartenenza delle parole a «giochi linguistici»*

Il significato di una parola è, inoltre, meglio precisato dall'appartenere a un determinato «gioco linguistico» (*Sprachspiel, language game*). Qui, il suo significato è ulteriormente determinato da altri elementi e così anche dalle regole del gioco linguistico stesso. Si può usare la stessa parola in diversi giochi linguistici ma con significato almeno parzialmente diverso. Si pensi, per esempio, a una descrizione scientifica, a un racconto, a una preghiera o al significato della parola *energia* nel linguaggio tecnico e nel linguaggio comune. Ci sono parole che appartengono a un solo gioco linguistico, altre, invece, fanno parte di diversi giochi linguistici e certe parole molto frequenti possono essere usate in tutti questi giochi. I diversi giochi linguistici hanno regole non solo diverse ma anche di diverso tipo e di diverso rigore. Si pensi alle barzellette, alle analogie, agli insulti o alle preghiere. Infine, il significato di una parola è definitivamente determinato dall'uso concreto in un contesto concreto.

Quello che si è detto per le parole vale in modo analogo anche per le frasi e per i discorsi. Anch'essi hanno un significato solo indeterminato se considerati isolatamente.

d. *Le espressioni linguistiche isolate non hanno senso*

Se si isola completamente un'espressione linguistica da tutte le altre e se si fa astrazione anche dalle sue relazioni possibili, allora quell'espressione non ha più alcun significato: è un puro suono.

Non si capisce di fatto e non si potrà mai capire una parola assolutamente singola e isolata; né da parte di chi la usa né da parte di chi l'ascolta. Se capisco una parola devo già sapere in che modo devo usarla nelle diverse frasi; se capisco una frase sono già capace di formarne diverse altre.

Di conseguenza non posso mai imparare un'unica parola isolata. Posso aggiungere una singola parola a una lingua già nota; ma allora quella parola nuova viene imparata in relazione alla totalità della lingua già nota e viene subito integrata in essa. Questo vale anche per singole parole di una lingua straniera: esse vengono inizialmente apprese in relazione alla totalità della lingua madre.

Infatti, noi non cominciamo ad apprendere la nostra lingua materna con l'acquisizione di singole parole. Quello che impariamo è in ogni caso già la lingua, anche se essa è inizialmente una lingua di pochissimi elementi. Impariamo la lingua materna in quanto cominciamo a partecipare — sul fondamento di un comportamento pre-linguistico — al commercio linguistico umano già esistente: in concreto, a quello della famiglia nella quale si nasce.

3. Le parole e le frasi sono significative in quanto appartengono a una determinata lingua

Un'espressione linguistica è significativa solo in quanto appartiene a una lingua e a un determinato gioco linguistico. Finora abbiamo descritto prevalentemente le unità strutturali concrete del parlare, cioè la frase, il discorso e la lingua in quanto unità concreta. Ora, prendiamo in esame, nel loro aspetto formale il linguaggio, la comunicazione, le varie lingue, i diversi usi della lingua e i diversi modi di parlare.

Il significato delle parole e delle frasi viene determinato dalle relazioni con altri elementi e altre possibili composizioni della stessa lingua.

a. *Le espressioni linguistiche si debbono usare secondo le regole della rispettiva lingua*

Perché parole o frasi significhino qualcosa, ovvero affinché usandole io possa intendere qualche cosa e un altro possa comprenderle, devo usarle secondo le regole della lingua cui appartengono. Tali regole, oltre a essere grammaticali, sono anche, per così dire, strutturali: ci sono, per esempio, le regole di correlazione, di compossibilità, di differenziazione del significato, di coordinazione col contesto linguistico ed extralinguistico. In tal modo, queste regole non sono solo regole di una lingua ma anche regole del comportamento sociale di una determinata cultura. All'interno, per così dire, di queste regole o leggi, da esse implicate, ci sono leggi della comunicazione e del parlare in genere: «regole» dell'agire in modo umano. Tali regole in parte sono convenzionali ma di rado puramente convenzionali; in parte sono regole storicamente evolute; in parte sono date colla stessa natura del linguaggio e perciò con la stessa natura umana, sia quella fisica sia perfino quella metafisica.

b. *Per usare le espressioni linguistiche secondo le regole della rispettiva lingua debbo conoscere già tutta una lingua*

Affinché, dunque, si possano adoperare parole, formare frasi e usarle in modo significativo e intelligibile, è necessario che si conosca già tutta una lingua con le sue regole. In più si deve già sapere che cosa sia parlare e comunicare con altri. Non posso imparare parole o frasi isolate; devo imparare una lingua che all'inizio può evidentemente essere piuttosto semplice e composta di soli pochi elementi. Se voglio usare una parola devo sapere come formare una frase. Se sono capace di usare una parola in una frase sono già capace di usarla anche in altre frasi. Se posso formare una frase posso formarne anche altre. Se con una parola so indicare un oggetto posso indicarne anche altri. Se posso dire qualcosa in una data situazione posso — entro certi limiti — dire cose simili o diverse in altre situazioni, simili o diverse. Tutto questo, poi, posso e devo farlo secondo quelle regole che già determinano il singolo uso attuale. Se ora dico una cosa, dopo, dovrò dirne un'altra in questo o quel modo. Anche in seguito, se per qualche ragione speciale intendo parlare in modo incoerente, quella stessa incoerenza acquista significato mediante alcune regole, per esempio di contrasto, per attirare l'attenzione ecc.

NB: Le regole di cui stiamo parlando sono regole spesso molto elastiche. Solo nel contesto di certi usi del linguaggio divengono sempre più rigorose, per esempio nel caso delle terminologie scientifiche o in matematica. Si possono anche inventare nuove regole e introdurle nel commercio linguistico, anche se questo non può essere l'opera di una sola persona, in quanto ogni linguaggio, insieme colle sue regole, è una realtà pubblica e sociale. Nuovi usi di parlare, linguaggi speciali di gruppo, gerghi e così via si sviluppano continuamente e continuamente vanno in disuso. La *creazione* di nuove parole è particolarmente importante nella pubblicità e nella politica o comunque lì dove la propaganda ha un forte ruolo; chi *crea* ed è in grado di propagandare nuove parole crea in qualche modo *realtà*.

4. Le parole e le frasi sono significative in quanto fanno capo a diversi «giochi linguistici», cioè a diversi modi di parlare

Ogni atto di parlare e di comunicare, le parole e le frasi che concretamente usiamo non appartengono soltanto al campo del comportamento umano della comunicazione e del parlare in genere né soltanto a una certa lingua, essi appartengono anche a un determinato e distinto *modo* di parlare: a quello che Ludwig Wittgenstein nelle *Ricerche filosofiche* chiama «gioco linguistico»[4].

a. *Che cos'è un «gioco linguistico»?*

L'espressione «gioco linguistico» è centrale per la filosofia posteriore di Wittgenstein ma non fa parte di una teoria e non è una spiegazione del linguaggio. Si tratta di un'analogia, cioè di un paragone tra i vari usi della lingua e tutto ciò che chiamiamo «gioco», specialmente con il gioco degli scacchi[5]. L'espressione «gioco linguistico» si riferisce sia alla totalità del linguaggio[6], che a singoli «giochi», cioè usi tipici del linguaggio[7]. Come nel gioco degli scacchi si definisce cosa siano il re o la torre mediante convenzioni che regolano il modo di muoverli, così il significato di un'espressione linguistica è determinato mediante il modo in cui gli uomini se ne servono, cioè mediante le regole secondo cui essa viene usata in certe situazioni tipiche e

---

[4] L. WITTGENSTEIN, *Philosophische Untersuchungen*, I, 7. 23ss.
[5] L. WITTGENSTEIN, *Philosophische Untersuchungen*, I, 31.33.4758. 108.136.175.197.199.200.205.337.563.
[6] L. WITTGENSTEIN, *Philosophische Untersuchungen*, I, 7.
[7] L. WITTGENSTEIN, *Philosophische Untersuchungen*, I, 7. 23.34.

quindi nei diversi «giochi linguistici». Come gli uomini fanno molti giochi, diversissimi fra loro, i quali pur avendo tutti una certa «somiglianza di famiglia»[8] non hanno però alcuna essenza comune, così usiamo anche la lingua in vari modi, senza che questi usi abbiano un'essenza comune, come per esempio descrivere o perfino «dipingere» fatti[9].

b. *Punti essenziali dell'analogia fra modi di parlare e giochi linguistici*

L'analogia fra i diversi modi di parlare e la molteplicità dei giochi intende insistere sui seguenti punti:
— parlare è un'attività come lo è il giocare;
— parlare è un'attività complessa che unisce elementi diversi: elementi propriamente linguistici (parole ecc.) ed elementi non-linguistici (altre attività, situazioni ecc.);
— parlare, cioè usare il linguaggio è un'attività multiforme, come la molteplicità di ciò che si chiama «gioco», non riducibile all'unicità di un'essenza comune;
— il significato della singola espressione linguistica dipende dalla sua relazione con gli altri elementi dello stesso gioco linguistico e in definitiva dalla logica, cioè dalla «grammatica profonda» specifica del gioco linguistico in questione[10];
— vari giochi linguistici fanno capo a una «forma di vita»[11];
— parlare, cioè usare il linguaggio, fa parte della «storia naturale» dell'uomo[12];

---

[8] «Familienähnlivhkeit», «family resemblance»; L. WITTGENSTEIN, *Philosophische Untersuchungen*, I, 67.
[9] L. Wittgenstein sosteneva nel suo *Tractatus logico-philosophicus* che l'unica funzione del linguaggio e con ciò la sua stessa essenza, consistesse nel dipingere fatti. Questa è anche la posizione dell'atomismo logico e del positivismo logico, per esempio di Russel, Ayer, Carnap, Schlick ed altri.
[10] L. WITTGENSTEIN, *Philosophische Untersuchungen*, I, 664.
[11] L. WITTGENSTEIN, *Philosophische Untersuchungen*, I, 19. 23. 241.
[12] L. WITTGENSTEIN, *Philosophische Untersuchungen*, I, 25.

— parlare, cioè usare il linguaggio, è un'attività secondo regole pubbliche, che sono più o meno rigide a seconda del tipo di gioco linguistico in questione. «Seguire una regola» è qualcosa di pubblico e istituzionale e non consiste nel «sentirsi guidati da una regola»[13].

c. *Esempi di vari giochi linguistici*

Come *esempi* della moltitudine dei giochi linguistici possiamo indicare: comandare e agire secondo il comando; descrivere l'apparenza di un oggetto; indicare le dimensioni di un oggetto in centimetri; costruire un oggetto secondo la sua descrizione; fare ipotesi circa qualche evento; elaborare un'ipotesi scientifica e verificarla; proporre i risultati di un esperimento; impersonare un personaggio in teatro; inventare una barzelletta e raccontarla; risolvere un problema aritmetico; fare una traduzione da una lingua a un'altra; chiedere, ringraziare, imprecare, salutare, preparare, insultare, contare, chiedere, sapere e indicare l'ora, indicare i colori, nominare oggetti, inventare e imporre nomi, definire, filosofare ecc.[14]

Si potrebbero aggiungere molti altri esempi. Wittgenstein stesso si chiede: Ma quanti tipi di proposizioni ci sono? Per esempio: asserzione, domanda e ordine? Di tali tipi esistono innumerevoli modi differenti d'impiego di tutto ciò che chiamiamo *segni*, *parole*, *proposizioni*[15]. I singoli giochi linguistici, di cui Wittgenstein parla, sono o naturali ed esistenti[16] o semplificati[17] o perfino inventati, impossibili — almeno per il sapere umano come lo conosciamo — e assurdi[18].

NB: È di particolare importanza la distinzione tra l'uso *descritti-*

---

[13] L. WITTGENSTEIN, *Philosophische Untersuchungen*, I, 173.197ss.
[14] L. WITTGENSTEIN, *Philosophische Untersuchungen*, I, 23.
[15] L. WITTGENSTEIN, *Philosophische Untersuchungen*, I, 23.
[16] L. WITTGENSTEIN, *Philosophische Untersuchungen*, I, 23.
[17] L. WITTGENSTEIN, *Philosophische Untersuchungen*, I, 1. 2.7.
[18] L. WITTGENSTEIN, *Philosophische Untersuchungen*, I, 1. 157. 160. 207. 273. 331. 556.

vo di una espressione e l'uso *fattivo*: «ti nomino presidente», «ti battezzo», «domani verrò a trovarti», «io ti amo» ecc.

d. *I limiti fra i vari giochi linguistici*

La distinzione fra due giochi linguistici non è assoluta. A seconda dell'interesse, vari giochi linguistici possono essere considerati come uno o più. Alcune espressioni linguistiche (parole, combinazioni di parole, frasi, specialmente formule composte di varie frasi) si possono usare soltanto in uno o in pochi giochi linguistici. Si tratta soprattutto di termini tecnici. Qualcosa di simile vale per numerose espressioni del linguaggio di piccoli gruppi. Anche le espressioni del linguaggio religioso, del linguaggio poetico e del linguaggio politico hanno un loro significato specifico all'interno del rispettivo gioco linguistico. Se tali espressioni si usano al di fuori dell'ambito del gioco linguistico rispettivo, generalmente mancano di significato. Ciononostante queste espressioni si possono usare in determinate situazioni di proposito per ottenere un effetto particolare; ma allora vengono usate in un senso alterato e, per così dire, analogo e improprio.

Molte espressioni linguistiche (soprattutto parole ma anche combinazioni di parole, frasi e perfino combinazioni di frasi) si riscontrano in vari giochi linguistici. In questo caso il loro significato sarà almeno parzialmente diverso. Si pensi specialmente ad alcune espressioni che indicano una norma: *vero*, *buono*, *esatto*, *semplice*, *distinto* ecc.[19]

e. *Le regole dei giochi e la libertà dalle regole*

Come ogni gioco, per esempio quello degli scacchi, del calcio o del bridge, ha regole, così anche ogni gioco linguistico si fa e si deve fare secondo regole che determinano l'uso delle espressioni linguistiche e degli elementi extralinguistici che contribuiscono a determinarne il significato. Diversamente,

---

[19] Cfr. ARISTOTELE, *Metaph.*, V.

sarebbe impossibile che molti «giochino allo stesso gioco», ma anche che io stesso da solo «giochi» in modo intelligente.

Queste regole generalmente godono di una certa elasticità, maggiore o minore a seconda del tipo e dello scopo del rispettivo gioco linguistico. Nelle scienze cosiddette esatte le regole sono abbastanza rigide. Nelle scienze matematiche la loro elasticità è ridotta quasi a nulla. D'altra parte nel dialogo quotidiano l'ambito della libertà di espressione è grande ma non indeterminato.

In caso di necessità, di utilità e quando mancano le parole adatte, si possono inventare nuove espressioni, sia parole sia combinazioni di parole. Queste si costruiscono generalmente a partire da elementi già noti e sempre in analogia con le espressioni già esistenti. Per ottenere un effetto speciale, per dire qualcosa di nuovo, si possono anche infrangere le regole, trovarne delle nuove e abolire quelle precedentemente vigenti. Tali innovazioni, tuttavia, non possono dipendere da un solo individuo ma sempre da una comunità linguistica.

Se è necessario, per esempio nel caso di una nuova esperienza fondamentale, della nascita di una nuova scienza, dello sviluppo di una nuova struttura culturale, economica, politica ecc. si possono anche inventare nuovi giochi linguistici; anche se non saranno mai completamente nuovi. Infatti, anche i giochi linguistici nuovi non possono mai mancare di una certa connessione storica di continuità con quelli precedenti e di un certo legame con quelli già esistenti. Inoltre, anche i nuovi giochi linguistici apparterranno sempre ad un uso umano della lingua.

Le regole che determinano l'uso delle espressioni linguistiche e degli elementi extralinguistici di un dato gioco linguistico costituiscono la logica speciale di questo gioco. Tale logica è sempre almeno parzialmente diversa per i diversi giochi linguistici. Così, per esempio, le espressioni *fattive* non sono né vere né false; possono invece essere effettive o non effettive, sincere o insincere ecc. Anch'esse hanno una certa relazione con la realtà, ma questa è diversa da quella delle espressioni *descrittive*. Anche la loro dipendenza dalle circostanze è diversa[20]. Un

---

[20] J.L. AUSTIN, *How to do Things with Words*. Cfr. c. XII, **4**.

altro esempio può essere quello della differenza fra espressioni scientifiche e religiose: i due tipi di proposizioni non sono vere allo stesso modo. La loro relazione alla realtà è molto diversa e diverso anche il modo di giustificare la loro verità.

Riassumendo, si può dire che le espressioni linguistiche non sono significative in un unico senso ma in molti sensi a seconda dei diversi giochi linguistici nei quali vengono adoperate.

5. La lingua e il rispettivo gioco linguistico determinano a priori il significato delle espressioni linguistiche

a. La lingua è una struttura che precede le espressioni linguistiche e le determina

Secondo quanto esposto nel punto precedente, la lingua con le sue regole è un tutto, un ordine, una struttura, che precede le singole parole e frasi e così anche l'attuale uso della lingua stessa e l'atto di parlare e di comunicare.

La lingua è l'a priori del parlare. Essa, in quanto costituisce per mezzo delle sue regole un ordine, è a priori rispetto ai singoli atti del parlare: se voglio parlare e comunicare necessariamente devo parlare in un certo modo.

Intendere qualcosa mediante espressioni linguistiche e comprendere tali espressioni è possibile solo in un ordine tale da determinare a priori la possibilità delle espressioni e il loro significato. La lingua con le sue diverse regole è la condizione a priori della possibilità di parlare.

In tal senso, si può anche dire che in ogni atto di parlare, in ogni singolo uso significativo di un'espressione linguistica, in quanto questa singola espressione si riferisce alla possibile totalità della rispettiva lingua, viene attuato l'ordine aprioristico della lingua: si apre l'orizzonte totale del parlare umano. Concretamente questo significa semplicemente che si applicano le regole della rispettiva lingua.

La struttura di tale orizzonte è aprioristica in vari sensi, così come le regole della lingua e del parlare hanno varia natura e necessità[21].

---

[21] Vedi capitolo III.

Elaborare la struttura aprioristica della lingua e del parlare è uno dei compiti specifici della *filosofia del linguaggio*. Tale filosofia è stata elaborata sia nella tradizione analitica inglese (Moore, Russell, e specialmente Wittgenstein, e poi anche Austin e Ryle), che nella tradizione fenomenologica (Husserl, Heidegger, Merleau-Ponty, Ricoeur, Gadamer).

b. *I «giochi linguistici» e la «forma di vita» come orizzonte di significato*

Come la lingua così anche i singoli giochi linguistici sono un campo, una totalità strutturata e organizzata che precede l'uso attuale di un'espressione linguistica nel suo rispettivo gioco. Infatti, le regole e la logica dei giochi linguistici determinano a priori il modo secondo cui dobbiamo usare le espressioni linguistiche se vogliamo che siano significative. Se voglio insultare una volta un tale, devo già sapere come potrei insultarlo altre mille volte. Se dico una preghiera, già posso dirne molte. Non che sappia già le preghiere che dirò; ma già conosco le regole per formarle, la loro forma e struttura e il loro stile. Altrimenti non potrei dire nemmeno la prima. So e devo sapere come posso continuare se voglio che io stesso e gli altri possiamo capire quello che diciamo.

Così, ogni gioco linguistico particolare è in qualche modo anche uno *spazio*, un *orizzonte* del parlare. Poiché non posso parlare senza usare la lingua in un modo determinato in qualche gioco linguistico, in ogni atto del parlare si attuano insieme non solo il campo aprioristico della lingua, ma anche l'orizzonte di un determinato gioco linguistico. Pregando, per esempio, mi riferisco all'ambito totale del pregare possibile. Formulando una proposizione scientifica, mi riferisco a tutto il linguaggio della rispettiva scienza. La lingua scientifica è una condizione di possibilità di ogni proposizione scientifica. Il linguaggio religioso è la condizione di possibilità del singolo atto di fede, ecc[22].

---

[22] L'espressione «Condizioni di possibilità» evidentemente vuole rimandare al metodo trascendentale di Kant..

Anche le varie forme letterarie si possono considerare come vari giochi linguistici. Quindi, dal punto di vista filosofico, l'interpretazione e la critica letteraria, il problema dell'interpretazione e della esegesi biblica sono da trattare in questo contesto.

6. L'orizzonte del parlare umano non è limitato ma aperto

Alcuni giochi linguistici dipendono l'uno dall'altro. Alcuni hanno una somiglianza strutturale fra di loro. Altri si unificano in un gioco linguistico più comprensivo. Per esempio, le varie forme di pregare nel gioco linguistico della preghiera; la preghiera e altri giochi linguistici nel linguaggio religioso ecc. Infine, tutti i giochi linguistici fanno parte del parlare e del comportamento umano.

a. *Il linguaggio umano è un orizzonte aperto*

Possiamo imparare nuovi giochi linguistici come possiamo imparare nuove lingue. Le impariamo cominciando con la partecipazione al gioco. Questo è possibile, perché tutti i giochi appartengono all'uso umano della lingua e al comportamento umano. Di per sé è possibile imparare, parlare e comunicare tutto ciò che è comunicabile. Così viene alla luce l'orizzonte ultimo del parlare, del comportarsi come essere umano, del comunicare con gli altri sul mondo e sulla realtà in genere. Quest'orizzonte abbraccia in sé tutti i singoli modi possibili di parlare; diversamente, nessun uomo potrebbe impararli. È di per sé non finito e coestensivo coll'orizzonte del sapere umano. In esso risiedono la forma e la struttura sotto cui e in cui l'uomo conosce ogni cosa e ne parla[23]. Come i singoli modi di parlare e le singole lingue sono varie forme di vita umana, così il parlare in genere è *la* forma di vita umana in quanto tale. In questo appare e si determina ciò che l'uomo è: l'animale che parla: «zoon logisticon»[24].

---

[23] Cfr. C. HUBER, «Zeichen Gottes – Zeichen der Freiheit», 13-17.
[24] ARISTOTELE, *Pol.*, I 2, 1253a 9; *De anima*, II 8, 420b 5-421a 6.

b. *La lingua come comportamento nel mondo*

La lingua umana non è primariamente mezzo di espressione o di comunicazione, ma il modo umano esistenziale di essere e di vivere nel mondo, conoscendolo, ordinandolo e trascendendolo.

La lingua non solo esprime la nostra relazione al mondo (*Weltbezug*), essa *è* la nostra relazione al mondo.

Per questo l'analisi linguistica analizza le strutture e la logica dei vari giochi linguistici, paragonandoli e stabilendo «somiglianze di famiglia», elaborando così una logica dettagliata. È invece compito della filosofia del linguaggio elaborare la dimensione ultima del parlare e la sua apertura.

7. Bibliografia ragionata

ARISTOTELE, *Metafisica*.
J.L. AUSTIN, *How to do Things with Words*.
C. HUBER, *Zeichen Gottes – Zeichen der Freiheit*, in: W. SANDFUCHS, *Die Kirche*, Würzburg 1978, 13-17.
F. DE SAUSSURE, *Cours de linguistique générale*.
L. WITTGENSTEIN, *Tractatus logico-philosophicus*.
——, *Ricerche filosofiche*.

Capitolo XIII

LA RELAZIONALITA' STRUTTURALE DEL PENSIERO UMANO CONTRO L'ATOMISMO EPISTEMOLOGICO

L'espressione intersoggettiva del sapere è anche un'espressione consapevole; implica, perciò, quell'attività che, in senso generico, si chiama *pensare*.

Il termine centrale di questo capitolo sarà: pensare/pensiero (*noein/noesis, cogitatio/cogitare, penser/pensée, thinking/thought, denken/Gedanke*). Si tratta di uno dei termini più centrali della filosofia di tutti i tempi, a partire da Platone. *Pensare* significa «un'*attività*, un evento», a differenza di *sapere*[1].

Il *pensare implicito*: non significa generalmente un'attività distinta da altre attività umane intelligenti; *non* significa, perciò, generalmente un'attività interna, privata e silenziosa; *specialmente non* significa normalmente un'attività distinta dal parlare; certamente *non* significa mai parlare «silenziosamente», dentro se stesso.

Il *pensare esplicito*: significa anche, in certi casi, un'attività specifica, generalmente privata e silenziosa.

NB: Il pensare come attività specifica e separata si impara dopo e dipendentemente dal pensare implicito in altre attività, specialmente dal parlare.

Ciononostante è una semplificazione indebita l'identificare il

---

[1] Vedi c. III, **2. c.**

pensare esplicito e privato con un parlare linguistico e articolato ma silenzioso:
— il pensare privato, oltre dal parlare, può dipendere ed essere analogo ad altre attività umane pubbliche;
— l'articolazione generalmente è meno esplicita e perciò non identica a quella dell'attività pubblica;
— generalmente è anche più veloce.

NB: La *maggior parte* del pensiero umano è pensare implicito in altre attività intelligenti. Non esiste, perciò, alcuna ragione valida di attribuire un valore antropologico o perfino spirituale al pensare umano esplicito e privato.

TESI XIX: Il pensiero ha un contenuto e si riferisce intenzionalmente alla realtà in quanto appartiene a una struttura aperta.

Senso della tesi: il pensiero ha un contenuto e si riferisce intenzionalmente alla realtà in quanto non è semplice ma composto; in quanto è riferito ad altro pensiero; in quanto si svolge in diversi orizzonti. La struttura dell'orizzonte rispettivo determina a priori il pensiero che si svolge in esso, precisamente in quanto al suo contenuto e alla sua relazione intenzionale alla realtà. Ogni pensiero finalmente si svolge in un orizzonte ultimo comune, analogo, non limitato ma aperto.

1. Il pensiero ha un contenuto e si riferisce intenzionalmente alla realtà in quanto non è semplice ma composto

a. *Le unità più grandi del pensiero*

Il pensiero implicito. I pensieri concreti, per esempio l'osservazione di una cosa, la soluzione di un problema pratico o teoretico, i pensieri che accompagnano l'esecuzione di un lavoro ecc., sono composti da una parte di elementi come giudizi, dubbi, domande, dall'altra di elementi non-conoscitivi. Tutti questi elementi formano l'unità concreta di quel pensiero solo in quanto reciprocamente correlati e coordinati; infatti, questa unità non consiste nella semplice addizione degli elementi ma nella loro coordinazione *interna*.

Il pensiero come attività speciale e distinta. È difficile distinguere, all'interno di una riflessione che si protrae per un certo tempo, fra pensieri, rappresentazioni, immagini, ricordi ecc. Anche le cosiddette distrazioni fanno parte di tale "pensiero"; lo influenzano e lo possono anche stimolare. Come esempi possiamo considerare qui un'estesa progettazione, l'elaborazione di un piano o, nel campo spirituale, la preghiera, ad esempio una meditazione. In questi casi e simili, ci troviamo di fronte ad unità di contenuto non delimitate in maniera precisa, ma relativamente aperte, e composte da elementi di diverso tipo. Ci sono elementi che non sono specificamente pensieri ma che contribuiscono alla determinazione dell'insieme: immagini, ricordi, disturbi, distrazioni, occasioni, fino a situazioni. Tuttavia ci sono anche elementi che chiamiamo propriamente pensieri: dubbi, domande, soluzioni, risposte, ragioni, argomentazioni, decisioni ecc. Il tutto di una riflessione, di una meditazione o dell'elaborazione di un piano è composto da simili elementi. Le singole parti contribuiscono al contenuto del tutto, anzi lo costituiscono; ma il contenuto del singolo pensiero dipende proprio dalla sua posizione all'interno del tutto e perciò da questo tutto stesso.

Il caso classico di un'unità composta di pensiero che viene considerata in logica è l'argomento, sia quello deduttivo (il sillogismo) che quello induttivo, e la loro concatenazione (polisillogismo). Un sillogismo è composto, in una maniera esattamente determinata, da tre proposizioni. Non tutte le combinazioni sono possibili per la costruzione di un argomento valido. La logica sillogistica ne studia le combinazioni valide e la loro specifica valenza, nonché le regole delle diverse figure e dei diversi modi. Le tre proposizioni non sono semplicemente messe una accanto e dopo l'altra, ma collegate internamente e così reciprocamente determinate: le prime due sono premesse e la terza è la conseguenza che ne segue. Fuori del sillogismo le tre proposizioni non possiedono queste qualità: non sono premesse e conseguenza; non sono ragioni e conclusione.

Per l'argomento induttivo vale qualcosa di simile. All'interno di esso le singole proposizioni particolari che giustificano la conclusione generale non sono più proposizioni osservazionali qualsiasi, ma già casi della legge generale ipotetica che l'eventuale conclusione esprime. Solo così formano una serie di osservazioni; solo così hanno valore probativo.

b. *Le unità più piccole del pensiero*

I giudizi, i dubbi, le domande ecc. sono a loro volta unità strutturate, sono formati da concetti, ma il loro valore conoscitivo non è dato dall'addizione dei concetti. Questo appare chiaro già dal fatto che, con gli stessi concetti, possiamo formare sia un giudizio che una domanda. Né lo stesso assenso, né ciò che rende tali un dubbio o una domanda, possono poi essere considerati elementi semplicemente addizionali: non si aggiungono al tutto, ma lo determinano. Lo stesso concetto, in un giudizio, si riferisce all'oggetto della conoscenza in modo *diverso* che in una domanda o in un dubbio.

In una proposizione, in un giudizio, ma anche in un dubbio o in una domanda i concetti non sono aggiunti uno all'altro esternamente, ma correlati internamente e solo in questa connessione hanno il valore intenzionale specifico che fornisce a loro e al tutto il suo contenuto. Questo è specialmente evidente, ed è anche sempre stato affermato dalla logica, nel caso della proposizione: il soggetto della proposizione è determinato dal predicato; il predicato si dice, si *predica* (*kategoreitai*) del soggetto; anzi, un soggetto è un soggetto solo in quanto un predicato viene predicato di esso, e un predicato è un predicato solo in quanto esso si predica di un soggetto: «S è P» — «Questo è P».

c. *Gli elementi ultimi del pensiero*

I termini o concetti non sono semplici. Probabilmente *il concetto* non si presenta nel nostro pensiero se non come elemento di un giudizio o di un dubbio o di una domanda ecc., anzi come prodotto dell'analisi delle varie forme del pensiero. È certo che il suo valore conoscitivo è completamente determinato solo mediante l'integrazione del concetto stesso nella totalità di una forma conoscitiva. Infine, neppure il concetto è qualcosa di semplice: si risolve logicamente in *determinabile* (*genus*) e *determinans* (*differentia specificans*).

Perché il concetto colga l'oggetto singolare devo riferirlo al sensibile attraverso la «conversio ad phantasmata». Come universale poi il concetto intende più cose prese distributivamente, ovverosia, è un'unità non semplice ma strutturata.

2. Il pensiero ha un contenuto e si riferisce intenzionalmente alla realtà in quanto è relato ad altro pensiero: non esiste pensiero isolato e separato

a. *Le unità più grandi del pensiero specialmente la proposizione*

La proposizione, la domanda ecc. spesso non hanno un valore conoscitivo determinato se non in relazione ad altri giudizi, ecc. D'altra parte ogni conoscenza è in qualche modo determinata.

Anche una conoscenza molto vaga non è del tutto indeterminata o non sarebbe conoscenza *di qualcosa*.Si conosce e si pensa l'oggetto determinato, solo in quanto si distingue da altri, si oppone ad essi, si riferisce ad essi.

Di fatto ciò che conosco, ciò che penso, lo conosco e penso sempre *in relazione ad altre cose*. Se conosco una cosa, ne conosco già molte; non posso saperne una sola senza saperne altre. In tal modo, conosco e sono conscio di qualcosa in quanto si oppone, è diverso e si distingue da altri oggetti. Quanto più precisamente, distintamente, quanto più in se stessa e perciò più perfettamente una cosa viene conosciuta e pensata, tanto più viene conosciuta nei suoi rapporti con altre cose.

Il giudizio enuncia precisamente l'identità o la non identità di *due* cose. Col giudizio si intende porre qualcosa in una certa classe.

b. *Le unità più piccole del pensiero: il termine o concetto*

Il concetto ha un contenuto conoscitivo determinato solo in un giudizio, dove è o predicato o soggetto, o in una domanda, un'opinione ecc. Altrimenti, se isolato, resta indeterminato. Ogni termine fa parte di un campo, dove è riferito e opposto ad altri termini.

Il concetto è universale; si riferisce a qualcosa, che di per sé può convenire a più oggetti, anche se l'universale non sempre viene inteso *come* predicabile di più oggetti [2].

Il concetto è composto; implica logicamente gli elementi che lo determinano. Per ricavarlo, facendo astrazione, devo di fatto già sapere molte cose. Per definirlo: o lo si definisce *descrittivamente* mediante altre cose (descrizione per relazione estrinseca). Oppure in modo ostensivo (per relazione intrinseca) e devo già sapere molte cose. Per *distinguere* un concetto debbo metterlo in relazione ad altri concetti.

3. Il pensiero ha un contenuto e si riferisce intenzionalmente alla realtà in quanto si svolge in diversi orizzonti

a. *Il linguaggio come orizzonte del pensiero*

Col nostro pensiero non solo cogliamo la realtà e così la conosciamo, ma anche la ordiniamo, la strutturiamo e la conosciamo precisamente *così*.

Che il nostro pensare avvenga in «spazi», in «orizzonti», in campi strutturati e coerenti, appare già dal fatto che nelle varie *strutture linguistiche* si manifestano le strutture del pensare e che, d'altra parte, le strutture linguistiche — storicamente e culturalmente determinate — determinano a loro volta la struttura del pensiero di un popolo, di una classe, di un gruppo ecc.

Di fatto, possiamo constatare che le strutture del pensare dei vari popoli, tempi, culture ecc., anzi dei vari gruppi e in un certo modo anche dei diversi uomini, non sono perfettamente identiche e che le loro differenze si rendono manifeste nella diversità delle lingue.

b. *Il pensiero classifica la realtà*

I nostri concetti classificano le cose: infatti sono astratti, cioè considerano la realtà sotto un certo aspetto, e universali, cioè considerano la realtà sotto un aspetto comune a più cose. In tal modo, già il singolo concetto non si riferisce alla singola cosa se

---

[2] Cfr. MORANDINI, *Critica*, 50-51.

non come membro di qualche classe, come realizzante qualcosa che anche altre singole cose realizzano. Non ho un concetto, se non pensando qualche cosa, con cui posso intendere anche altre cose. Così già il singolo concetto non si riferisce alla cosa concreta, se non in quanto la considera nell'ambito, nell'orizzonte di qualche «essenza».

Il giudizio dice o che un S appartiene alla classe P, o che non vi appartiene; *oppure* che la classe S appartiene alla classe P o che non vi appartiene. In quanto qualche P è predicato di S, quel S è posto nel campo, nell'orizzonte dell'«essenza» universale, nel campo delle cose che realizzano quell'aspetto P.

Perché ciò sia possibile, quel campo deve essere in qualche modo già *determinato*: non tutte le cose possono rientrare in esso; altrimenti, la cosa singola che si intende per mezzo del concetto non sarebbe determinata con tale giudizio, infatti, non si distinguerebbe dalle altre cose. Anche l'ordine di quella classe è già strutturato internamente: la classe P oltre l'individuo o la sottoclasse S può comprendere altri individui o altre sottoclassi che sono Non-S.

c. *Ogni concetto o termine appartiene a un campo concettuale*

Ogni concetto, affinché sia determinato e così possa riferirsi a qualche oggetto, deve essere in relazione *ad altri concetti di qualche campo*: per possedere il concetto devo in qualche modo conoscere la sua *definizione*. Ogni definizione riferisce il concetto ad altri concetti. Non posso sapere, per esempio, cosa sia la virtù in genere, senza sapere cosa sia almeno qualche determinata virtù. Inoltre, non posso sapere cosa sia qualche determinata virtù (es., coraggio) senza sapere anche, in qualche modo, cosa siano le altre virtù (magnanimità, giustizia, temperanza). E questo avviene sempre: si pensi alle varie attività umane, alle classi degli animali, delle piante, dei colori, degli attributi trascendentali *dell'ente* ecc. Possedere un concetto implica già averlo all'interno di qualche campo, in modo tale che in quello stesso campo sia distinto dagli altri.

Certamente la determinazione di qualche concetto, la sua definizione, ammette *vari gradi* di determinazione: all'inizio sarà molto vaga ma col progredire dell'esperienza e della riflessione sarà sempre più precisa. Spesso è necessaria anche una *nuova definizione*: si scopre un nuovo animale. È una nuova specie o sottospecie della classe di animali già nota o appartiene alla classe nota come variazione accidentale ecc.? Secondo la diversità delle risposte a queste domande anche gli altri concetti, già precedentemente fissati, vengono ridimensionati, ma tutto questo avviene precisamente *all'interno* del campo già prima stabilito.

Anche i campi dei concetti e delle leggi già scientificamente stabilite vengono nuovamente definiti quando con la scoperta di fatti nuovi si scopre l'insufficienza della teoria. Anche questa «revisione» avviene *all'interno* del campo più ampio o più ristretto già stabilito (es.: fisica classica, fisica dei quanti o leggi della gravitazione di Newton, le irregolarità della rivoluzione di Mercurio e Nettuno). Di più, il campo già stabilito, in modo spontaneo o scientifico, è precisamente la struttura euristica per le nuove esperienze.

4. La struttura dell'orizzonte rispettivo determina a priori il pensiero che si svolge in esso, precisamente quanto al suo contenuto e alla sua relazione intenzionale alla realtà

a. *I campi concettuali determinano a priori il pensiero*

Il pensiero è una struttura. I nostri pensieri concreti e singoli avvengono sempre in orizzonti differenti che in qualche modo già precedono il singolo atto di pensiero e vengono co-attuati in ogni singolo pensiero. In modo che nel «primo» pensiero è già insita *la possibilità* di continuazione e in certo modo *la necessità* di continuazione. Se ho il concetto di numero, il concetto di unità, già posso contare all'infinito. Sono già date le *regole* del pensiero: per esempio il principio di non contraddizione.

b. *La diversità degli orizzonti del pensiero*

I campi od orizzonti del nostro pensiero sono *vari*: più ampi, più ristretti, intersecantisi; sorti spontaneamente ed elaborati metodicamente. Alcuni si riscontrano in tutti gli uomini, altri no;

alcuni si acquisiscono, altri sono presenti da sempre; alcuni mutano, altri no. Soltanto nella pluralità di quei campi strutturali e strutturanti cogliamo la realtà con la nostra conoscenza.

5. Ogni pensiero, finalmente, si svolge in un orizzonte ultimo, comune, analogo e non limitato ma illimitatamente aperto

Tutti quei orizzonti appartengono, in ultima analisi, *all'ultimo e totale* orizzonte del pensiero umano; all'orizzonte dell'*ente in quanto ente*; infatti, qualunque cosa pensiamo, nei modi più diversi, la pensiamo — analogicamente — come ente. Tuttavia non pensiamo in quell'ultimo orizzonte se non mediante vari orizzonti prossimi e meno prossimi (la proposizione non avviene se non dicendo P di S).

Rispetto ai singoli pensieri attuali tutti quei campi con le loro regole sono *a priori*. In genere, tuttavia, *non* precedono *semplicemente ogni* pensiero e ogni esperienza. Si evolvono nella storia della nostra conoscenza sia personale che collettiva. Perciò, non sono necessari né oggettivi in modo assoluto.

Si danno però campi con regole proprie che precedono *ogni pensiero*, perché rendono possibile il pensiero in quanto tale. Essi non sono derivati in alcun modo dall'esperienza, anche se non possono essere attuati se non avendo e facendo esperienze: sono *a priori in senso proprio*, sono principalmente le prime, fondamentali e formalissime strutture dell'ente in quanto ente (anche il campo della matematica gode di una simile apriorità).

Dal fatto che il nostro pensiero è già sempre strutturato e ordinato e che in esso si hanno sempre connessioni, relazioni ecc., nasce la *possibilità della scienza*: cioè la possibilità di ordinare e strutturare sistematicamente i nostri pensieri sulla realtà[3].

---

[3] Cfr. c. XV.

6. Bibliografia ragionata

I. KANT, *Critica della ragion pura*, 104-157, *Analitica dei concetti*.
F. MORANDINI, *Critica*, 50-51.

Capitolo XIV

LA RELAZIONALITA' DEL SAPERE UMANO CONTRO L'ATOMISMO LOGICO

Questo capitolo affonta la problematica centrale di tutta la quarta parte: la struttura del linguaggio e del pensiero erano elementi preparatori per la struttura dello stesso sapere.

TESI XX: Il sapere umano è valido per la realtà in quanto costituisce una struttura aperta.

Fare proposizioni è possibile solo all'interno della struttura aperta del linguaggio e del pensiero umano.

La verità delle proposizioni si realizza solo all'interno della struttura aperta della logica e solo al suo interno è anche possibile il ragionamento.

1. Fare proposizioni è possibile solo all'interno della struttura del linguaggio e del pensiero umano

Formulare proposizioni è un'attività conscia del pensiero implicito o esplicito. Infatti, molte azioni umane intelligenti hanno carattere proposizionale, cioè costituiscono una presa di posizione, sono un *dire*, anche se non un dire linguistico. Spesso poi formuliamo proposizioni esplicite come tali, sia pronunciandole ad alta voce e pubblicamente, sia *pensandole* dentro di noi privatamente ma di fatto articolandole in modo esplicito.

In ciascuno di questi casi la proposizione appartiene alla struttura o del linguaggio o del pensiero o ad ambedue.

2. La verità delle proposizioni si realizza solo all'interno della struttura aperta della logica

a. *Una proposizione non è mai semplice ma sempre ed essenzialmente composta; solo in quanto tale può essere o vera o falsa*

Una proposizione non solo è composta di termini, cioè da almeno un termine soggetto (S) e un termine predicato (P). Ma — e questo è ancora più importante — ogni proposizione contiene in sé altre proposizioni. Per esempio: la proposizione «Pietro è un uomo» contiene in sé le seguenti preposizioni: «c'è qualcosa che si chiama uomo», «*Pietro* è un nome» e molte, forse innumerevoli, altre. Non esistono, perciò, proposizioni essenzialmente e di natura loro semplici (es.: proposizioni atomiche, (Die Elementarsätze des Tractatus Wittgensteins), proposizioni protocollari (die Protokollsätze Carnaps))[1].

Questo non esclude di considerare semplici certe proposizioni secondo un determinato criterio e dentro un certo contesto, ad esempio, proposizioni con un solo soggetto e predicato, in opposizione a proposizioni che hanno un doppio soggetto o predicato. In più, è anche perfettamente legittimo considerare fondamentale un certo tipo di proposizioni all'interno di un sistema, più o meno assiomatizzato, tenendo però presente che la stessa asssiomatizzazione avviene in modo convenzionale e non è da considerare una qualità essenziale di un certo tipo di pensiero.

b. *Una proposizione non è vera o falsa isolatamente dai valori di verità di altre proposizioni possibili*

Se una proposizione è vera o falsa allora certe altre proposizioni saranno necessariamente vere o false. Questo si vede meglio nel caso delle opposizioni nella logica formale[2].

Le relazioni necessarie di verità e di falsità fra proposizioni non si riducono a sole tautologie, rispettivamente contraddizio-

---

[1] Cfr. L. WITTGENSTEIN, *Philosophische Untersuchungen*, I, 47ss.
[2] Il cosìddetto «quadrato delle opposizioni» non comprende solo esclusioni fra proposizioni ma anche inclusioni.

ni formali: dalla proposizione «questo è rosso» segue «questo non è verde», senza che fra queste due proposizioni viga una contraddizione formale[3].

Da questo non segue che la verità debba essere esclusivamente verità di coerenza nel senso di una teoria di coerenza della verità («truth theory of coherence»). La verità non consiste né esclusivamente, né prevalentemente nella relazione fra proposizioni, ma nella corrispondenza di una proposizione con la realtà[4].

c. *Una proposizione è vera o falsa solo in quanto appartiene a un determinato campo od orizzonte*

Una proposizione di matematica, fisica, storia ecc. è vera o falsa solo entro il rispettivo campo o giuoco linguistico. Fuori di esso non ha valori di verità, cioè non è né vera né falsa, anzi non è una proposizione.

Il termine «verità proposizionale» — non solo quello di «verità» — è, perciò, un termine analogo. Il suo significato non è identico nei diversi campi del sapere. Per esempio: se parlo da una parte di *verità religiosa* e dall'altra di *verità scientifica* o di *verità storica*, il significato di verità non è univoco, cioè identico; non è neanche equivoco, cioè completamente diverso, ma analogo. Ne segue che non esiste una scienza universale univoca con un unico metodo comune e un metro di scientificità assoluta. La diversità dei metodi di verificazione e di falsificazione, per esempio in storia e in fisica, e perciò a fortiori in filosofia e in teologia, ne sono un indice.

d. *I vari campi od orizzonti del sapere determinano a priori i valori di verità delle proposizioni ad essi appartenenti*

I criteri di verità sono diversi nei diversi campi del sapere. Se

---

[3] Da tutto ciò segue che la distinzione di Hume di tutte le verità in «matters of fact» e «relations of ideas» ed ogni distinzione simile non è adeguata né esclusiva. Cfr. D. HUME, *An Inquiry*, sz. IV, pt. I; sz. XII, pt. III.

[4] Vedi c. III, tesi VI, **4.**

si indica un criterio comune unico di verità, per esempio l'evidenza, questo o si intende in senso analogo con diversità essenziali nei vari campi o si mantiene una posizione semplicemente erronea e riduttiva.

L'aprioricità dei criteri di verità nei diversi campi del sapere e dei rispettivi orizzonti stessi non elimina la fattualità della verità delle singole proposizioni, la quale resta contingente e dipendente da fatti contingenti.

Anche l'*esistenza*[5] stessa dei singoli campi od orizzonti del sapere non è genericamente a priori ma fattuale. L'aprioricità e con ciò l'inevitabilità di un determinato orizzonte, per esempio dell'orizzonte dei valori o della moralità perfino di quello della stessa verità, si deve esplicitamente dimostrare[6].

e. *Ogni verità appartiene finalmente a un orizzonte comune, analogo e aperto*

Una proposizione determinata e la proposizione ad essa contraddittoria non possono essere ambedue vere. Se è vera una l'altra sarà falsa. Ne segue che nessuna proposizione può contraddire un'altra; cioè una proposizione non può essere vera in un campo e falsa in un altro.

NB: Una proposizione che fa parte di un campo può non far parte di un altro campo, cioè non avere senso in esso, ma non può essere falsa in quest'altro campo La teoria della «doppia verità» è contraddittoria. La ragione di ciò si trova nella specifica intenzionalità della proposizione, cioè del dire. Si dice: «è così» in senso assoluto[7]. Lo stesso si vede nell'analisi dell'intenzionalità della coscienza piena, cioè anche del sapere: essa coglie l'oggetto opposto al soggetto[8], anzi, coglie la realtà come è in sé[9].

---

[5] Parlare di *esistenza* di un campo od orizzonte di sapere è un modo improprio di parlare: campi e orizzonti non esistono come cose, ma *sono dati, sono costituiti* o similmente.
[6] Per l'orizzonte della verità e del sapere cfr. c. V. tesi VIII, **3.** e **4.**
[7] Cfr. c. V, **3. a.**
[8] Vedi. c. VII, **1. b.**; **2. a.**; **3**.
[9] Vedi. c. XI, **2.**

3. Il ragionamento costituisce esso stesso una struttura aperta.

a. *Il ragionamento è tale in quanto è composto*

L'essere composto segue direttamente dalla natura e dalla definizione stessa del ragionamento: il ragionamento è un processo logico con cui da una o più proposizioni si passa a una nuova proposizione come conclusione del processo.

b. *Un ragionamento è valido solo in relazione ad altri ragionamenti*

Ogni ragionamento presuppone per la sua validità la possibilità di essere concatenato con altre ragioni precedenti[10]; d'altra parte, permette per la sua propria natura di trarne ulteriori conseguenze.

c. *Un argomento è valido solo in quanto appartiene a un determinato campo od orizzonte*

La validità degli argomenti è specifica: una ragione valida in un campo, per esempio in storia, potrà non essere valida, cioè non costituire una ragione, in un altro, per esempio in fisica. Questo non vale solo per le singole ragioni, ma per il *tipo di ragione* che è considerato valido in un campo piuttosto che in un altro.

Più importante ancora è che lo stesso *modo dell'argomentazione* è diverso in diversi campi del sapere, ad esempio: in matematica, fisica e storia. Per questa ragione ogni scienza ha una sua propria *metodologia*, che, per entrare nel discorso scientifico rispettivo, deve essere appresa e non può essere sostituita da una generica metodologia scientifica[11]. Si parla pure, legittima-

---

[10] Cfr. I. KANT, *KrV*, B 433-595 (Die Antinomie der reinen Vernunft); trad. italiana, *Critica della ragion pura*, 340-450 (L'antinomia della ragion pura).

[11] Cfr. *Teoria e metodo delle scienze*.

mente, di diverse *logiche* settoriali, per esempio della logica giuridica.

d. *Le diverse metodologie dei vari campi del sapere umano determinano a priori le attività possibili nei rispettivi campi, specialmente l'apprendimento*

Tutto questo si vede con la massima evidenza nel modo come una persona, finora digiuna di una determinata competenza, debba *necessariamente* studiare, imparare o apprendere una scienza, una tecnica, un mestiere, ma anche nuove competenze di vita quotidiana.

e. *Ogni ragionamento appartiene finalmente all'orizzonte ultimo e comune, aperto e illimitato, ma analogo, della ragione*

Già in ogni singolo campo del sapere umano non c'è limite per ulteriori ricerche [12]. Possono nascere, e di fatto nascono continuamente, nuovi campi di sapere, nuove discipline, tecniche e perfino scienze. Questo vale ancora di più per l'insieme del sapere umano, sia individuale, sia collettivo che storico. In genere poi, per ogni ragione data, può essere richiesta e data un'*ulteriore* ragione.

Anche se le ragioni dei diversi campi sono specifiche esse costituiscono, ciononostante, l'insieme analogo della ragionevolezza umana; ne è prova la validità della *logica formale*, specialmente del principio di non contraddizione e degli altri principi generalissimi del pensare in *tutti* i campi del sapere umano[13].

---

[12] Cfr. K. POPPER, *La ricerca non ha fine*.
[13] Vedi c. XVI.

4. Bibliografia ragionata

D. HUME, *Ricerca sull'intelletto umano*, sz. IV, pt. I; sz. XII, pt. III.
I. KANT, *Critica della ragion pura*, B 433-595, *L'antinomia della ragion pura*.
K. POPPER, *La ricerca non ha fine*.

Capitolo XV

LA STRUTTURALITA' SVILUPPATA DEL SAPERE UMANO: IL SAPERE COME SCIENZA

Nei capitoli precedenti abbiamo elaborato la relazionalità strutturale del sapere umano in genere; sul fondamento di questo vogliamo mostrare adesso che le scienze articolano ancor più questa struttura fondamentale in diverse direzioni.

Ne segue che se il sapere umano è valido proprio in quanto è una struttura, la strutturazione ulteriore, che avviene nelle diverse scienze e non toglie ma accentua la validità del sapere.

1. Il significato di *scienza*

a. *Il termine* scienza

Scienza (*science*, *Wissenschaft* ecc.) non ha lo stesso significato del greco *epistemè* o del latino *scientia*; infatti ambedue equivalgono quasi a *sapere*[1]. *Scienza* qui si intende in senso moderno, contemporaneo, non in senso antico e medioevale. Il termine *scienza* ha un riferimento più ristretto e un significato più determinato del termine *sapere*. Ci sono molte forme di sapere umano che non sono scienze e che non possono essere dette scientifiche, per esempio tutto il sapere quotidiano, ma anche il sapere artigianale e artistico, come pure il sapere esperienziale e religioso e molte altre.

NB 1: Il fatto che queste forme del sapere umano non siano scien-

---

[1] Vedi c. III, **2. c.** e specialmente cap. III. **3. c.**

tifiche, non toglie nulla alla loro razionalità, che però è specifica e non conviene in modo univoco con la razionalità di una qualsiasi scienza.

NB 2: La maggior parte del sapere umano è sapere non-scientifico.

Il termine *scienza* è un termine analogo: il suo significato per le varie scienze non è identico. Infatti, ci sono scienze talmente diverse fra di loro, che non convengono in una qualsiasi definizione univoca: si pensi alla fisica teorica, la storiografia e la teologia.

Per le diverse attività umane, che vengono chiamate col nome comune *scienza*, si applicano in modo illuminante le considerazioni di Ludwig Wittgenstein sulle «somiglianze di famiglia»[2].

Nessuna delle caratteristiche speciali di certe scienze si trova in tutte: la *formalizzazione* (dell'aritmetica) non si trova, ad esempio, in biologia; l'*assiomatizzazione* (della geometria) non si trova per esempio in biologia o in storia; la *sperimentazione* (della fisica) non si trova in astronomia, astrofisica, sociologia ecc.

La ragione perché tutte sono chiamate e sono scienze, non si trova in qualcosa di comune a tutte, ma nella loro «somiglianza di famiglia»[3].

Le scienze d'altra parte si distinguono dal sapere non scientifico:

— per una restrizione progressiva a un settore della realtà, della vita o del comportamento umano; esse sono, perciò, un sapere *settoriale* e *specializzato*;

— per un'organizzazione interna maggiore e progressiva sia dei metodi sia della terminologia; esse sono, perciò, un sapere *tecnico*;

---

[2] Cfr. L. WITTGENSTEIN. *Philosophische Untersuchungen*, I, 66-69: gli esempi che Wittgenstein usa sono i termini *gioco* e *numero*.

[3] Cfr. L. WITTGENSTEIN. *Philosophische Untersuchungen*, I, 67: «estendiamo il nostro concetto di numero così come, nel tessere un filo, intrecciamo fibra con fibra. E la robustezza del filo non è data dal fatto che una fibra corre per tutta la sua lunghezza, ma dal sovrapporsi di molte fibre l'una all'altra».

— per un'univocità progressiva della terminologia; esse sono, perciò, un sapere *univoco*;
— per un'autosufficienza progressiva della terminologia (contengono un numero progressivo di definizioni incrociate) e per un'indipendenza progressiva dal sapere e dal linguaggio comune; esse sono, perciò, un sapere *relativamente autonomo*.

La scienza si può, perciò, *definire* in senso analogo: un sapere sistematico, univoco, settoriale e specializzato di forte organizzazione intera con una relativa indipendenza e autonomia.

b. *Classificazione e divisione delle scienze*

Le scienze si differenziano non solo dal sapere umano comune non scientifico, ma anche fra di loro. La loro differenziazione e, conseguentemente, le divisioni e le classificazioni sono molteplici e dipendono dal punto di vista, che a sua volta dipende dall'interesse teoretico o pratico, che si persegue con la rispettiva divisione o classificazione. Non esiste, perciò, una divisione o classificazione delle scienze assoluta o naturale né una di per sé più importante delle altre.

Le seguenti classificazioni sono storicamente di importanza maggiore ma anch'esse non sono adeguate:
— scienze formali (es.: logica, matematica);
— scienze materiali (es.: fisica, chimica);
— scienze naturali (es.: biologia, geologia);
— scienze umane (es.: storia, psicologia, sociologia).

Questa divisione porta tuttavia ad alcune difficoltà. Ad esempio, la linguistica è una scienza formale o materiale? La medicina e certe parti della stessa psicologia sono scienze naturali o umane?

Invece, le classificazioni che seguono non sono più molto utili, anzi creano piuttosto confusione, in quanto tutte le scienze necessariamente possiedono sia l'una, sia l'altra caratteristica:
— scienze deduttive e scienze induttive (a seguito di Hume nell'ambito dell'empirismo[4]);

---

[4] Cfr. D. HUME, *An Inquiry*; sz. IV, pt. I, § 20.

— scienze a priori e scienze a posteriori (a seguito di un neokantismo di divulgazione[5]);
— scienze causali e scienze interpretative (a seguito di Habermas e della Scuola di Francoforte[6]).

2. L'origine della scienza

NB: Intendiamo *origine* in senso più logico che non storico.

Nel sapere comune già strutturato nascono naturalmente e spontaneamente varie scienze. Questo emergere si svolge nella storia del genere umano ed è parte integrante di questa storia. L'emergere delle scienze segue la sempre maggior specializzazione e settorializzazione del comportamento e, perciò, del sapere umano. Questo processo venne iniziato coll'emergere e con lo svilupparsi degli artigianati e delle arti, ma anche con la progressiva differenziazione degli interessi all'interno della filosofia[7].

L'origine delle scienze si comprende così come un'ulteriore strutturazione e articolazione del sapere umano comune già strutturato.

3. La validità della scienza

TESI XXI: Il sapere scientifico in genere è valido; la sua validità e la sua razionalità dipendono da quella del sapere comune, non-scientifico.

Il sapere scientifico è valido *in genere*, cioè in quanto possiede le caratteristiche analoghe della scienza. Quest'affermazione non intende giudicare la validità di determinate scienze concretamente esistenti.

---

[5] Cfr. I. KANT, *KrV*, B 1-6; trad. italiana, *Critica della ragion pura*, 39-42.
[6] Gruppo di studiosi il cui nome risale all'Istituto per la ricerca sociale fondato a Francoforte nel 1923: M. Horkheimer, T.W. Adorno, H. Marcuse, J. Habermas e anche W. Benjamin.
[7] Cfr. C. HUBER, «Il rapporto tra filosofia e scienza», 47ss.

La validità e la razionalità delle scienze dipendono dal fatto che il sapere comune non scientifico gode già di una relazionalità strutturale, che nella sistematicità scientifica è ulteriormente accentuata.

a. *Il sapere scientifico in genere è valido*

Dal fatto che il nostro pensiero e sapere è già sempre strutturato e ordinato e che in esso vi sono sempre delle connessioni, relazioni ecc. nasce la possibilità della scienza, cioè la possibilità di ordinare e strutturare ulteriormente in maniera sempre più sistematica i nostri pensieri sulla realtà e sul nostro sapere. Dato che è precisamente la relazionalità strutturale a conferire al nostro pensiero la capacità di riferirsi intenzionalmente alla realtà[8], e al nostro sapere la sua validità e razionalità[9], l'ulteriore organizzazione sistematica in una scienza non toglie di per sé al sapere le sue qualità essenziali, ma piuttosto le accentua. Il tipo di articolazione ulteriore varia da scienza a scienza.

L'ulteriore strutturazione e organizzazione interna delle scienze comporta anche una sempre maggiore astrattezza che raggiunge il massimo livello nella matematica e nella logica formale.

b. *La validità e la razionalità delle scienze dipendono da quelle del sapere comune non-scientifico*

Il fondamento della validità e della razionalità delle scienze è la loro interna articolazione sistematica, cioè la loro relazionalità strutturale specificamente sviluppata. Tuttavia questa stessa relazionalità strutturale è già a fondamento della validità e della razionalità del sapere comune non-scientifico, anche se in modo minore. Perciò, il sapere comune non-scientifico costituisce ultimamente il fondamento indispensabile della validità e della razionalità del sapere scientifico.

Il sapere comune, non già il sapere scientifico stesso, costi-

---

[8] Vedi c. XIII
[9] Cfr. c. XIV.

tuisce così il fondamento logico ultimo della stessa scientificità delle scienze. La ragionevolezza non-scientifica è pure il fondamento logico ultimo della ragionevolezza delle scienze. Ogni scienza e tutte le scienze la debbono necessariamente presupporre. Se il sapere comune non fosse valido e razionale, nessuna scienza lo sarebbe. Si commette, perciò, l'errore del «hysteron proteron», se si pone come fondamento normativo o pure come ideale di ogni e di tutto il sapere umano la ragionevolezza di una scienza. Questo tentativo è stato fatto in diverse situazioni storiche con varie scienze: colla matematica (Cartesio), la meccanica (meccanicismo), la storia (storicismo), la biologia (darwinismo filosofico), la psicologia (freudismo), la sociologia (marxismo e altre forme del sociologismo). In queste circostanze si prendeva regolarmente come modello normativo di tutto il sapere la scienza specifica che al momento si sviluppava di più, che poteva vantare i maggiori progressi e che, perciò, era più di moda.

È ugualmente illegittimo porre un'ipotetica e fittizia scientificità comune delle scienze come normativa o ideale per il sapere quotidiano o per altre forme del sapere umano non-scientifico[10].

Un'ulteriore discussione di questi problemi è compito della filosofia della scienza[11].

Dallo stesso fatto della relazionalità strutturale del sapere umano comune nasce anche la possibilità di scienze puramente formali, cioè della matematica e della logica. Tali scienze infatti indagano sulle relazioni formali che si riscontrano nelle strutture del nostro pensiero e tentano di costruirne i sistemi.

La filosofia non è un sapere settoriale o particolare ma *universale*. Ciononostante è un sapere altamente specializzato con terminologia e metodo propri, determinati da una sua storia propria e distinta da, anche se collegata con, quella del sapere

---

[10] Cfr. Ogni tentativo di questo genere conduce necessariamente al «Trilemma di Münchausen» di Hans Albert e con ciò all'infondatezza scettica del sapere umano.

[11] Cfr. C. HUBER, «Il rapporto tra filosofia e scienza».

comune e delle diverse scienze. A causa della non-settorialità della filosofia tutti i termini filosofici sono analoghi e generalmente presi piuttosto dal vocabolario del linguaggio comune che non dalle terminologie scientifiche[12]. Quest'ultimo accenno vale specialmente per i termini filosofici fondamentali[13]. Tuttavia, il fatto che la concettualizzazione filosofica ponga problemi speciali non toglie alla filosofia il suo carattere non-settoriale ma universale, che le proviene, esattamente insieme colla sua specificità terminologica e metodica, dal suo carattere di riflessione che è riflessione sul tutto[14].

4. I limiti della logicità del sapere umano

Ci sono limiti alla strutturazione progressiva e sempre più articolata e con ciò alla sistematicità e alla stessa logicità del sapere umano.

a. *Il sapere umano non è un sistema deduttivo lineare*

Abbiamo visto che non esistono elementi singoli e semplici del pensiero e del sapere umano, per mezzo dei quali potremmo ricostruire o nei quali potremmo analizzare e risolvere il sapere umano. Il sapere è sempre sapere di unità varie, in sé già strutturate, che si riferiscono ad altre unità e che formano di nuovo con esse una struttura coerente, costituita da diversi elementi.

Perciò, ogni teoria della conoscenza, che ricerca gli elementi ultimi della conoscenza e intende ricostruire con quelli l'edificio della conoscenza, del parlare, del pensare e del sapere, è falsa. Questo vale ugualmente per il razionalismo a partire da Cartesio, per l'empirismo di Locke e di Hume, per l'atomismo logico del *Tractatus Logico-philosophicus* di Wittgenstein e di Russell e per il positivismo logico di un Ayer e del Circolo di Vienna.

---

[12] È da notare che la filosofia contemporanea, sulla spinta e sul modello delle scienze, tende sempre più alla settorializzazione e all'uso di una terminologia specifica. Cfr E. AGAZZI, «Le comunità filosofiche», 49-53.
[13] Cfr. c III, **2. a.**
[14] Cfr. c IV, **3. a.** e **3. b.**

b. *Il sapere umano non può essere pienamente formalizzato*

Da tutto ciò segue anche che né il sapere né il linguaggio possono essere del tutto formalizzati e ancor meno assiomatizzati; anche se — come abbiamo visto — il fatto di una strutturazione del linguaggio e del sapere non solo li rende possibili, ma già implica un sistema e una coerenza sistematica almeno iniziale.

La formalizzazione e l'assiomatizzazione di tutto il sapere umano sono poi esclusi e dimostrati contraddittori dal famoso teorema di Gödel[15], che espresso in modo facile e certamente non pienamente esatto dice: in un calcolo assiomatizzato e formalizzato della potenza, almeno sufficiente per l'algebra naturale, non è possibile garantire contemporaneamente la completezza (cioè l'espressione di tutte le proposizioni formalmente possibili) **e** la non-contraddittorietà fra essi. Nascono necessariamente proposizioni ben formate secondo le regole del calcolo ma formalmente indecidibili come vere o false.

c. *Il sapere non può mai essere pienamente riflesso*

Gli orizzonti singoli del sapere sono sempre indefinitamente più vasti di ogni possibile anticipazione riflessa. È ancora l'orizzonte ad essere la condizione di possibilità della sua propria anticipazione riflessa. I concetti totalizzanti («Inbegriffe») della filosofia trascendentale, come tali, restano vuoti: non permettono un «uso costitutivo»[16]

L'orizzonte ultimo, aperto e indefinito del sapere umano, precisamente per la sua apertura indefinita, non può essere mai pienamente riflesso. Ciononostante gode di una validità oggettiva.

d. *Il sapere come struttura euristica*

Ancora una volta è possibile constatare che i nostri pensieri

---

[15] Cfr. K. Gödel, *Über formal unentscheidbare Sätze*.
[16] Cfr. I. Kant, *KrV*, B 670-696 (Von dem regulativen Gebrauch der Ideen der reinen Vernunft); trad. italiana, *Critica della ragion pura*, 503-520 (Dell'uso regolativo delle idee della ragion pura).

e il nostro sapere non formano un tesoro o un «magazzino» di contenuti, informazioni o immagini, bensì una struttura di elementi coerenti con cui penetriamo la realtà in modo dinamico e progressivo. Il sapere umano appare così come una «struttura euristica»: ad esempio il concetto, il termine in tal senso non è un'immagine, ma la capacità di ordinare il mondo[17]. I vari campi e orizzonti del pensare e del sapere, soprattutto l'orizzonte ultimo, sono orizzonti nei quali solamente è possibile porre delle domande e rispondere, nei quali a certe domande si può dare soltanto un'unica determinata risposta, nei quali altre domande mancano semplicemente di senso perché scambiano fra loro vari orizzonti. Tuttavia nell'orizzonte ultimo le risposte godranno anche di un'ultima libertà.

---

[17] Cfr. B. LONERGAN, *Insight*.

5. Bibliografia ragionata

E. AGAZZI, *Le comunità filosofiche*.
C. HUBER, *Teoria e metodo delle scienze*.
C. HUBER, *Il rapporto tra filosofia e scienza*.
I.KANT, *Critica della ragion pura*, B 670-696, *Dell'uso regolativo delle idee della ragion pura*.
B. LONERGAN, *Insight*.
L. WITTGENSTEIN, *Ricerche filosofiche*.

Capitolo XVI

LA STRUTTURALITA' FORMALE DELLA CONOSCENZA INTELLETTIVA UMANA: I COSIDDETTI «PRINCIPI DEL PENSARE»

1. Il principio di non contraddizione

TESI XXII: Il principio di non contraddizione esprime in maniera formalissima la relazionalità strutturale del parlare, pensare e sapere umano: esso vale, perciò, non solo per il parlare e pensare umano, ma per la realtà stessa.

Il principio di non contraddizione, la cui prima formulazione risale ad Aristotele[1], si può enunciare così:
— «dello stesso soggetto non si può affermare e negare, allo stesso momento e sotto lo stesso aspetto, lo stesso predicato» (formula logica);
— «la stessa cosa non può essere allo stesso momento e sotto lo stesso aspetto, così e non così» (formula ontologica).

---

[1] «È impossibile che la stessa cosa, ad un tempo, appartenga e non appartenga a una medesima cosa, secondo lo stesso aspetto (e si aggiungano pure tutte le altre determinazioni che si possono aggiungere, al fine di evitare difficoltà di indole dialettica)» (ARISTOTELE *Metph.*, III 3, 1005b 19-21). Aristotele, più sotto nello stesso testo, dà almeno altre due formulazioni: «è impossibile a chicchesia credere che una stessa cosa sia e non sia» (23-24); «non è possibile che i contrari sussistano insieme in un identico soggetto» (26-27).

a. *Il principio di non contraddizione non è un principio*

Il principio di non contraddizione non è un principio perché non serve da premessa ad alcun argomento.

Non è una proposizione, né fattuale né logica (tautologia). Non è una legge, né una regola: non prescrive ne vieta alcuna mossa. È piuttosto la formula vuota di una regola.

b.*Il principio di non contraddizione esprime in maniera formalissima la relazionalità strutturale del parlare, pensare e sapere umano*

Il principio di non contraddizione esprime in forma proposizionale la relazionalità strutturale delle *espressioni linguistiche*. Un'espressione linguistica ha il suo determinato significato in opposizione ad altri significati. Se un'espressione significasse anche il contrario del suo significato, significherebbe tutto, e con ciò non avrebbe più alcun significato[2].

Il principio di non contraddizione esprime in forma proposizionale la relazionalità strutturale del *pensiero*. Un pensiero ha un contenuto e si riferisce intenzionalmente a una determinata realtà, in quanto non ha un altro contenuto e non si riferisce a un'altra realtà. Se avesse allo stesso momento questo contenuto e il contenuto contraddittorio del suo contenuto non avrebbe più alcun contenuto. Se un pensiero si riferisse allo stesso momento a una determinata realtà e anche alle realtà distinte e opposte ad essa, si riferirebbe a tutto e con ciò non si riferirebbe più a niente.

Il principio di non contraddizione esprime in forma proposizionale la relazionalità strutturale del *sapere*, cioè della *verità*. Una proposizione è vera, in quanto dice quello che dice e non dice quello che non dice, anzi in quanto nega il suo contrario. Se una proposizione fosse vera e allo stesso momento e sotto lo stesso aspetto anche falsa, tutte le proposizioni sarebbero ugualmente vere e false, il che equivale a dire che non ci sareb-

---

[2] ARISTOTELE, *Metaph.*, III 4.

be più alcuna proposizione né vera né falsa. La stessa cosa si può dire anche così: se si afferma una proposizione e allo stesso momento e sotto lo stesso aspetto la si nega, non si dice niente: affermazione e negazione si eliminerebbero reciprocamente.
Tutto ciò si può dire anche così: *ci sono delle regole!* Proprio per questo il principio di non contraddizione non è una legge; esso esprime il fatto che nel parlare, pensare e sapere ci sono regole o leggi; esprime cioè la loro relazionalità strutturale.

c. *Il principio di non contraddizione vale per la realtà stessa*

Il principio di non contraddizione non può essere interpretato convenzionalmente. Esso è il fondamento di ogni convenzione.

Non può neppure essere inteso in modo soggettivo o nel senso di un idealismo trascendentale superficiale. Esso esprime la relazionalità strutturale del sapere che vale oggettivamente per la realtà stessa[3].

È legittima, perciò, oltre l'espressione del principio di non contraddizione in termini di conoscenza e di logica anche quella in termini di ontologia.

NB: Col principio di non contraddizione sono strettamente collegati: il principio di identità (A=A) e il principio del terzo escluso (x=A o non A).

2. Gli altri principi del pensare

a. *Il principio di ragione sufficiente*

Il principio di ragione sufficiente si enuncia in vario modo: «per ogni realtà od ogni evento c'è una ragione perché esista

---

[3] Vedi per l'oggettività del sapere il cap. X e per il suo valore realistico il cap. XI.

[4] «Fin qui abbiamo parlato da naturalisti: ora dobbiamo elevarci alla metafisica, valendoci del gran principio, poco usato comunemente, secondo cui nulla avviene senza una ragione sufficiente: cioè nulla avviene senza che sia possibile, a chi conosca abbastanza le cose, indicare una ragione che basti a determinare perché le cose avvengono così e non altrimenti». G.W. LEIBNIZ, *Principes de la Nature*, § 7.

piuttosto che non; perché sia piuttosto così e non diversamente» (formula ontologica). Questa formulazione risale a Leibniz[4]. «Per ogni proposizione si può trovare un'altra proposizione che può servire logicamente come ragione» (formula logica).

Il principio di ragione sufficiente esprime in forma proposizionale la relazionalità strutturale del sapere umano come capacità di dare ragioni. Dice: sapere consiste nel poter dare ragioni. La validità ontologica, oltre quella logica, di questo principio risulta di nuovo dal fatto che il sapere vale oggettivamente e realisticamente per la realtà stessa.

Al principio della ragione sufficiente si può associare il cosiddetto *principio di intelligibilità*: «ogni essere è intellegibile» o «ogni essere è vero».

b. *La legge causale e altri principi di campi specifici del sapere*

La *legge causale* è generalmente enunciata così: «per ogni evento esiste una causa» o anche: «per ogni evento esiste una legge, che lo spiega». Questa *legge causale* esprime in forma proporzionale il procedimento scientifico generale; dice: «così si fa scienza»[5]. È perciò una proposizione puramente formale non indica alcuna causa concreta, la formula vuota della causalità scientifica. Simili considerazioni si possono fare sulla struttura formale di campi più ristretti del sapere umano, per esempio sulla meccanica, la fisica newtoniana, la fisica einsteiniana ecc.[6]

Forse i cosiddetti attributi trascendentali dell'essere come tale, cioè l'uno, il vero e il buono, ma anche il principio di finalità («omne agens agit propter finem») hanno bisogno di una simile spiegazione, anche se essa sarà evidentemente solo parziale.

---

[5] Cfr. L. WITTGENSTEIN, *Tractatus*, 6.32, 6.321.
[6] Cfr. L. WITTGENSTEIN, *Tractatus*, 6.34.

c. *Il principio di causalità metafisica*

Il principio di causalità metafisica, a differenza della legge causale, si enuncia generalmente così: «ogni essere contingente è causato» («omne ens contingens est causatum»). Questo principio, almeno sotto un aspetto importante, è diverso dagli esempi precedenti: esso può servire come premessa per un ragionamento fattuale che concluda all'esistenza di una causa, finalmente all'esistenza di una causa prima, cioè di Dio.

3. Bibliografia ragionata

ARISTOTELE, *Metaph.*, III 4-6.
G.W. LEIBNIZ, *Principes de la Nature*, § 7.
L. WITTGENSTEIN, *Tractatus*, 6.32-6.321; 6.34-6.3432.

Capitolo XVII

LA VERITA' ASSOLUTA DEL SAPERE UMANO CONTRO IL RELATIVISMO

Ogni proposizione appartiene a un determinato campo od orizzonte del sapere. Si pone la questione se quest'appartenenza di ogni proposizione a un determinato campo non relativizzi i valori di verità delle medesime.

Dall'apertura non limitata del sapere umano segue la sua verità assoluta.

TESI XXIII: Il sapere umano è vero in senso assoluto.

Verità qui si intende nel senso di «verità proposizionale» o «logica» ovverosia «adaequatio intellectus ad rem», corrispondenza logica di una proposizione a un fatto[1].

Per *verità assoluta* intendiamo una verità non relativa a determinati campi od orizzonti del sapere umano[2].

Per relativismo intendiamo la posizione filosofica che nega l'assolutezza della verità delle proposizioni facendola dipendere da un campo limitato e determinato del sapere umano.

Questa tesi afferma l'indipendenza della verità da tutti i campi e orizzonti limitati del sapere umano di qualsiasi tipo.

1. La verità non è una relazione sistemica

La verità non è formalmente una relazione all'interno di un campo o di un orizzonte, come lo sono il significato di una

---

[1] Vedi c. III, tesi VI, **4.**
[2] La non-relatività della verità al *soggetto* si è già mostrata in X e XI.

espressione e il contenuto del pensiero. La diversità degli orizzonti del sapere determina il significato dell'espressione e il contenuto delle proposizioni del pensiero col quale è pensato.

La verità di una proposizione presuppone queste relazioni sistemiche ma essa stessa appartiene all'ordine dell'intenzionalità. La verità, come pure la falsità, sono — per definizione — relazioni della proposizione al fatto.

Perciò il problema dell'eventuale relatività della verità ai diversi campi od orizzonti del sapere umano è un problema mal posto.

2. La verità proposizionale si riferisce all'orizzonte ultimo del sapere che non è limitato

Parlare di orizzonte di verità ha senso solo se questo si intende come orizzonte aperto e non-finito, cioè come l'orizzonte ultimo del sapere umano; altrimenti si cade in una contraddizione[3]. Ne segue che non è possibile trattare la verità logica o proposizionale col metodo fenomenologico[4].

3. Il relativismo rispetto alla verità si contraddice

a. *Il relativismo rispetto alla verità proposizionale commette una «contraddizione exercita»*

Il relativismo rispetto alla verità proposizionale deve proporre la sua tesi come vera in senso assoluto; essa stessa almeno non è vera solo entro un certo campo od orizzonte.

In questa contraddizione *exercita* ritroviamo ancora la forza del dire, che dice semplicemente[5], e del sapere che è autofondante[6].

---

[3] Vedi questo capitolo, **3**.
[4] Conseguentemente la verità, della quale tratta ad es. Heidegger, non è la verità proposizionale.
[5] Vedi c. V, **3. b.**
[6] Vedi c. VI, **1.**

b. *Parlare di «verità relativa» è una contraddizione in termini*

Una proposizione dice quello che dice semplicemente, cioè assolutamente: se non è vera è falsa. L'assolutezza della verità segue così immediatamente dall'assolutezza del dire. Affermare che la verità della proposizione è assoluta è, perciò, una tautologia, negarlo una contraddizione.

L'insistenza sull'assolutezza della verità della proposizione implica evidentemente *l'astrattezza* delle proposizioni. Una proposizione dice quello che dice e lo dice assolutamente; quello che non dice, non lo nega, ma semplicemente non lo dice.

4. Bibliografia ragionata

TOMMASO D'AQUINO, *De veritate*.
M. HEIDEGGER, *Essere e tempo*, § 44.

Parte quinta

La dinamica del sapere umano

Introduzione

Nella parte quarta abbiamo elaborato la relazionalità strutturale del sapere umano come condizione necessaria della possibilità del sapere oggettivo della realtà. Questa struttura è stata considerata in modo astratto come statica, ma essa si realizza in concreto come un processo dinamico in un divenire temporale, sia individuale e psicologico sia collettivo, storico, sociale e culturale.

In questa parte consideriamo il sapere umano nella sua realtà entitativa nel soggetto umano reale, dove si mostra come un **processo dinamico**. In questa problematica le considerazioni inerenti ci mettono in contatto ma anche in confronto con la psicologia filosofica, specialmente con quella aristotelico-tomista, che nel "Peri Psyches" di Aristotele e nel suo commento, *De Anima* di San Tommaso, inserisce il sapere umano nel contesto generale della **vita**. La questione di fondo resta però la stessa, quella della validità del sapere. L′origine e lo sviluppo del sapere interessano soltanto in quanto hanno una valenza per la sua validità. In tal senso ci troviamo più vicini alla fenomenologia non solo a quella di Husserl[1], ma anche alla Fenomenologia dello Spirito di Hegel, che parla di questa problematica usando il titolo "Spirito soggettivo" ("Subjectiver Geist")[2].

---

[1] Cfr specialmente: Husserl; *Logische Untersuchungen* e *Ideen*.
[2] G.W.F. Hegel, *Phänomenologie des Geistes*, VI (BB).

Capitolo XVIII

IL SAPERE UMANO È UN PROCESSO DINAMICO

Prima di entrare nell'elaborazione delle varie tappe del processo dinamico del sapere umano dobbiamo però considerare questo processo nel suo insieme. In questo contesto si pone anche la questione della creazione dell'anima umana e dell'intelletto da parte di Dio e della sua eventuale immortalità, che però non fa parte di questo trattato ma della antropologia filosofica.

1. La realtà del sapere umano

TESI XXIV: Il sapere umano è una proprietà reale del soggetto umano.

Il sapere oggettivo e assolutamente valido — come l'abbiamo elaborato nella terza e quarta parte — è una proprietà del soggetto umano, individuale e concreto.

a. *Il sapere è qualcosa di reale*

Se dico, percepisco o so qualcosa, ho una situazione reale *diversa* che se non dicessi, non percepissi o non sapessi. Una situazione di conoscenza si distingue da una situazione di non-conoscenza. La conoscenza, poi, non soltanto esiste come da me *pensata* ma anche come mio pensiero, ecc. Non è solo un «ens rationis» ma esiste nella realtà ed è in qualche modo un «ens reale»[3]. Anche il fatto *che ciò* penso, *ciò che* odo ecc. è *qualcosa*.

---

[3] Vedi sopra capitolo II nella spiegazione della rappresentazione schematica del problema della validità del sapere nell'Introduzione.

b. *Il sapere è una proprietà reale di qualcos'altro: cioè del soggetto umano conoscente*

Generalmente non «*si parla*», come se si tratti di una cosa in sé, indipendente, come proprietà di un altro; non «si afferma, si sente, si ascolta, si vede», impersonali come «piove, tuona» ecc., ma «dico, dice», «sento, odo, vedo, so» ecc.

Ciò che si conosce è conosciuto *da qualcuno*. Non esiste indipendentemente in se stesso ma in quanto appartiene a un altro. La conoscenza è la *mia* conoscenza o la conoscenza *di Giovanni*, e ancora, in senso particolare: è *in* me o *in* un altro («in» e non «dentro»). Il pensiero non può esistere se non in un soggetto, in cui è, cui è inerente e di cui è una proprietà.

Non troviamo la conoscenza come troviamo gli uomini o i cavalli. Non è una cosa. La domanda: «Nello spazio dove si trova la conoscenza?» è fin d'ora, per questo motivo, insensata. La conoscenza non ha un'esistenza autonoma, è incapace di un'esistenza indipendente. Piuttosto è l'«ens entis» che l'«ens» stesso: *appartiene* cioè all'ente, anziché *essere* ente.

c. *Il sapere è un'ulteriore determinazione del soggetto esistente in sé determinato*

Io e gli altri che conosciamo siamo già qualche cosa di determinato e ancora — contrariamente alla conoscenza — siamo esistenti indipendentemente in noi stessi. Il soggetto, conoscendo questo o quello, perdura, è e rimane quello che è. Sono conscio di me stesso e di me, che rimango identico nelle varie operazioni, sotto le varie ulteriori determinazioni.

d. *Il sapere è una determinazione contingente e variabile del soggetto*

Io e gli altri non sempre conosciamo, non sempre abbiamo la stessa conoscenza. Non da sempre sappiamo le stesse cose e anche quelle che una volta si sapevano spesso si dimenticano. In questo senso il sapere, ma non la sua validità o la verità è temporale e con ciò storico.

e. *Il sapere è una proprietà dell'uomo*

Non di tutte le cose si dice che conoscono e che sanno. Non tutte le cose sono determinate dalle stesse proprietà. Non tutte le cose sono capaci delle stesse operazioni. Solo degli uomini (e in un certo senso anche degli animali, di cui qui non trattiamo) si dice che conoscono.

Non si può dire: «forse anche le altre cose conoscono o almeno percepiscono, per esempio questa tavola»: è una proposizione senza senso. Non potresti indicare nulla di simile alla conoscenza umana o animale: non si manifesta in nulla. E ciò che non si manifesta in alcun modo non esiste; gli enti non si devono moltiplicare senza ragione.

f. *Il sapere e la conoscenza sono una proprietà di tutto l'uomo*

Non è l'occhio che vede o le orecchie che sentono, né vede o sente l'anima o il corpo: è l'*uomo* che vede, sente, pensa ecc. La conoscenza è qualcosa che determina la mia storia, la totalità delle mie relazioni col mondo e con gli altri uomini. Tra tutte le attività umane la conoscenza — insieme con la mia libera decisione — è mia nel senso più intimo e totale: è una mia esperienza personale, un mio possesso inalienabile.

È evidente che noi abbiamo bisogno di organi, nervi e cervello per conoscere, ma per spiegare la conoscenza non sono sufficienti né la fisica né la fisiologia (cfr. intenzionalità e coscienza).

NB: Anche se la conoscenza può essere distinta in sensibile e intellegibile, questa distinzione *non può essere fatta all'inizio* di una trattazione sulla conoscenza umana, che è sempre una proprietà e un'attività di *tutto* l'uomo, essere sia corporale e sensitivo che intelligente. L'unità precede la distinzione. Cfr. il detto scolastico «actiones sunt suppositorum», cioè le azioni sono del soggetto. Anche se il sapere è una capacità intellettuale, non sensitiva, ciononostante è una capacità dell'*uomo*, di *tutto* l'uomo.

2. La formazione del sapere umano

TESI XXV: Il sapere implica un processo formativo reale del soggetto umano.

a. *Nella conoscenza si ha un cambiamento*

Quanto a ciò che si conosce: non sempre conosco le stesse cose, ora conosco questo ora quello. L'esperienza che sto facendo ora, le impressioni che ora ho, non le avevo prima e non le avrò in seguito, almeno non allo stesso modo. Nel tempo le esperienze e le impressioni reali cambiano.

Quanto all'operazione conoscitiva: anche le mie operazioni conoscitive corrispondenti mutano: non sempre faccio un'enunciazione, non sempre penso. Ora concentro la mia attenzione all'ascolto, ora a vedere ecc. Anzi, talora chiudo gli occhi, o anche dormo. Pure se forse ho sempre *qualche* sensazione — e quindi una conoscenza — non sempre ne sono pienamente conscio.

b. *Il sapere ha un inizio*

Non tutto ciò che so oggi lo sapevo già ieri o lo sapevo allo stesso modo. Anzi, non molto tempo fa ignoravo del tutto alcune cose che oggi so. Il sapere nasce dal non-sapere: io *imparo* e *vengo a sapere* (*Erkennen*, coming *to know*: cfr. le espressioni incoative).

Tutto il nostro sapere *ha inizio* da ciò che percepiamo mediante i sensi. Ciò che è pienamente conscio e oggettivato (es., una qualunque proposizione) nasce da livelli conoscitivi sempre meno consci[4]. Si hanno stadi intermedi sempre più consci, anche se ad essi generalmente non facciamo attenzione.

---

[4] Cfr. M. BLONDEL, *L'action* (1893), 87-143. Ad es.: «Come quelle piante [agavi] che per dieci anni assorbono i profumi e i succhi preziosi di cui nutrono l'unico fiore che le esaurisce in un giorno, un oscuro lavoro drena tutte le forze della vita per alimentare la sorgente della coscienza. Non c'è acqua che contribuisca a ingrossarla senza aver seguito quelle vie sotterranee dove non penetra la conoscenza. E quando sgorga lo fa assolutamente con un impeto fresco e una purezza incontaminata, come se non dovesse nulla se non a se stessa» (*Ibid.*, 105).

NB: Non tutta la conoscenza meno conscia è di fatto portata a uno stato di completa coscienza. Anche le stesse forme rudimentali di conoscenza hanno un inizio: per esempio, non sempre noi avvertiamo calore. E le stesse prime percezioni sensibili hanno origine da molte e svariate predisposizioni.

c. *Il sapere implica un processo*

Come nella nostra mente si succedono i vari contenuti della conoscenza, similmente le singole varie operazioni conoscitive si succedono, come pure le conoscenze più o meno conscie, oggettive ecc.

Tuttavia non si tratta di una *mera successione*: i vari oggetti, operazioni e stadi sono connessi e costituiscono processi le cui singole parti sono, sotto diversi aspetti, interdipendenti e si organizzano in strutture unitarie.

La conoscenza dunque non si spiega con una successione di segmenti momentanei: se ascolto una proposizione non sento (soltanto) suoni che si succedono, ma *tutta* la proposizione, anche se composta di parti e strutturata. Non soltanto la *comprendo* come totalità ma anche già la odo nella sua totalità. Allo stesso modo, se ascolto una melodia o vedo un uomo muoversi, non ho soltanto impressioni successive ma percepisco una melodia, vedo un movimento. Se faccio un ragionamento non penso solo tre enunciazioni successive.

Ciò che dapprima è in qualche modo sentito poi è più consciamente percepito, e infine compreso, pensato, detto è *sempre la stessa cosa* conosciuta e noi la sperimentiamo come tale. Anche *l'operazione* corrispondente appare nella sua continuità: le operazioni meno conscie si integrano in quelle più conscie, fino all'enunciazione.

Infine, tutte le mie conoscenze hanno un'unità in quanto sono *mie*. Nella loro connessione totale sono quasi la mia storia personale e, contemporaneamente, in qualche modo determinano la mia ulteriore evoluzione conoscitiva.

d. *In qualche modo la conoscenza, perfino il sapere, scompare e nello stesso tempo permane*

I singoli *atti conoscitivi* vengono meno; le percezioni, i pensieri che ho avuto ieri, oggi non li ho più. Tuttavia, almeno alcuni atti conoscitivi influiscono sull'origine di altre attività conoscitive e anche pratiche, quasi integrandosi in esse in un'unità (es., le percezioni antecedenti in relazione a quelle più evolute e alle corrispondenti proposizioni).

Ciò che ho percepito e pensato ieri, oggi non lo percepisco e non lo penso più; non è più presente nella mia coscienza; ma spesso rimane in quanto sviluppato e integrato in ciò che si conosce dopo, sia nella percezione sia nel pensiero sia in un ulteriore pensiero (es., il raziocinio).

In genere le conoscenze — sia soggettivamente che oggettivamente considerate — determinano in qualche modo ulteriori conoscenze e con esse si fondono in una certa unità. Le percezioni — ma anche i pensieri — specialmente se *ripetute* possono formare capacità, inclinazioni, abitudini, pregiudizi ecc. In tal modo influiscono e co-determinano ciò che conosciamo successivamente e così in qualche modo vi permangono, di modo che l'uomo in diversi modi *impara* (es.: a camminare, a parlare, *a pensare*), acquista arte e scienza (da non considerarsi tanto un insieme di proposizioni o di soluzioni conservate nella memoria, quanto piuttosto la *capacità* di fare e conoscere sia le stesse cose che ho già fatto sia le cose nuove che da quelle derivano). Infine, possiamo ricordare molte cose che abbiamo conosciuto in passato.

NB: La permanenza di ciò che abbiamo conosciuto in passato non va attribuita *esclusivamente* alla nostra memoria.

e. *Il sapere implica un cambiamento del soggetto*

È chiaro che il soggetto in qualche modo subisce un cambiamento in dipendenza dai suoi vari atti conoscitivi. Occorre insistere sul fatto che *io*, giacché sento o conosco ora una cosa ora un'altra, sono diverso (o piuttosto: mi trovo ad essere in modi diversi). Questo si capisce facilmente nei riguardi di conoscenze importanti e profonde: l'uomo che ha vissuto un'*esperienza* si trova ad essere dopo di essa ben diverso da come era prima (es., l'amore).

Il cambiamento dell'uomo in seguito alla conoscenza dal

punto di vista *fisico* può essere *minimo*, normalmente impercettibile. Tuttavia il cambiamento, dal punto di vista *personale* (o morale, intendendo con questo tutta la vita spirituale, intellettuale, psicologica; mentre il termine *fisico* sta a significare il passaggio da potenza ad atto) può essere massimo: si può arrivare a un mutamento della personalità stessa del soggetto (volendo fare un riferimento teologico: il cambiamento prodotto nell'uomo dal battesimo è di questo tipo).

NB: Nell'operazione conoscitiva è il soggetto, e lui solo, che muta. La cosa conosciuta, il mondo tutto, in genere non cambiano.

f. *Il sapere comporta uno sviluppo e un perfezionamento del soggetto umano*

Conoscere è meglio che non conoscere, sapere è meglio che non sapere. L'uomo si perfeziona a mano a mano che conosce. Lo si può vedere molto bene da questi fatti: il bambino, attraverso successivi passaggi per stadi intermedi, si evolve psichicamente sempre più dall'iniziale stadio sensitivo motorio fino alla maturità psichica dell'uomo adulto; apprende, aumenta le sue conoscenze, acquista nuove capacità ecc.

Anche l'uomo adulto può ancora sempre progredire nelle sue conoscenze e così acquistare nuove dimensioni e nuove possibilità d'azione. Tutto il suo «bagaglio di esperienze» si amplia. L'aumento delle conoscenze non vuol dire una semplice addizione quantitativa di nozioni: esse costituiscono un'unità, generano nuove capacità, e, generalmente, evolvono e maturano *tutto* l'uomo.

Poiché la conoscenza è un'attività dell'uomo, il progresso conoscitivo è *perfezionamento* dell'uomo in quanto uomo, della sua propria natura: egli diventa sempre più umano, sia in riferimento al mondo che a se stesso.

NB: Si parla qui della conoscenza vista nella sua completezza che comprende anche ad esempio la conoscenza morale. Non si esclude che la perfezione umana risieda, in ultima analisi, nella libera decisione morale; ma questa presuppone la conoscenza e non può essere da essa separata.

3. Il sapere, in quanto avviene sempre in un determinato orizzonte, specialmente in quello ultimo, comune e aperto, non ha inizio

Come abbiamo detto, non esiste una prima conoscenza singola, né una prima singola percezione, né un pensiero, né una prima singola espressione linguistica. Se si ha un «primo» si hanno già più elementi, tutto un orizzonte è già aperto. La conoscenza non può essere spiegata a partire dai singoli elementi. Non è un sistema assiomatizzato come la matematica. Perciò, la conoscenza umana non si evolve né si sviluppa mai in una direzione lineare: né nell'evoluzione individuale, né nell'evoluzione collettivo-storica.

Già la percezione nasce dall'essere nel mondo, come l'inizio dell'essere nel mondo *conscio*. Dalla percezione nasce il pensiero, come *perfezione* dell'essere nel mondo in modo conscio e oggettivo. La conoscenza, attraverso questa evoluzione, perde un po' la natura concreta, vitale, intima della percezione, ma acquista oggettività e verità. Però non perde totalmente ogni concretezza; infatti il pensiero rimane sempre legato alla percezione. Anzi, la vita intellettuale acquista una nuova concretezza con il *ripetersi* dei pensieri.

4. Bibliografia ragionata

M. BLONDEL, *L'action* (1893)
E. HUSSERL, *Ricerche logiche*
E. HUSSERL, *Idee per una fenomenologia pura e per una filosofia fenomenologica*

Capitolo XIX

LA RELAZIONALITA' STRUTTURALE DELLA PERCEZIONE SENSIBILE

Dopo l'esposizione generale del sapere come processo dinamico bisogna entrare nel problema dell'emergere del sapere dalla forma di conoscenza, che in qualche modo lo precede, cioè nel problema dell'emergere del sapere dalla percezione sensibile, nel quale il sapere umano nasce, per così dire, a livello individuale.

Ancor prima di trattare l'emergere stesso del sapere dalla percezione sensibile, dobbiamo elaborare la relazionalità strutturale della percezione sensibile umana. Questa di fatto costituisce una condizione di possibilità per la relazione del sapere umano alla percezione.

TESI XXVI: La percezione sensibile umana è conscia in quanto costituisce una struttura relazionale; come tale è ordinata al sapere umano.

La percezione sensibile ha una relazionalità strutturale che però non si realizza in un ultimo orizzonte aperto.

La relazionalità strutturale della percezione sensibile umana è ordinata al sapere umano e ne costituisce una condizione di possibilità.

1. La percezione sensibile umana è conscia in quanto costituisce una struttura relazionale

a. *Il dato sensibile non è semplice ma sempre già composto*

Ciò di cui sono conscio nell'atto della percezione non è mai qualcosa di semplice ma sempre già configurato, cioè in qualche modo strutturato. I cosiddetti «dati sensibili» non ulteriormente analizzabili, in primo luogo non sono consci, ma o sono dati di un'analisi o sono puramente fittizi; in secondo luogo sono «semplici» solo in quanto sono considerati come semplici da qualche punto di vista; in terzo luogo non spiegano in alcun modo la percezione concreta proprio come configurata.

b. *Il dato sensibile non è un dato singolo e isolato ma sempre riferito ad altri dati sensibili*

Nella percezione sensibile non siamo mai consci di un dato isolato, ma sempre di dati riferiti ad altri dati. Non percepiamo mai dati sensibili singoli ma sempre qualcosa che è già struttura (*Gestalt/pattern*). Spesso, quell'unità che percepiamo è unità di dati di vari sensi. Quest'unità non si spiega partendo dalle singole impressioni.

Noi percepiamo ogni cosa in un suo sottofondo (*Hintergrund, Umgebung, background*) e in rilievo rispetto ad esso, distinguendo e mettendo in relazione una cosa all'altra; pur non opponendole in modo obbiettivizzante.

Per esempio, dopo un po' di tempo, non si percepisce più un piano uniforme. Se è del tutto uniforme nel percepirlo tendiamo in qualche modo a strutturarlo. Un uomo costretto a guardare per un certo tempo qualcosa di uniforme subisce una pressione psichica. Non si percepisce più un suono monotono, uniforme. Si percepisce di nuovo quando cessa. Si avvertono il dolore e l'impressione tattile quando cambia lo stato consueto, cui normalmente non si fa attenzione proprio perché consueto e costante. Perciò ogni percezione implica un *contrasto*.

Dunque anche la percezione non consiste di elementi singoli e semplici, ma è sempre un'unità già strutturata, fatta di elementi configurati.

c. *La percezione sensibile si svolge nello spazio e nel tempo, orizzonti comuni della sensibilità*

Le cose che percepiamo, non solo sono sempre unità strutturate, ma in quanto tali appartengono, sotto vari aspetti, a diversi orizzonti che precedono le singole percezioni e le rendono possibili.

Tutto ciò che si percepisce, si percepisce già sempre nello spazio e nel tempo, e come spazio-temporale. Sento il mio corpo come esteso, fatto di parti, circondato da altre cose e in relazione con esse, *in contatto* con esse. Mi sento in movimento, sento che mi muovo in relazione ad altre cose che resistono ai miei movimenti e si muovono a loro volta. Muovendomi, vedendo (e ascoltando), sperimento che le cose sono distanti, più o meno distanti, e che sono in direzioni diverse. In tal modo, col senso del tatto e con la percezione del movimento sperimento me stesso e le altre cose nello spazio. Ciò che *tocchiamo e vediamo* è in qualche luogo, è esteso ed è accanto ad altre cose, occupa un luogo verso cui si dirige la mia attenzione percettiva. Sento anche *i dolori* in qualche parte del corpo.

Ciò che *odo*, lo odo provenire da qualche parte, come più o meno distante, che si avvicina o retrocede. Tutto ciò che percepisco, lo percepisco come situato in qualche luogo dello spazio.

Sento il dolore e il movimento che iniziano, perdurano successivamente e finiscono. Ciò che odo, lo odo nello stesso modo. Quello che vedo muoversi lo vedo iniziare, perdurare successivamente e cessare nel movimento. Tutto ciò che percepisco lo percepisco come un divenire nel tempo.

Oltre lo spazio e il tempo *esistono altri campi di percezioni*, che precedono le singole percezioni di certe classi determinate e le rendono possibili. I singoli *colori* non sono percepiti se non mediante lo spazio dei colori, già strutturalmente determinato: percependo qualcosa come rosso, resta già determinato che posso percepire altri colori e anche quali sono. Lo spazio dei colori del daltonico, che non distingue alcune coppie di colori (rosso e verde), differisce dal nostro anche riguardo gli altri colori, ecc. Così la possibilità di percepire tali colori per mezzo delle leggi dello «spazio dei colori» è già determinata a priori rispetto alla singola percezione.

Lo stesso vale per lo «spazio» dei *suoni*, per le qualità tattili, ecc. I singoli sensi hanno uno «spazio» delle loro funzioni circa il «sensibile proprio». Tuttavia ci sono molti altri ordini di percezioni (es., lo «spazio» delle percezioni che sono significative e stimolanti *in relazione al sesso*).

Le differenze strutturali dei vari «spazi» della percezione si manifestano *nella diversità del parlare*. Per esempio, la lingua latina non ha un solo aggettivo che significhi: grigio; ha molti aggettivi: *glaucus, cinereus, ravus, canus, ferrugineus, caesus*, dei quali però nessuno esprime «grigio», né lo colloca fra il bianco e il nero.

Si possono vedere le differenze strutturali della percezione dei suoni anche nella diversità della musica. Si possono poi scorgere altre differenze nelle variazioni del gusto estetico.

d. *Spazio e tempo determinano a priori ogni percezione sensibile*

Le unità della percezione di cui abbiamo parlato sopra, in quanto sono in sé strutturate e distinte le une dalle altre, possono essere percepite solo *nello spazio e nel tempo*.

— La *coordinazione* degli elementi nell'unità di una *figura visibile* è la coordinazione spaziale secondo la posizione, la distanza, la continuità, la discontinuità ecc.

— La coordinazione degli elementi nell'unità di una *«figura» sonora* è la coordinazione temporale di elementi che si succedono.

— La coordinazione degli elementi nell'unità di una *figura mobile* è la coordinazione nello spazio e nel tempo di elementi che si succedono in uno o più punti.

— La *distinzione* di una figura visibile da ciò che la circonda avviene nello spazio.

— La distinzione di una *«figura» sonora* da ciò che la precede e la segue, all'inizio e alla fine, avviene nel tempo (es., un suono monotono si percepisce quando inizia e quando finisce; se dura un tempo abbastanza lungo, non lo si percepisce più).

NB: Lo spazio e il tempo non sono le uniche condizioni che rendono possibili le unità della percezione.

Il fatto che le unità della percezione siano unità spaziali e temporali, nello spazio e nel tempo, *non si spiega mediante le unità stesse prese singolarmente*. Ciò deriva dal fatto che le unità devono già essere *nello* spazio e *nel* tempo per poter essere percepite come tali. Questo mostra nuovamente che esse non possono mai essere percepite come assolutamente singolari. A maggior ragione, lo spazio e il tempo non si possono spiegare mediante le singole impressioni sensibili: queste non si percepiscono se non in quanto fanno *già* parte di un'unità strutturata *nello* spazio e *nel* tempo. Così, nella percezione di un oggetto, le percezioni sono molteplici: ciò che sta attorno all'oggetto, ciò che vien prima, ciò che vien dopo ecc. Percepito un oggetto nello spazio e nel tempo, lo spazio e il tempo sono già costituiti nella loro *totalità* come possibilità di nuove percezioni.

Lo spazio e il tempo come forme della percezione *precedono ogni singola percezione e la rendono possibile*. In ogni percezione lo spazio e il tempo sono co-attuati, co-percepiti, come *forme della percezione in quanto tale*: cioè qualunque cosa viene percepita nello spazio e nel tempo, secondo le leggi proprie dello spazio e del tempo. Essi non hanno origine *dalla* percezione, anche se solo *in* essa ci sono dati e si attuano: rendono piuttosto già possibile la percezione stessa, e perciò la precedono. Sono condizioni della possibilità della percezione, e vengono prima di ogni singola percezione.

Si danno leggi dello spazio e del tempo che determinano a priori tutto ciò che percepiamo.

Lo spazio è esteso in tre dimensioni; è continuo. Si hanno in esso «luoghi», posizioni, che hanno fra loro una certa distanza, ma possono essere congiunti con posizioni intermedie; la loro distanza si può misurare: lo spazio stesso è misurabile. Lo spazio percettivo *per sé* non è finito ed è indefinitamente divisibile, ma *in quanto* indefinito, secondo l'estensione e la divisione possibili, è pensato e non percepito. Anzi, si danno soglie di percezione e limiti della percezione possibile. Nello spazio ci sono indefinite direzioni. Esso è prospettivo.

Il tempo è un divenire incessante: dal passato attraverso il presente nel futuro: è in qualche modo continuo. In esso ci sono istanti che distano temporalmente, la cui distanza è misurabile: il tempo stesso è misurabile. Il tempo percettivo per sé non è finito ed è indefinitamente divisibile ma *in quanto* tale è pensato e non percepito. Tuttavia, il tempo percettivo *non* è puntuale, inesteso; anzi, si danno minimi di percezione temporale (vedi le singole immagini di un film). Il tempo può scorrere più lento e più veloce; ha una e una sola direzione irreversibile; ha una certa «prospettiva» verso il passato e il futuro.

Le leggi dello spazio percettivo, considerate secondo la loro forma, rendono possibile la *geometria euclidea*; la sua struttura *intellegibile* (non più percettiva), tuttavia, differisce un po' dalla struttura dello spazio percettivo e la corregge (es., la prospettiva: l'assioma delle rette parallele). *Le leggi* del tempo percettivo, considerate secondo la loro forma, fondano la possibilità ideale della ripetizione indefinita della stessa operazione, in modo tale da rendere possibili l'*aritmetica* e l'aritmetizzazione dell'esperienza (cfr. la definizione aristotelica del numero[1]).

Le strutture dello spazio e del tempo percettivi, concreti, sono ulteriormente determinate.

Lo spazio è sempre il *mio* spazio: il centro da cui si proietta lo spazio intero, sono io come corpo; qui nascono e terminano tutte le direzioni. Quando mi muovo, il mio spazio si muove con me, pur conservando, in un certo senso, fisso l'orizzonte. Io, in quanto corpo, sono l'origine dello spazio piuttosto che un punto nello spazio. La mia corporeità concreta determina ulteriormente lo spazio: ho due occhi e due orecchi posti sulla mia testa a una certa distanza reciproca l'uno dall'altro. Generalmente sono eretto, in posizione verticale, ma mi muovo nella direzione orizzontale. Io sono della statura media degli uomini adulti (lo spazio del bambino e di uno che sia costretto sempre a letto è diverso dal mio spazio concreto). La cecità, la sordità, una malattia degli occhi, le malattie del cervello, i farmaci che alterano la vista e il tatto (droghe), ecc. cambiano il mio spazio percettivo.

---

[1] F. SELVAGGI, *Filosofia del mondo*, 228: «L'unità è il principio del numero e insieme ne è la misura; e il numero è la moltitudine in quanto misurata dall'unità (cfr. ARISTOTELE, *Metaph.*, X 6, 1057a 2-4). Il numero, infatti, ha origine dall'unità ripetuta più volte ed è misurato, cioè definito nella sua specie, da questa stessa ripetizione: l'unità aggiunta a se stessa forma il due, aggiunta al due forma il tre, e così via».

Il tempo è sempre il *mio* tempo: il centro da cui si proietta il tempo sono io, adesso, soggetto a mutazioni conscie. Il flusso del tempo è ordinato dal mio presente ora conscio, non inesteso. Di qui vengono proiettati il passato e il futuro, innanzitutto come il *mio* passato e il *mio* futuro. Le altre cose sono riferite al passato e al futuro *miei*. Il mio passato e il mio futuro sono presenti in qualche modo nel mio presente: il mio *passato* concreto determina il modo con cui ora percepisco le cose nel tempo e con cui anticipo il futuro. L'esperienza fatta determina l'esperienza che ancora si deve fare. Ad esempio ho atteso qualcosa per lungo tempo e adesso si verifica. Sperimento la realizzazione del desiderio, il verificarsi di ciò che temo, ecc.

Il mio *futuro* determina il modo con cui ora percepisco le cose nel tempo e con cui il mio passato ora mi è presente (l'attesa, il proposito, la speranza, il timore del futuro danno un particolare colore a tutto ciò che costituisce la mia situazione presente; l'attesa immediata fa dimenticare il lungo tempo dell'attesa antecedente, quasi l'abbrevia). Secondo il mio passato e il mio futuro ora il tempo corre più velocemente o lentamente (per i ragazzi, gli adulti, i vecchi, il tempo non trascorre con la stessa velocità. Le nostalgie, i desideri, le attese, ma anche le malattie, le disposizioni del corpo hanno un influsso).

Il modo col quale percepisco ciò che accade è determinato ulteriormente nel tempo dal modo con il quale trascorro il tempo, dall'ordine della mia giornata, della settimana, dell'anno ecc. (es.: il sonno notturno, la necessità di mangiare a certi orari, l'alternarsi del giorno e della notte, l'interruzione della consapevolezza, l'amnesia, l'interruzione dell'occupazione abituale ecc.).

NB 1: Il tempo percettivo umano *non* è il tempo fisico. Al contrario, è un tempo che concentra in uno il passato e il futuro, cioè il mio «ora» conscio non-inesteso che integra il passato e proietta il futuro in modo conscio, a partire da un certo inizio e che tuttavia già appartiene in qualche modo al tempo. Così, il tempo è la struttura aprioristica della percezione e di tutta la conoscenza umana: è il modo esistenziale *con cui l'uomo è nel mondo*. *L'essere nel tempo* indica e fonda già l'*essere storico* come modo esistenziale aprioristico con cui l'uomo esiste, vive e conosce.

NB 2: Il tempo è una struttura più fondamentale dello spazio: le percezioni spaziali sono più determinate dal tempo — hanno un certo divenire — che viceversa[2].

e. *La percezione sensibile in se stessa non gode di un orizzonte ultimo aperto*

Nella percezione considerata in modo astratto non è dato un orizzonte ultimo. Sebbene tutte le cose che percepiamo in qualche modo siano coerenti e costituiscano un'unità vitale umana, tuttavia tale unità rimane unità del *mio* essere nel mondo. Nella percezione umana, considerata in modo astratto, *non* è dato un ultimo orizzonte *assoluto*[3]. Così la percezione vista in se stessa non gode di universalità, oggettività e verità, se non inizialmente, in quanto è ordinata al *pensiero*, ed è in esso integrata. Quindi, non ha significato porre domande sull'oggettività e sulla verità dei dati sensibili, della percezione, della sensazione ecc. La percezione non è *né* oggettiva *né* soggettiva, *né* vera *né* falsa. Tutte queste cose possono essere predicate soltanto della percezione *già pensata*.

La percezione nasce dalle strutture dell'*essere* uomo nel mondo, dell'*appartenere* al mondo. L'essere precede le operazioni e la conoscenza. L'essere nel mondo si riflette nell'uomo conscio del mondo come oggetto, ma l'essere precede la conoscenza. L'*unione* col mondo, nella conoscenza perfetta, avviene nell'opposizione tra il soggetto e l'oggetto, ma tale opposizione è radicata nell'*unione* precedente. L'essere nel mondo rende possibile la conoscenza del mondo. Così il famoso iato tra il soggetto conoscente e il mondo è del tutto fittizio. È necessario che noi cominciamo la riflessione critica sulla possibilità di conoscere il mondo non solo dal giudizio, ma almeno contemporaneamente dall'essere nel mondo.

Tra l'essere nel mondo e la conoscenza pienamente conscia,

---

[2] Cfr. I. KANT, *KrV*, B 33-73 (Die transzendentale Ästhetik); trad. italiana, *Critica della ragion pura*, 65-92 (Estetica trascendentale).
[3] Vedi questo capitolo, **3**.

dove il soggetto e l'oggetto si oppongono l'uno all'altro, la *percezione* occupa un posto *intermedio*: è la consapevolezza già emergente, ma non ancora perfetta, è l'opposizione, l'*oggettività* incipiente, virtuale e potenziale, ma non formale e attuale. Come abbiamo già detto, nella percezione ciò che viene percepito non si oppone propriamente al *soggetto*. Il soggetto non si distingue ancora pienamente dagli *oggetti*. Gli oggetti, poi, sono ancora confusi fra di loro; non possono essere distinti pienamente l'uno dall'altro e dal loro corrispondente orizzonte. Perciò, nel campo della percezione non si può propriamente parlare di *oggetto* e di *soggetto*.

Questo non toglie la possibilità di una conoscenza oggettiva, anzi di varie scienze che hanno come loro oggetto il mondo sensibile e le varie cose sensibili oppure la stessa conoscenza sensibile: per esempio la matematica, la fisica, l'ottica, la fisiologia ecc. Questo è possibile in quanto sul dato sensibile si pensa in maniera concettuale, cioè oggettivandolo[4]. Ciononostante, la realtà sensibile oggettiva, che così si scopre, non è mai una realtà assoluta, ma resta oggettivamente relativa al soggetto conoscente. Anche gli orizzonti della percezione sensibile non sono oggettivi, ma godono piuttosto di una soggettività «ideale»[5]. Ciononostante anch'essi possono essere oggettivizzati in modo concettuale e così diventare oggetto di indagine scientifica.

2. La percezione sensibile umana in quanto ordinata verso il sapere umano

La sensibilità umana, specialmente in quanto strutturata, si capisce solo a partire dal sapere umano, non a rovescio. Il perfezionabile si comprende a partire dal perfetto; la parte a partire dal tutto nel quale è integrato.

Si può, senz'altro, considerare la sensibilità umana anche in

---

[4] Vedi c. X, 3..
[5] Cfr. I. KANT, *KrV*, B 59-73 (Allgemeine Anmerkungen zur transzendentalen Ästhetik); trad. italiana, *Critica della ragion pura*, 83-92 (Osservazioni generali sull'estetica trascendentale).

se stessa, senza la sua integrazione nella vita umana totale e questo è giusto per certi scopi determinati, specialmente scientifici. Tuttavia questa considerazione è astratta e non è filosofica, quest'ultima al contrario considera qualsiasi realtà nel contesto universale e totale.

Fra i vari aspetti sotto i quali la sensibilità umana appare ordinata all'intelletto umano e integrata nella vita conoscitiva umana totale sono di speciale importanza i seguenti.

a. *La strutturalità in se stessa*

Sia la sensibilità sia la conoscenza intellettuale sono strutturate, anche se in modo diverso, ma pur sempre in modo analogo. Questo fa sì che sensibilità e intelletto convengano in qualcosa di analogamente comune. Esse possono essere correlate fra di loro non in maniera univoca, cioè biunivoca, ma ciononostante in maniera stabile e sistematica.

La sensibilità costituisce così l'intermedio, il «metaxy» fra l'essere, l'essere presente, l'essere nel mondo da una parte e il confrontarsi con la realtà oggettiva in modo consapevole dall'altra. La sensibilità è già un trovarsi dentro il mondo (*ein sich Befinden und ein sich zurecht Finden*).

Questo carattere di mediazione fu riconosciuto alla sensibilità già da Platone e da Aristotele, e fu accentuato come tale da Kant nel capitolo sullo schematismo nella *Critica della ragion pura* e da Hegel nella *Fenomenologia dello spirito*. Così anche la storia della filosofia nei suoi massimi esponenti ci conferma nella nostra posizione.

b. *La preformazione delle strutture intelligibili nella sensibilità*

Le strutture naturali della sensibilità umana contengono precise preformazioni delle strutture intellettuali e culturali; anche se quelle sono riconoscibili come tali solo a partire dalle strutture del sapere.

Le strutture dello spazio, ad esempio, preformano le strutture della geometria; le strutture del tempo quelle dell'aritmetica e le strutture della sensibilità in genere quelle dell'intelletto (cfr. lo schematismo in Kant) e così via.

c. *Le strutture della sensibilità umana sono in parte determinate culturalmente, cioè intellettualmente*

Esistono differenze di apprendimento, di vedere e di ascoltare da parte dei bambini in diversi ambienti non solo naturali ma proprio culturali: eschimesi, indio, città o campagna ecc. ma anche umane generali: la sensibilità umana è sempre già sovradeterminata dall'intelletto. La sensibilità umana pura è una legittima astrazione.

d. *La strutturazione intellettual-culturale della conoscenza umana è — almeno in parte — un'accentuazione delle strutture della sensibilità umana*

Le varie strutture del comportamento intelligente umano, specialmente del sapere, come le abbiamo descritte nel contesto dei vari tipi d'intenzionalità oggettiva (c. VIII, **2. a.**), comportano generalmente una graduale, sempre maggior differenziazione delle strutture già presenti nella sensibilità umana. Gli esempi più evidenti per questo fatto sono l'uso oggettivo delle forme, figure e colori nell'arte e dei suoni nella musica.

Tuttavia, la differenza fra le strutture della conoscenza oggettiva e quelle della conoscenza percettiva preoggettiva non è solo graduale ma essenziale. Essa consiste precisamente nella stessa oggettività delle strutture del comportamento intelligente, la quale manca alle strutture della percezione. Si ricordi che lo spazio e il tempo percettivo non sono oggettivi. Per la stessa ragione le strutture del comportamento umano intelligente godono già di una certa consapevolezza *riflessa,* anch'essa mancante alle strutture della percezione che possono diventare consapevoli attraverso un processo di riflessione oggettivizzante.

Il passaggio dalla soggettività percettiva all'oggettività concettuale avviene, almeno spesso, sotto lo stimolo delle incongruenze percettive[6]. Il fatto, ad esempio, che il famoso bastone

---

[6] È meglio non parlare qui di *contraddizione,* in quanto questo termine appartiene all'ordine del dire, cioè all'ordine dell'oggettività.

immerso a metà nell'acqua, appare spezzato alla vista, ma dritto al tatto, porta alla correzione oggettivizzante della percezione. Similmente, il fatto che le rotaie della ferrovia appaiano alla nostra vista prospettiva avvicinarsi sempre di più in distanza, ma ciononostante a ogni passo che si fa, restare ugualmente distanti, porta alla correzione oggettivizzante dello spazio percettivo per mezzo dello spazio geometrico euclideo[7].

La differenza, però, più importante fra le strutture del comportamento intelligente umano e quelle della sensibilità è l'essere aperto e non finito delle prime. Anche questo aspetto delle strutture del comportamento intelligente umano è in qualche modo «preparato» nelle strutture della sensibilità, anche se in forma negativa. La non-percezione di una finitudine spazio-temporale permette l'oggettivazione di uno spazio-tempo non finito come condizione necessaria dell'apertura delle strutture del parlare, pensare e sapere.

e. *Le strutture fondamentali del modo di conoscere umano: la storia, la lingua, la corporeità*

Tutta la mia storia determina in qualche modo il mio modo di percepire, il modo col quale ora sperimento il mondo: come ne parlo, come lo ordino coi miei concetti e come lo percepisco. Le esperienze personali, specialmente quelle profonde, positive e negative, (es.: gli shock, i traumi ecc.), le attitudini emozionali acquisite, le decisioni, la struttura del mio pensiero, i pregiudizi, i caratteri ereditari, la situazione culturale e sociale, la storia collettiva ecc., tutte queste cose influiscono sul modo col quale sperimento il mondo. Così di nuovo la storia si mostra non tanto come qualcosa di oggettivo da conoscere ma come elemento strutturale dell'essere uomo. Mi determina in quanto sono soggetto: è il modo secondo cui io sono uomo, sono nel mondo e conosco il mondo.

---

[7] Questa importanza delle incongruenze della percezione, come stimoli per la conoscenza oggettiva, l'ha vista molto bene Platone in *Resp.*, 521-526. Cfr. C. HUBER, *Anamnesis bei Plato*, 502-515.

Tutte queste cose appaiono soprattutto nella *lingua*, presa nel senso amplissimo di «comportamento umano simbolizzante nel mondo». In tal senso, anche la nostra lingua non è primariamente mezzo di espressione o di comunicazione, ma il modo umano — esistenziale — di essere nel mondo e così di conoscere la realtà, ordinandola. La lingua non solo esprime la nostra relazione al mondo (*Weltbezug*): essa *è* la nostra relazione al mondo. Appartiene piuttosto al soggetto della conoscenza che all'oggetto.

Come abbiamo già visto, *la nostra corporeità*, l'essere corpo vivo e conscio è fondamento delle strutture e delle leggi dello spazio e del tempo. La stessa cosa vale per le altre strutture della percezione. È l'«esistenziale» fondamentale dell'uomo, il modo con cui siamo nel mondo: precisamente perché siamo corporali, apparteniamo al mondo. In questo senso il corpo non è oggetto, appartiene piuttosto all'ambito del soggetto. Certamente, anche le strutture aprioristiche e le cosiddette strutture esistenziali dell'essere uomo nel mondo possono essere oggettivate: ne possiamo parlare. La storia — anche la mia storia — la lingua e il mio corpo sono *anche* oggetti conoscibili, ma allora non sono considerati precisamente *come* strutture della conoscenza umana, come «esistenziali» dell'essere uomo nel mondo. Come tali possono essere colti soltanto con l'analisi fenomenologica della conoscenza o piuttosto di tutta l'attività umana.

3. Bibliografia ragionata

L. WITTGENSTEIN, *Philosophische Untersuchungen*, I, 7. 83. 68. 70. 71. 31. 66. 67. 204. 492. 108. 125. 205. 567.
D. POLE, *The Later Philosophy of Wittgenstein*.
M. MERLEAU-PONTY, *Phénoménologie de la perception*, pt. I-II/1.
M. HEIDEGGER, *Essere e Tempo*.
I. KANT, *Critica della ragion pura*, B 33-73 (*Estetica trascendentale*).
C. HUBER, *Anamnesis bei Platon*.
C. HUBER, *We Can Still Speak about God*.
F. SELVAGGI, *Filosofia del mondo*, Roma 1996

Capitolo XX

LA DIPENDENZA E LA TRASCENDENZA DEL SAPERE UMANO DALLA PERCEZIONE SENSIBILE

In questa parte quarta abbiamo cominciato a considerare il sapere umano nella sua dimensione *dinamica*, cioè come nasce, come si sviluppa, come cambia e come si perfeziona.

Abbiamo visto nel capitolo XVII che il sapere, sia individuale che collettivo, non esiste da sempre ma comincia e cambia[1].

Si pongono così varie questioni: anzitutto, il sapere ha un inizio o almeno parte di esso esiste in qualche modo da sempre? In secondo luogo, il sapere nasce solo da sé o *da qualcosa* che lo precede? *Cos'è* questo qualcosa da cui il sapere trarrebbe inizio? Infine, *in quale modo dipende* eventualmente da quest'altro da sé e *come* nasce da esso?

Per la risposta a queste tre questioni hanno un'importanza speciale l'eventuale apporto della *percezione sensibile*, dell'*esperienza* in senso più globale e di tutta la *conoscenza preoggettiva*.

Nel capitolo precedente, abbiamo visto che la percezione sensibile è anch'essa organizzata strutturalmente e che fra la struttura della percezione umana e quella del pensiero, del sapere e del linguaggio esistono relazioni e analogie, e che pure la percezione umana determina il pensare e sapere, ma che esiste anche una dipendenza opposta.

La questione sull'*origine* del sapere si concretizza così in

---

[1] Lo stesso fatto lo abbiamo anche già accennato nel c. VII, **2. a.**, rispetto ai gradi di coscienza.

quella sulla *dipendenza del sapere umano dalla percezione sensibile*.

1. Il problema della relazione fra intelletto e sensibilità

Negli uomini la sensibilità e l'intelletto concettuale e oggettivizzante sono distinti ma non separati. Essi sono anche collegati fra di loro e formano un'unica realtà conoscitiva concreta. Invece, negli animali e negli angeli sono «separati». Gli animali godono della *sola* conoscenza sensibile ma *non* hanno la capacità del pensiero oggettivizzante, astratto e simbolico. Gli angeli hanno un intelletto ma non possiedono alcuna conoscenza sensibile, in quanto non hanno un corpo con organi sensoriali. L'intelletto e la sensibilità, il pensiero e la percezione sensibile nell'uomo sono collegati fra loro strutturalmente e dinamicamente[2]. Bisogna però determinare qual è la loro *precisa relazione*.

L'oggetto formale della Critica, cioè l'aspetto sotto il quale nel nostro trattato si considera il sapere umano è la *validità* del sapere[3]. Perciò dobbiamo determinare la relazione fra intelletto e sensibilità in termini di origine e di dipendenza *logica* e *noetica*, non in quelli di ordine temporale, causale o di qualsiasi altro tipo naturale che sono di competenza della psicologia[4].

Tuttavia, bisogna distinguere i vari aspetti del problema. La soluzione non sarà semplice ma complessa. Molti problemi poi rimandano alla psicologia e all'antropologia filosofica.

a. *Le opinioni*

A partire da Parmenide, Platone e Aristotele la distinzione fra intelletto e sensibilità, da una parte, e la loro relazione, dall'altra, sono fra i primi e più importanti problemi della filosofia.

---

[2] Vedi c. XIX
[3] Vedi c. II, tesi III, **2. a.**
[4] La mancanza di distinzione fra questi ordini di dipendenza è il tipico errore dello *psicologismo*. Cf.: C. HUBER, «Der englische Empirismus»; ID., «Die Vollendung des englischen Empirismus».

Aristotelici Tutta la conoscenza umana *dipende* dai sensi, ma non tutto è sensibile.	Platonici Tengono le stesse posizioni del razionalismo.
Empirismo (Locke) *Tutta* la conoscenza è acquisita	Razionalismo (Leibniz) *Non* tutta la conoscenza è acquisita, ma l'uomo possiede conoscenze congenite.
Tutta la conoscenza umana proviene dall'esperienza sensibile	*Non* tutta la conoscenza umana proviene dall'esperienza sensibile.

NB: L'*innatismo* e il razionalismo non sono necessariamente connessi. L'aristotelismo e il tomismo, sia quello medioevale che il neotomismo, *non* sono innatisti, ma ammettono una dipendenza della conoscenza intellettuale dalla percezione sensibile. Anche l'opposizione fra il *nominalismo* e il *realismo* è collegata spesso storicamente coll'opposizione fra empirismo e razionalismo, ma anch'essa riguarda fondamentalmente un *altro* problema[5]. Generalmente le posizioni empiristiche sono anche nominalistiche (cfr. Locke), ma questo non vale necessariamente: per esempio, il materialismo dialettico è empirista ma è pure realista.

b. *I termini*

Il termine *percezione sensibile*, sin dagli albori della filosofia, va in coppia non tanto con sapere ma con *pensare*, anche se questa coppia di termini non è sempre espressa con le stesse parole. Prevalgono nella filosofia greca: *aisthesis - noesis*; nella filosofia medioevale: *sensatio* (*sensibilitas*) - *cogitatio* (*intellectus*); nella filosofia moderna: *experience - thought*, e (*Sinnes*) *Erfahrung - Denken*. Come si vede la *continuità terminologica* è forte nel caso di «pensare» e «sapere», ma piuttosto debole nel caso della «percezione sensibile». Infatti, la «percezione sensi-

---

[5] Il problema del nominalismo e del realismo verrà trattato nel prossimo capitolo. Cfr. c. XXI 1..

bile» generalmente viene definita in *dipendenza logica* dal pensare e dal sapere[6].

Avendo definito il *sapere* (e con esso il *pensare*) come conoscenza pienamente conscia, astratta, concettuale, universale, intersoggettiva, oggettiva e perciò o vera o falsa, la *percezione sensibile* risulta essere la conoscenza *non* pienamente conscia, concreta, singolare, personale, soggettiva, spazio-temporale[7] e determinata dalla corporeità viva e sensibile *umana*[8]. Per la riflessione filosofica sulla percezione sensibile prevalgono nella filosofia antica e medioevale la concretezza e la singolarità, nella filosofia moderna la soggettività, nella filosofia contemporanea gli aspetti del subconscio e del vissuto.

Per *esperienza* qui si intende l'esperienza umana consapevole e *non* la pura percezione sensibile.

NB: Dato che l'uomo non possiede esperienze puramente intellettuali, ogni esperienza umana è sempre anche sensibile, anche se non esclusivamente tale.

Il *simbolo* è qualcosa — una cosa, un'azione, anche un gesto ma normalmente non una parola — che rimanda a qualcos'altro e così ha un significato distinto dalla cosa in se stessa, ma al cui significato questa cosa rimanda; per esempio: l'anello come simbolo significa fede.

Il *concetto* è il significato di una parola, cioè quello che uno capisce quando sente una determinata parola.

Il *significato* di una parola è il suo uso secondo le regole del linguaggio[9].

---

[6] Questo fatto è espresso molto bene da A. Colombo nell'articolo «Sensazione»: «Definendo, in seno al fatto conoscitivo nella sua complessità, la conoscenza intellettuale quale conoscenza del necessario e del contingente, ma con un valore necessario di verità, si ha come *residua forma complementare* di conoscenza la sensazione» (p. 592).

[7] La determinazione spazio-temporale della percezione sensibile è da intendersi in maniera differenziata, come l'abbiamo elaborata nel capitolo precedente (c. XIX **1. d.**).

[8] Vedi c. XIX **1. c.** e **2. e.**.

[9] Cfr. L. WITTGENSTEIN, *Philosophische Untersuchungen*, I, 43.

TESI XXVII: Tutto il sapere umano è acquisito ma non è riducibile alla percezione sensibile. La dipendenza del sapere dall'esperienza non è semplice ma complessa.

Tutto il sapere umano è acquisito: sia come atto, sia come competenza, sia individuale che collettivo e istituzionale, ma specialmente: a) in quanto si realizza in proposizioni vere, cioè non possediamo delle «verità innate»; b) in quanto le esprime in un determinato linguaggio, cioè non possediamo «idee innate». Il sapere umano è valido proprio in quanto è acquisito.
La posizione empirista è contraddittoria.
Il sapere non è riducibile alla percezione sensibile, a) né per la sua verità, b) né per i suoi contenuti.
La dipendenza del sapere dall'esperienza non è semplice e lineare, ma molteplice e complessa.

NB: Per la comprensione e per l'argomento di questa tesi si presuppone tutta la terza parte del libro, specialmente i capitoli VII, VIII e X, nei quali si è parlato della conoscenza umana preoggettiva.

2. Tutto il sapere umano è acquisito

a. *Il sapere umano non è innato*

Abbiamo visto già dall'inizio del nostro trattato che il sapere umano è la capacità di fare proposizioni vere e di darne ragioni valide (c. III, tesi IV, **2. c.**). Fare proposizioni e dare ragioni sono *attività* pienamente conscie e dotate di intenzionalità oggettiva (c. VII **2. b.**; c. VIII.**2. b.** e **2. c.**). Nessun essere umano nasce con tali atti pienamente conscí ma impara lentamente a farli e, per un certo periodo, da piccolo, è capace di compiere solamente le attività sensibili di intenzionalità preoggettiva[10].

Anche la stessa *capacità* del sapere non è congenita ma

---

[10] Sotto questo aspetto è ancora valida l'argomentazione di Locke contro l'innatismo di Cartesio. Cfr. J. LOCKE, *An Essay*, lib. I, dove mostra che né i principi né le idee sono innati.

acquisita. Fare determinate proposizioni vere e dare ragioni appropriate per esse è una capacità che ogni individuo umano acquisisce in un processo di apprendimento e che varie persone si appropriano in maniera molto diversa. È vero che ogni essere umano normale, cioè non gravemente tarato psichicamente, sviluppa spontaneamente, entro certi limiti, capacità intellettuali, cioè la capacità del sapere; questo significa solo che l'uomo possiede di natura *la capacità* di imparare e *di acquisire* il sapere ma non già un sapere determinato.

Il sapere *istituzionale*, il cosiddetto «bagaglio» o «tesoro» del sapere evidentemente non è *innato*. In quanto istituzionale non esiste direttamente in alcun singolo soggetto umano concreto e perciò non può essere *nato* con esso.

Più importante ancora è il fatto che il sapere istituzionale *non* possiede un'esistenza pienamente indipendente dai soggetti umani[11]. Il sapere istituzionale *nasce* dalle varie attività oggettivizzanti umane e ha bisogno di una continua *riacquisizione* conscia da parte delle persone umane. La *possibilità* di diventare conscio, in soggetti umani, è essenziale per il sapere istituzionale, senza di essa il sapere istituzionale non sarebbe né sapere né istituzione. Così, e solo così, il sapere umano istituzionale viene tramandato e aumenta, cambia e rimane, possiede una storia con una continuità.

Uno dei motivi per considerare il sapere umano come innato, congenito e come una parte della stessa natura umana, è proprio il fatto che esso per la sua massima parte *precede* la consapevolezza e ogni attività conoscitiva dei singoli soggetti umani. A partire da Platone e Agostino e in tutta la tradizione platonica e agostiniana fino a Cartesio si sottolineano specialmente l'intersoggettività e l'oggettività del sapere umano, insistendo nella sua *universalità* e nella sua *necessità*[12]. Questo si verifica anche perché in questa tradizione filosofica si accetta prevalentemente, come paradigma del sapere umano, la parte del sapere

---

[11] Vedi c. VII **4. c.**
[12] Terminologicamente l'*universalità* rispecchia l'intersoggettività del sapere e la *necessità* l'oggettività.

umano nella quale la sua universalità e la sua necessità sembrano particolarmente evidenti, cioè la matematica, la morale e la metafisica. Il sapere umano acquista così, almeno in parte, una specie di eternità e viene considerato come partecipazione alle verità eterne di Dio, come di fatto avviene in Agostino ma anche in Cartesio e in Malebranche.

Il nucleo di verità di tutta questa esaltazione del sapere sta, secondo noi, proprio nell'esistenza istituzionale del sapere umano che precede l'acquisizione consapevole di esso da parte dei singoli soggetti umani.

b. *Non possediamo verità innate*

Tutto quello che abbiamo detto generalmente sul sapere umano nel punto precedente vale specialmente per il problema delle *verità* innate. Esse non sono innate ma acquisite, sia quelle personali sia quelle istituzionali e collettive. Le apprendiamo o da altri o dalla nostra esperienza o dalla riflessione sulle nostre attività.

L'aspetto specifico del problema delle verità innate è però il seguente. Le verità sono *proposizioni*. La loro esistenza è un'esistenza *logica*. Questo è vero anche per il sapere come capacità di fare proposizioni e per le «verità» istituzionalizzate, che non sono attuali se non in forma proposizionale.

Una proposizione, proprio per la sua logicità, può esistere *solo* come *pensiero* non come determinazione *naturale* di un essere, neppure di un'anima o di una coscienza. Non esistono «naturalia» in questo senso[13].

Si ricorda, però, che l'esistenza logica delle proposizioni è realizzata non solo nel pensiero esplicito, sia silenzioso sia verbalizzato, ma piuttosto nel contenuto proposizionale di molte azioni umane, siano esse pienamente consapevoli o meno. Importante è che in ogni caso si tratta del contenuto logico pro-

---

[13] Il termine «iudicium naturale», ma anche quello di «veritas naturalis», che si trova pure nella filosofia neotomista, sono d'origine razionalistica e significano un giudizio o una verità che la stessa natura esprime.

posizionale di un'attività specificamente umana e non dell'atto psichico.

Questo non esclude che ci siano verità necessarie, fondate in un'esperienza che ogni essere umano necessariamente fa, o fondate in una riflessione su un'attività che nessun uomo normale può evitare di svolgere.

c. *Non possediamo idee innate*

Anche i contenuti del pensiero, cioè i concetti, le idee o come vengono chiamate secondo le varie terminologie delle diverse scuole filosofiche, non sono innati. Anche qui tutta l'argomentazione generale contro l'innatismo del sapere che abbiamo data è valida.

Tuttavia, anche qui è maggiormente importante l'argomentazione specifica, che è simile a quella contro le verità innate[14] ma in parte anche diversa. Come vedremo nel capitolo seguente i concetti universali, cioè il materiale dei nostri pensieri, sono *schemi* logici di *operazioni* intelligenti *ripetibili* («Handlungsschemata»), prevalentemente del parlare ma non solo di esso. Questi schemi precedono generalmente la consapevolezza che di essi hanno i singoli soggetti umani. Hanno un'esistenza istituzionale e in questa esistenza *preesistono* al pensiero del singolo soggetto umano. Questi schemi operativi vengono acquisiti in un processo di apprendimento intelligente e formano la *capacità* di pensare e di fare proposizioni vere. Dal punto di vista del singolo soggetto umano sono perciò acquisiti.

La maggior parte delle nostre idee, cioè di questi schemi di operazioni, sono culturalmente determinate e perciò storicamente mutevoli. Tuttavia, data la costituzione umana *stabile*, sia fisico-corporea sia psicologica sia perfino metafisica, ci sono schemi operativi che nascono *necessariamente* in ogni soggetto umano e con ciò sono *a priori* in senso specifico[15]. Di questo

---

[14] Vedi questo cap. **2. b.**
[15] Vedi c. XIII **4.**

tipo sono certamente gli schemi delle fondamentali operazioni logiche, come per esempio la stessa struttura delle proposizioni, cioè la predicazione poi la negazione, l'implicazione e altre.

Se ci siano anche simili universali linguistici comuni a tutta l'umanità, come ipotizza Chomsky[16], resta discutibile. Resta però vero che anche questi schemi di operazione intelligente diventano attuali, cioè effettivamente determinanti l'operazione intelligente concreta solo attraverso un processo di apprendimento socializzante.

d. *Il sapere umano è valido proprio in quanto è acquisito*

Il fatto che tutto il sapere umano sia acquisito, che non sia eterno, anche se atemporale, non toglie la sua validità assoluta ma la conferma e in uno certo senso la costituisce. La ragione è la seguente.

Il sapere, nonostante sia acquisito, è, proprio per questo, *non passivo* ma *attivo*. Esso è acquisito, imparato, elaborato e fatto proprio da parte del soggetto. L'intelletto umano non riceve e non produce un'immagine della realtà, ma con la sua attività produce e riproduce il sapere nella sua intenzionalità oggettiva e istituzionale[17]; e proprio in quest'attività, in questa *creatività* del mondo istituzionale, risiede la validità assoluta del sapere per la realtà.

Anche la necessità e validità universale del sapere umano non dipendono da un'identità contenutistica del pensare con la realtà.

3. La posizione empirista è contraddittoria

Che tutto il sapere umano non sia innato ma acquisito *non* significa che esso tragga origine dalla sola percezione sensibile e dipenda completamente da essa. Anzi, la rigida posizione empirista è contraddittoria e afferma che tutta la conoscenza

---

[16] Cfr. N. CHOMSKY, *Language and Mind*. Per questo la posizione di Chomsky viene anche etichettata come «cartesianismo linguistico».
[17] Vedi c. VIII **2. b.** e **3**.

umana proviene dall'esperienza sensibile; con ciò il sapere umano è limitato alla possibile esperienza. Per fare questa affermazione si deve però compiere una delle due seguenti operazioni.

O si deve *totalizzare* la stessa esperienza, cioè considerare *tutta* l'esperienza *possibile* come un *insieme*, ma questa è certamente un'operazione che trascende l'esperienza, in quanto l'esperienza sensibile è sempre *singola*.

O si deve *negare* la possibilità, rispettivamente *vietare* la legittimità di ogni operazione che trascende l'esperienza. Tuttavia anche la negazione e il divieto sono operazioni che trascendono l'esperienza, in quanto non esiste esperienza *negativa*[18].

4. Il sapere non è riducibile alla percezione sensibile né per la sua verità né per i suoi contenuti

Dato che il sapere umano è una realtà complessa e multiforme, per la sua eventuale riducibilità alla percezione sensibile si debbono distinguere i vari elementi e aspetti dello stesso sapere umano.

a. *La verità del sapere umano non è riducibile alla percezione sensibile*

Il sapere umano, rispetto alla sua validità, si è mostrato contro lo scetticismo come *assoluto* (c VI **1. b.**). La possibilità di sapere, perciò, non dipende dalla percezione sensibile se non in quanto questa è già oggettivata, cioè conosciuta intellettualmente nella modalità dello stesso sapere.

Non tutte le proposizioni dicono qualcosa *sul mondo sensibile*. Ci sono proposizioni vere o false in campo morale, religioso e metafisico[19], e ci sono le proposizioni della matematica e della logica. La verità, ma anche la falsità, di nessuna di esse

---

[18] Cfr. E. AGAZZI, «Considerazioni epistemologiche».
[19] Cfr. c.X **5.**

è riducibile alla pura percezione sensibile. Per decidere sulla loro verità o falsità non è possibile alcuna verificazione o falsificazione sensibile, ma bisogna fare ragionamenti anche indirettamente *non* riducibili alla percezione sensibile.

Anche la verità o falsità delle singole proposizioni, che dicono qualcosa sul mondo *sensibile*, non è riducibile alla percezione sensibile. Solo la percezione sensibile *oggettivata* può essere criterio della verità o falsità di una proposizione[20]. Questa oggettivazione della percezione sensibile implica necessariamente una piena consapevolezza e la *concettualizzazione*. Generalmente è necessaria anche una verbalizzazione, cioè un inserimento della percezione oggettivizzata e concettualizzata in un *linguaggio* umano. Nel caso di una proposizione di pretesa *scientifica*, questo linguaggio dovrà diventare una *terminologia* più o meno elaborata e spesso dovrà usare i vari mezzi di *misurazione* e di espressione *numerica*[21].

In tal modo, il principio di verificazione sensibile per la verità o falsità non solo *non* è applicabile a *tutte* le proposizioni, ma *nessuna* proposizione è direttamente verificabile o falsificabile in maniera puramente empirica, cioè per mezzo della pura percezione sensibile.

Se con *verifica indiretta* si intende la necessità di presenza di certe percezioni sensibili, allora c'è da dire che questa *non* è necessaria per la verità di tutte le proposizioni e che *mai è sufficiente* per sé sola, ma che per la verità delle proposizioni sul mondo sensibile essa è una condizione *necessaria* ma *non sufficiente*. In più, questa verifica, anche solo indiretta, non riguarda la verifica da fare per *ogni* singolo soggetto del sapere, ma quella da fare da parte della collettività e da tramandare ai singoli.

b. *I contenuti del sapere umano non sono riducibili alla percezione sensibile*

Non solo la verità delle proposizioni che fanno parte del

---

[20] Cfr. c.X **4**.
[21] Cfr. c. X **4. a.**

nostro sapere non è riducibile alla percezione e all'esperienza sensibile, anche il *materiale* sul quale si sa qualcosa e del quale si dice qualcosa, formulando proposizioni vere, cioè i contenuti del pensare umano, i concetti, le idee, o come si vuol chiamare questo materiale del sapere, non è riducibile alla percezione sensibile, come intende l'empirismo. I contenuti del sapere e del pensare umano, da una parte e quello della percezione sensibile, dall'altra, non sono identici; detto in altra maniera: il contenuto del sapere umano non si riduce solamente a quello sensibile. Non soltanto ci sono *contenuti* di pensiero che *non* sono percezioni *sensibili*, cosa che neanche l'empirismo più estremo ha mai negato[22].

Più importante ancora è che le *strutture* della sensibilità e quelle del pensare — nonostante certe analogie e somiglianze — sono diverse in un modo che esclude una loro relazione biunivoca[23], come Hume e l'empirismo in genere affermano. Infatti, per affermare una dipendenza biunivoca delle nostre idee dalla percezione sensibile, l'empirismo deve negare la stessa strutturalità della sensibilità umana e assumere una posizione atomistica[24].

La differenza fra sensibilità, da una parte e sapere, pensiero e linguaggio umano, dall'altra, *non* consiste *solo* nel fatto che sono strutture *diverse*, ma il loro *modo* di essere strutturate è *diverso*. Questo esclude anche una qualsiasi riduzione *sistematica* del sapere, del pensiero e del linguaggio umano alla percezione sensibile o anche soltanto un'analisi sistematica di essi in termini di contenuti sensibili.

5. La dipendenza del sapere dall'esperienza non è semplice e lineare, ma molteplice e complessa

Nonostante che il sapere non sia riducibile alla percezione

---

[22] Anche per Hume, le *idee* non sono impressioni, ma copie di esse. Ciò vuol dire che le distingue e le considera diverse. Cfr. D. HUME, *An Inquiry*, sz. II.
[23] Vedi c. XIX **2. d**.
[24] Cfr. c. XIX **1**.

sensibile, resta però il fatto di una reale dipendenza del sapere umano dall'esperienza in genere e, in quanto l'esperienza umana è sempre anche sensibile, dalla percezione sensibile.

a. *Preconcetti sbagliati rispetto alla relazione fra sapere ed esperienza*

Questa relazione *non* deve essere concepita come *lineare* e semplice – l'abbiamo già visto - dato che sia il sapere sia l'esperienza umana sono realtà strutturali. Ambedue sono *reti* ma non sono correlati fra di loro come una «doppia rete».

In più, la relazione fra esperienza e sapere umano *non* è una relazione *fissa*, ma cambia coll'aumento del sapere sia personale che collettivo, in quanto questo aumento comporta una progressiva strutturazione oggettivizzante dell'esperienza.

L'aspetto più importante per capire la relazione fra esperienza e sapere umano consiste poi nel seguente fatto: sia il sapere, sia ancor meno l'esperienza umana, *non* consistono in un possedere *contenuti* ma sono *attività*. Si fa esperienza e si sa *agendo e operando* nel mondo.

Fare esperienze e sapere sono modi di essere nel mondo, di viverlo e di trovarsi in esso. Nel fatto che *ambedue insieme* siano il modo dell'esistenza umana consiste la loro relazione molteplice e complessa.

b. *Differenti aspetti del sapere e dell'esperienza umana*

D'altra parte, bisogna *distinguere*, come abbiamo già cominciato a fare[25], i vari aspetti al di sotto dei quali il sapere e l'esperienza umana sono correlati fra di loro e anche quelli al di sotto dei quali il sapere dipende dall'esperienza.

La dipendenza del sapere dall'esperienza è diversa se si tratta:
— della validità del sapere in genere;
— della verità o falsità delle singole proposizioni;

---

[25] Vedi questo capitolo, **3.**

— della verità di un insieme sistematico.

Bisogna distinguere anche:

— il significato stesso di una proposizione dalla sua verità o falsità;

— il significato di una proposizione dal significato di un termine, di una parola, di un simbolo o di un segno;

— il significato di un termine dal suo eventuale riferimento a un oggetto.

Sotto tutti questi diversi aspetti ci sono da affermare *diverse* relazioni e diversi tipi di dipendenza fra sapere ed esperienza umana.

c. *La dipendenza del sapere umano dall'esperienza sensibile in Tommaso d'Aquino*

Anche san Tommaso d'Aquino, in continuità colla filosofia aristotelica, insiste sulla dipendenza della conoscenza della verità di una proposizione dal cosiddetto «fantasma» sensibile[26]. Anch'egli insiste però nella differenza del «iudicium» da quello che si conosce con i sensi[27].

Per capire bene e non fraintendere la dipendenza della conoscenza della verità dai nostri sensi in san Tommaso sono importanti due punti.

Il «fantasma» al quale l'intelletto torna per poi dire «è» o «non è», è il fantasma *composto*; non è semplice e ancora meno è atomico come invece è il «dato sensibile» nella filosofia moderna.

---

[26] Cfr. fra tanti testi: TOMMASO D'AQUINO, *Quaestio disputata de Anima*, art. 15: «Potentiae sensitivae sunt necessariae animae ad intelligendum, non per accidens tamquam excitantes, ut Plato posuit, neque disponentes tantum, sicut posuit Avicenna, sed ut rappresentantes animae intellectivae proprium objectum, sicut dicit philosophus (III De Anima): Intellectivae animae phantasmata sunt sicut sensibilia sensui».

[27] Tutto questo problema è così trattato da P. Hoenen: «Rappellons-nous la césure entre les accepta et le jugement. D'abord ces accepta sont dans l'esprit seulement comme des rappresentations, vient ensuite le jugement (...) selon la formule <prima operatio respicit quidditatem secunda respicit esse> (...) Entre les deux operation il y a donc une césure dans laquelle joue la réflexion sur la représentation» (*La théorie du jugement*, 34). NB: Dato il diverso contesto, *rappresentazione* in Tommaso ha un significato diverso da quello da noi usate nel cap. IX.

La sensibilità in Aristotele e in tutta la filosofia scolastica fa parte della *vita* conoscitiva e *non* è qualcosa di meccanico, atomico o perfino materiale.

Ciononostante la *nostra impostazione* resta fondamentalmente diversa da quella di Aristotele e di Tommaso. Per loro il sapere, o meglio, la conoscenza intellettuale fa parte della *vita* e dall'attività di un'*anima*. Noi invece abbiamo cominciato, con tutta la filosofia moderna a partire da Cartesio, direttamente dal sapere come capacità del *soggetto cosciente* e dalla validità di questo sapere *in se stesso*, per arrivare adesso *alla fine* anche alla dipendenza del sapere dall'esperienza.

d. *La dipendenza del sapere umano dalla sensibilità attraverso il linguaggio*

La più evidente dipendenza del sapere umano dalla sensibilità, ma anche la più forte e la più totale, è costituita dalla dipendenza del sapere umano dal linguaggio.

Rispetto alla *verità* del sapere c'è da dire che moltissimo di quello che sappiamo l'abbiamo imparato da altri, comunicando con loro linguisticamente e ricevendo da loro informazioni linguistiche. Poco importa che i tipi di linguaggio usati per la comunicazione umana siano diversissimi. Certamente non tutti sono vocali e sonori, né tutti sono concettuali e astratti, ma *tutti* sono *sensibili* e con ciò dipendono dalla *sensibilità* umana.

Per il «materiale» del sapere e del pensare, cioè per i *termini* nei quali si articola e si esprime il sapere umano, la dipendenza del sapere dal linguaggio umano è ancora più forte: *tutto* il materiale del pensare, *tutti* i nostri termini sono linguistici e in questo senso dipendono dalla percezione sensibile.

Evidentemente questa dipendenza del sapere umano dall'esperienza sensibile attraverso il linguaggio *non* permette una qualsiasi *riduzione* del sapere alla percezione sensibile. Per parlare abbiamo bisogno dei sensi ma abbiamo bisogno anche dell'*intelletto* per *capire* quello che si dice[28].

---

[28] A questo punto la teoria di astrazione aristotelico-tomistica riacquista la sua validità, come vedremo nel prossimo capitolo (c. XXI, **4. a.**).

6. Esperienza, simbolo, concetto

Lasciando l'indagine su molti aspetti del problema della dipendenza concreta del sapere umano dall'esperienza all'antropologia filosofica e alla psicologia scientifica, c'è però una dipendenza concreta del sapere concettuale dall'esperienza che è specialmente importante: quella che è necessariamente mediata dal simbolo. La trattiamo qui brevemente proprio per la sua importanza generale.

a. *L'esperienza*

Come esempi di esperienza umana nel senso che qui ci interessa prendiamo casi molto comuni, semplici ma fondamentali:
— avere fame e mangiare cibo, per esempio pane;
— avere sete e bere acqua;
— sperimentare il buio e vedere la luce;
— avere freddo e sentire il calore del fuoco;
— essere sporco e lavarsi.

Queste esperienze sono umane nel senso globale, cioè coinvolgono l'unità psicofisica umana come tale. Fame, sete, buio, calore ecc. si sentono corporalmente con i nostri sensi. Tuttavia, affinché fame, sete, freddo ecc. siano *esperienze*, l'uomo deve essere consapevole di esse, anche se in maniera assai diversificata.

Le esperienze indicate sopra sono specificatamente *umane*, non solo perché c'è consapevolezza ma anche per il loro contenuto. La fame, la sete, l'esperienza del buio e del calore, l'esperienza di bere e mangiare ecc. si trovano, evidentemente, anche in molti animali — non in tutti — ma nell'uomo fanno parte di un comportamento non solamente naturale ma sempre anche *culturale*.

Detto in altre parole: le esperienze che noi, esseri umani, facciamo anche le più semplici e fondamentali, le abbiamo *imparate* a fare dentro un insieme di comportamenti umani, che solo in parte sono determinati dalla *natura* umana biologica e psicologica e che, invece, in quanto esperienze umane dipendono più ancora da fattori *culturali*.

Queste esperienze, perciò, si inseriscono in una struttura psichica di *significati*, che costituisce, per così dire, un «testo».

Le esperienze di sete, di fame, di luce ecc. possono diventare *esperienze* particolarmente *forti*: dopo un lungo cammino senz'acqua si ha tanta sete, il primo bicchiere d'acqua è delizioso; dopo un giorno di digiuno si ha tanta fame e mangiando un tozzo di pane si scopre il gusto speciale del pane; dopo un lungo cammino si è molto stanchi, sudati e sporchi, facendo la doccia o, ancora meglio, tuffandosi nel mare si sperimenta la freschezza, la limpidezza, la dolcezza dell'acqua e vestendo vestiti puliti ci si sente nuovi, freschi, ringiovaniti.

Nonostante che le esperienze umane siano determinate da fattori culturali, esse *non* si possono *comunicare*, ancor meno se si tratta di esperienze forti e profonde. Si può solo *raccontare* un'esperienza personale: un altro ascolta il mio racconto, lo capisce e forse lo accetta come vero, ma non fa la stessa mia esperienza. Le esperienze si fanno in prima persona anche se si possono fare in comune. L'esperienza personale in se stessa non è comunicabile. Ascoltando il racconto dell'esperienza di un altro, io posso fare un'esperienza anche forte e profonda per me, ma sarà sempre un'esperienza *diversa* da quella che mi viene raccontata[29].

Quello che invece si può fare, e in un'educazione non solo religiosa ma anche morale regolarmente si deve fare, è creare condizioni e situazioni nelle quali per altri, specialmente per bambini e per giovani, diventa possibile fare le *loro* esperienze.

---

[29] Quest'ultima osservazione è di importanza cruciale per ogni accettazione di verità religiose e morali; per esempio per la comprensione e l'accettazione del racconto dei Vangeli. L'annuncio del Vangelo, specialmente quando viene pronunciato come "Parola di Dio", può, in certe circostanze, costituire un'esperienza religiosa forte e profonda, ma *non* lo è sempre necessariamente. Ma in nessun caso l'esperienza di quello che ascolta il Vangelo sarà quella esperienza che facevano gli apostoli quando, per esempio, incontrarono il Signore risorto. La fede ha come suo fondamento *non* la nostra esperienza ma una testimonianza che viene accettata come vera. D'altra parte, ogni accettazione di una fede religiosa, ma anche già una *reale* accettazione di un valore etico hanno bisogno di *esperienze personali*, che si possono chiamare anche «esperienze religiose», «esperienze di fede» o «esperienze morali», ma restano pur sempre *esperienze personali, incomunicabili* come tali, simili ad esperienze *sensibili* umane globali e profonde.

b. *Il simbolo*

Una mia esperienza forte di fame, sete, buio ecc. può acquistare una profondità che supera l'aspetto normale di questa esperienza (ho fame, ho sete) se mi vengono veramente meno le forze in modo che ho paura, che capisco di morire se non mangio e bevo. Allora tutta la mia esistenza dipende dall'acqua, dal pane, dal fuoco. Sono talmente sporco, puzzolente, straccione, che faccio schifo a me stesso e posso riacquistare la mia dignità umana solo lavandomi e vestendo altri vestiti. Se non trovo un fuoco muoio di freddo.

In tale situazione non si tratta più di *questa* fame, *questa* sete, questa sporcizia; di *quest'*acqua, questo pane, *questo* fuoco ecc., ma di qualcosa di *totale*: questa fame, sete ecc. viene a rappresentare *ogni* fame, anzi ogni desiderio. Questo pane, questo sorso d'acqua, questo fuoco *rappresentano* la vita, la felicità ecc. Ho fame e sete di *vivere*, voglio essere *libero*, cerco di ritrovare *la giovinezza*.

In questo modo le mie esperienze forti e profonde acquistano un valore *simbolico*. La sete, la fame, l'acqua, il pane, il fuoco ecc. non stanno più soltanto per se stessi, *rimandano* a *qualcos'altro* di più grande, più profondo e totale: le esperienze hanno un *significato* che le trascende, anche se questo significato *non* è ancora percepito in maniera *riflessa* e *distinta*.

Se poi, in una situazione di esperienza forte e profonda, questa stessa esperienza è accompagnata da *parole* o da un *gesto* esplicito e consapevole, nasce allora un *simbolo vero e proprio*. Ad esempio, arrivati a una fontanella uno non beve per primo, ma offre da bere a un altro; il primo pezzo di pane viene spezzato fra tutti nel gruppo.

In tal caso, il sorso d'acqua, il pezzo di pane e il fuoco vengono usati in maniera consapevole per esprimere qualcosa di più, di altro da se stessi. Ad esempio: «Il sorso d'acqua che ti do è un'espressione della mia amicizia»; «il pane che spezziamo è simbolo della nostra comunità».

La differenza tra il valore di significato dell'esperienza forte — di cui abbiamo parlato prima — e il simbolo vero e proprio non sta nella maggior precisione e consapevolezza, ma nel fatto che il simbolo è *accompagnato da un gesto* e, per mezzo di questo gesto, è *inserito* in una sorta di *rito*.[30]

c. Il concetto

Un'esperienza, anche forte e profonda, senza parole che la esprimano, non permette un confronto. Solo le parole che concettualizzano e generalizzano l'esperienza la fanno *comunicabile* e permettono un *confronto*. Dunque, senza un concetto una mia esperienza non ha neppure un significato per me stesso: essa sparisce e la dimentico subito, non ho perciò alcuna possibilità di *verificarla*. Ad esempio, senza il concetto non si ha paura del *buio* o fame *di* qualcosa, non si ha neppure *fame* ma soltanto una sorta di sofferenza.

Un *simbolo*, perciò, senza un concetto non è compreso e perde la sua forza simboleggiante. I simboli hanno, cioè, bisogno di spiegazione. Sono le *parole* che danno loro un significato determinato inserendoli in un *contesto preciso*.

Per questo motivo il simbolo nato dall'esperienza acquista valore *universale* e può essere *ripetuto*. Ad esempio, dividiamo il pane tra noi come espressione della nostra amicizia anche quando *non* abbiamo fame e lo facciamo *ogni* volta che ci riuniamo.

---

[30] Si noti che qui non si tratta di un significato o di un simbolo specificamente religioso. Forza, profondità e totalità di significato si trovano anche a livello umano profano e laico; anzi, in un certo senso, qui si trovano *prima*.

7. Bibliografia ragionata

E. AGAZZI, *Considerazioni epistemologiche.*
Progetto unitario di catechesi, ed. AGESCI, cap. IV, par. 3, pp. 111ss.
F. BRENTANO, *Psychologie vom empirischen Standpunkt.*
——,*Von der Klassifikation der psychischen Phaenomene.*
N. CHOMSKY, *Language and Mind.*
P. HOENEN, *La théorie du jugement d'après St.Thomas d'Aquin.*
C. HUBER, *Der englische Empirismus.*
——, *Die Vollendung des englischen Empirismus.*
D. HUME, *Ricerca sull'intelletto umano*, sz. II.
G.W. LEIBNIZ, *Nouveaux essais.*
J. LOCKE, *Saggio sull'intelligenza umana*, lib. I.
TOMMASO D'AQUINO, *De anima*, ar. 15.
L. WITTGENSTEIN, *Ricerche filosofiche.*

Capitolo XXI

LA NATURA E IL VALORE DEI TERMINI UNIVERSALI E IL PROBLEMA DELL'ASTRAZIONE

Dopo aver trattato della dipendenza del sapere umano, specialmente delle nostre idee, dall'esperienza, in questo capitolo intendiamo affrontare il problema della relazione delle nostre idee o meglio dei nostri termini alla *realtà* e del *valore* di essi per la realtà.

Il problema è collegato con quello del capitolo precedente; anche qui si tratta dell'*origine* del sapere, ma la questione è più ristretta: si tratta, almeno direttamente, *solo del materiale del sapere*, cioè dei termini, delle idee o dei concetti non della verità delle proposizioni. Tuttavia, si noti bene che tutti gli antinominalisti insistono sul fatto che si possa mantenere la verità realistica delle proposizioni *soltanto* affermando il valore realistico dei termini universali, cioè la posizione dei realisti. Evidentemente questa pretesa realistica noi non la condividiamo.

1. Il problema degli universali

Il problema che dobbiamo trattare in questo capitolo è quello del valore conoscitivo dei termini universali, spesso chiamato semplicemente il «problema degli universali». Esso nasce dal fatto *innegabile* che parlando, pensando e sapendo usiamo termini e che questi termini sono generali o universali. D'altra parte, la realtà, cioè le cose e i fatti dei quali parliamo e che sappiamo, non sono universali o non lo sono nello stesso modo come lo sono i nostri termini.

Bisogna chiedersi, allora, in che modo i nostri termini si riferiscano alla realtà, se siano validi per una realtà anch'essa universale, almeno in qualche modo, oppure no. Si può dire la stessa cosa anche in termini ontologici: l'universalità appartiene solo alle parole, ai termini, ai concetti, cioè a qualcosa della mente umana, o la realtà stessa e in sé è in qualche modo universale anche indipendentemente dalla mente umana?

Il «problema degli universali» *non* è direttamente quello dell'*origine* dei nostri termini, cioè quello della *concettualizzazione*. Il valore dei termini universali per la realtà non dipende tanto da come nascono ma piuttosto da che cosa sono. In più, qui non si tratta della concettualizzazione della nostra esperienza ma della concettualizzazione della stessa *realtà*.

Ciononostante, il problema del valore dei termini universali è certamente *connesso* col problema della loro origine, specialmente con quello dell'*astrazione*. Anche storicamente i due problemi, quello della natura e del valore dei termini universali e quello dell'astrazione o più generalmente quello della concettualizzazione, furono spesso trattati insieme. La questione dell'astrazione, tuttavia, *non* deve essere impostata in senso *genetico* e psicologico. Il vero problema degli universali *non* è quello della loro origine ma quello del valore noetico dei nostri termini.

Per questo anche il problema della dipendenza dei termini universali dai sensi qui non ci interessa più direttamente. Resta però vero che in un sistema realistico da una parte, e in un sistema nominalista, dall'altra, la funzione e la posizione della sensibilità è diversa. Tuttavia come abbiamo già visto nel capitolo precedente, le posizioni dei realisti e dei nominalisti, da una parte, e quelle degli empiristi e dei razionalisti, dall'altra, si trovano spesso incrociate[1].

Il problema del valore dei termini universali è un problema *antichissimo*, che si pone fin dall'inizio della filosofia ed è anche un problema che si pone per ogni sistema filosofico. È certamente un problema insito nella stessa esistenza umana ed

---

[1] Vedi cap. II, o c. III, **4**.

espressivo di essa. Perciò è un problema eterno, che forse non sarà mai pienamente risolto e che si porrà sempre di nuovo. Certamente non può essere risolto in modo facile, eliminandolo e dichiarandolo uno pseudo problema, come fanno i neopositivisti.

Il problema degli universali è *molteplice* e ha tanti aspetti. A noi interessano specialmente quelli noetici, linguistici e logici. Gli aspetti psicologici e ontologici li lasciamo alla discussione di altre branche della filosofia.

2. Le posizioni

Le due posizioni rispetto la natura e il valore dei termini universali, antagoniste tra loro, sono quelle del *realismo* e del *nominalismo*.

Per il realismo l'universale è reale; per il nominalismo non è reale ma le posizioni in realtà sono più diversificate. Bisogna distinguere come forme del realismo: *l'ultrarealismo* e *il realismo moderato*; come forme del nominalismo: il *concettualismo* e il *nominalismo* proprio.

NB: Bisogna distinguere bene il realismo opposto al nominalismo dal realismo opposto all'idealismo.

a. *L'ultrarealismo*

La posizione ultrarealista mantiene l'esistenza delle realtà universali: esistono come tali indipendentemente dall'attività conoscitiva umana. Non che le realtà universali siano l'unica realtà; le realtà concrete della vita sono evidentemente singolari, ma la realtà vera, profonda, permanente e filosoficamente importante è quella universale, cioè quella delle *idee sussistenti*.

È la posizione di Platone e dei platonici. Per l'ultrarealismo medievale è difficile stabilire la precisa portata delle singole opinioni, sembra che solo il Roscellino sia stato un vero ultrarealista.

La posizione di Agostino e di molti agostiniani, sotto determinati aspetti, è simile a quella dei platonici ma si trovano anche notevoli differenze. Per Agostino le idee non sussistono in se stesse: sono contenuti dell'intelligenza divina. Molti agostiniani medievali sono poi nominalisti.

In ogni caso, i termini universali rimandavano direttamente ad una realtà universale. Per questo è impossibile che la concettualizzazione avvenisse attraverso l'astrazione o dipendesse in qualche altro modo dall'esperienza sensibile. La posizione ultrarealista è necessariamente una posizione razionalista[2]. Platone risolve il problema dell'origine dei termini universali attraverso la sua teoria dell'anamnesi[3], altri, specialmente gli agostiniani, parlano di illuminazione o di infusione da parte di Dio. Per tutti si tratta comunque di un'intuizione intellettuale.

b. *Il realismo moderato*

Esiste poi un'altra forma di realismo, generalmente chiamata «realismo moderato». Secondo questa posizione i termini universali si riferiscono alla realtà concreta e singolare, nella quale però c'è qualcosa di realmente universale che fa sì, per esempio, che tutti gli uomini, o tutti i cani, siano realmente uomini o cani. C'è qualcosa nella realtà che giustifica l'uso del termine comune, universale. La realtà non è formalmente universale come pretendono gli ultrarealisti, ma essa è fondamentalmente universale.

Questa è la posizione di Aristotele e degli aristotelici ma anche di Tommaso d'Aquino, di tutti i tomisti e neotomisti. Questa posizione è evidentemente collegata colla dottrina metafisica aristotelica secondo cui ogni essere concreto di questo mondo è composto di materia e forma. Un individuo fa parte di una specie, cioè un cane è un cane in quanto possiede la forma di questa specie: la «caninità». Un essere è un *individuo* di una specie, cioè *questo* cane o *quest'*uomo, in quanto possiede una determinata materia che è principio di individuazione. La forma di un essere, però, non esiste separatamente, tolta la materia, sparisce anch'essa[4].

---

[2] Vedi c XX, **1. a.**
[3] Cfr. C. Huber, *Anamnesis bei Plato*, 259ss.
[4] L'anima umana, che pure è la «forma corporis» è un'eccezione; in quanto è immortale essa è capace di un'esistenza separata.

La concettualizzazione, secondo Aristotele, avviene attraverso l'*astrazione*: un'attività dell'intelletto individuale che *estrae* la forma intelligibile, cioè il contenuto universale, dal fantasma sensibile concreto e particolare e che perciò rimanda alla forma universale reale delle cose[5].

c. *Il concettualismo*

Il nominalismo storicamente si trova frequentemente sotto forma di *concettualismo*.

L'esponente più importante di questa forma di nominalismo concettualistico è John Locke[6]. Per Locke i termini universali o, come lui preferisce dire, i termini generali *non* sono costituiti dalle idee semplici, che sono il materiale originale del nostro pensiero. Queste idee sono ricevute passivamente dalla causalità delle cose sensibili sulla nostra mente[7], ma proprio per questo sono *singolari*. I termini generali invece sono un puro prodotto dell'elaborazione mentale umana.

Anche Locke usa per questa operazione mentale il termine aristotelico-scolastico *astrazione*. Il significato di *astrazione*, in Locke e in tutta la tradizione filosofica che lo segue, è però notevolmente diverso da quello che ha in Aristotele e nella filosofia scolastica[8].

---

[5] Per una più dettagliata esposizione della teoria aristotelica dell'astrazione, specialmente per la funzione dell'intelletto agente in essa.

[6] Cfr. specialmente J. LOCKE, *An Essay*, lib. III, cap. III, § 6 (Dei termini generali): «Poiché, tutte le cose che esistono essendo soltanto dei particolari, in quale modo veniamo a incontrare i termini generali? [...] Le parole diventano generali per il fatto che ne facciamo i segni di idee generali; e le idee diventano generali mediante la separazione da esse delle circostanze di tempo e di luogo, e di qualunque altra idea che possa determinarle nel senso di questa o quella esistenza particolare. Con questo mezzo dell'astrazione esse vengono rese capaci di rappresentare più individui, ognuno dei quali, avendo in sé una conformità con quell'idea astratta, è (come noi diciamo) di quella specie».

[7] Cfr. C. HUBER, «Die Vollendung der englischen Empirismus», 132-143 (Die Bedeutung der Kausalität für di Geltung der Bewusstseinsinhalte und die daraus folgende Eigenart des Bewusstseins selbst anhand Locke).

[8] Il significato lockiano di «astrazione» è quello che determina gene-

Nel contesto aristotelico-tomista, *astrazione* significa «tirare fuori» qualcosa che vi è dentro. L'astratto, dunque, è quello che era «intelligibile (in potenza) *in* sensibili» e che viene *reso* dall'intelletto «intelligibile actu». Secondo Locke *non* si tira fuori qualcosa ma si fa astrazione *da qualcosa*; vale a dire: «tralascio», nel senso che «astraggo da certe cose e mi concentro su qualcosa di specifico, che in questo momento è il più importante».

La teoria aristotelica dell'astrazione rimanda evidentemente alla metafisica aristotelica. L'astrazione lockiana non ha bisogno di una metafisica. L'operazione dell'astrazione di Locke e della maggior parte della filosofia moderna è un'attività psichica e conscia ed è perciò oggetto dell'introspezione e della psicologia. L'atto dell'astrazione aristotelica, invece, è di natura sua non direttamente conscio. La teoria dell'astrazione in Aristotele e in Tommaso d'Aquino *non* è il risultato di un'introspezione psicologia, ma di un ragionamento filosofico, di riduzione nel caso di determinati fatti a principi generalissimi metafisici: quelli di atto e potenza e di materia e forma.

d. *Il nominalismo puro*

Un'altra forma di nominalismo è quella che possiamo chiamare *nominalismo puro*. Per i nominalisti l'universalità non si trova neanche nelle nostre idee, ma soltanto nei «nomi», cioè nelle parole, nei segni e simboli, insomma nel *linguaggio*. Se l'universalità della parola venga vista più nel segno o piuttosto nel significato, e se si consideri per essa anche l'azione ripetitiva del parlare[9], ciò dipende da singoli autori e si chiarisce progressivamente attraverso la crescente consapevolezza del funzionamento del linguaggio umano nelle varie correnti della filosofia del linguaggio e della semantica.

Nominalisti nel senso proprio della parola sono Occam e gli

---

ralmente *tutta* la filosofia moderna, anche da un certo numero di neotomisti, che inconsciamente su questo punto sono stati influenzati più da Locke che non da Tommaso.

[9] Questo aspetto è sottolineato dalla scuola di Erlangen.

occamisti, dai quali proviene anche il nome. La loro esatta posizione non è del tutto chiara; sicuramente anch'essi non consideravano i termini universali un puro «flatus vocis». In un senso diverso è nominalista il filosofo tradizionalista francese del secolo scorso Louis de Bonald, il maestro di F. de Lammenais. Nella filosofia contemporanea mantengono una posizione chiaramente nominalista, oltre a molti logici, specialmente i costruttivisti della scuola di Erlangen, il Wittgenstein delle *Ricerche Filosofiche* e i suoi discepoli. Per questi ultimi il concetto è il significato di una parola e «il significato di una parola è il suo uso nel linguaggio»[10].

In un contesto nominalista acquisiamo individualmente i nostri termini attraverso un processo di socializzazione intellettuale, imparando una lingua. Il problema della concettualizzazione istituzionale è il problema della creatività linguistica umana. Per de Bonald invece è Dio a insegnarci il linguaggio. Abbiamo imparato da Dio, attraverso la Sua rivelazione, a cominciare da Adamo, tutti i contenuti essenziali del sapere umano, specialmente quelli religiosi, morali, filosofici e sociali. Ci si trova, per così dire, di fronte a un cartesianesimo trasformato: al posto delle idee innate ci sono le parole insegnate da Dio ad Adamo e a tutto il genere umano.

TESI XXVIII: Il valore dei termini universali per il sapere umano viene meglio spiegato dalla posizione nominalista.

La tesi intende determinare la natura e il valore dei termini universali.

Il valore del sapere umano non esclude una posizione nominalista.

I termini universali sono funzioni schematiche di azioni umane intelligenti.

Il valore dei termini universali consiste nel loro essere funzioni di azioni oggettivizzanti del sapere.

---

[10] L. WITTGENSTEIN, *Philosophische Untersuchungen*, I, 43.

La formazione dei concetti universali avviene con l'apprendere azioni ripetibili e con l'imparare una lingua.

Il processo di apprendimento linguistico è bene spiegato dalla teoria dell'astrazione aristotelica.

3. Il valore oggettivo e realistico del sapere umano non esclude una posizione nominalista

a. *Il nominalismo non porta necessariamente all'idealismo e al soggettivismo*

In vari ambienti filosofici, specialmente in quello neotomista, si è soliti avvicinare il nominalismo al soggettivismo e all'idealismo. In tale ambito, si afferma che solo una posizione realista rispetto al valore dei termini universali garantisce la validità oggettiva e realistica del sapere umano. Il nominalismo, invece, condurrebbe necessariamente all'idealismo e al soggettivismo.

La filosofia neoscolastica e specialmente il neotomismo nascono nella prima metà del secolo scorso in un ambiente romantico e di restaurazione postrivoluzionaria e postnapoleonica. La riscoperta della filosofia antica e medievale è determinata da una posizione antimoderna, specialmente da una posizione antidealista. Si oppone, in pratica, non tanto alla filosofia trascendentale di alto livello, che non era mai stata molto conosciuta in ambiente cattolico, ma a un kantismo e un tardoidealismo che era degenerato in un soggettivismo psicologistico. La restaurazione della «philosophia perennis» parte esattamente dalla riscoperta della teoria dell'astrazione aristotelico-tomista, nella quale si pensava di trovare la precisa difesa contro l'idealismo e contro il soggettivismo. La teoria dell'astrazione portava poi alla metafisica aristotelica, cioè all'ilemorfismo e alla dottrina di atto e potenza[11]. Tuttavia la teoria aristotelica dell'astrazione implicava necessariamente il realismo moderato rispetto al valore dei termini universali. Perciò, la posizione del

---

[11] Cfr. P. DEZZA, *Alle origini del neotomismo*.

realismo moderato fu di fatto assunta precisamente in opposizione all'idealismo e al soggettivismo.

Con ciò il valore oggettivo e realistico del sapere umano fu legato a un valore *rappresentativo*, a un rispecchiamento del nostro pensiero rispetto alla realtà. Dato che il nostro pensiero è un pensiero astratto e *generalizzante*, esso doveva per forza rappresentare una *realtà* universale.

Evidentemente, questa *non* è la posizione né di Aristotele né di Tommaso d'Aquino, ma si tratta di un neotomismo o di un neoaristotelismo impostato in chiave moderna, cioè postcartesiana e perciò *rappresentazionistico*.

In questo contesto la storia della filosofia moderna viene considerata come una progressiva decadenza dalla filosofia realista medievale tomista attraverso il kantismo e l'idealismo fino al marxismo, l'esistenzialismo e il nichilismo. Quella decadenza sarebbe, poi, cominciata esattamente col nominalismo[12].

Noi, al contrario, sosteniamo che il nominalismo *non* porta necessariamente all'idealismo e al soggettivismo.

La tesi polemica dei realisti non si può mantenere *storicamente*. Gli agostiniani medievali, ma anche Cartesio e Locke e molti filosofi moderni, erano nominalisti, ma ciononostante erano anche realisti in senso non-idealistico. Anzi, tutto l'agostinismo tardomedievale era nominalista ed esaltava il valore simbolico dei nostri termini, delle nostre parole e delle nostre azioni, ma sempre in un'accezione *realista*.

Anche *logicamente*, il nominalismo *non* porta necessariamente a una posizione idealista o, peggio ancora, a una posizione soggettivista riguardo al valore del sapere umano. Bisogna però rendersi conto che la questione che riguarda la verità del sapere umano e quella del contenuto dei concetti universali e della loro eventuale relazione alla realtà sono *due* questioni distinte.

La questione del realismo contro l'idealismo è una questio-

---

[12] Questa è precisamente la posizione di Maritain e di molti altri neotomisti. Cfr. J. MARITAIN, *Distinguer pour unir*.

ne che riguarda *l'intenzionalità* o, con un'altra terminologia, il riferimento della conoscenza e del sapere umano o, ancora in termini di semiotica, l'*uso* dei codici. La questione del contenuto dei termini universali, invece, è una questione che verte sul *significato*[13] o sui codici stessi. Anche la filosofia scolastica distingue la *prima* operazione della mente umana, cioè la «simplex apprehensio», dalla *seconda*, cioè quella del giudizio[14].

Le due «operazioni della mente» sono certamente *legate* fra loro. Una proposizione è composta da termini; se non esiste un codice non posso usarlo; senza significati non esiste possibilità di riferimento alla realtà; ma il nesso fra questi due aspetti del contatto conoscitivo colla realtà *non* può essere *totale*.

La questione della *verità o falsità* di una proposizione *non* si decide a livello del significato dei termini, altrimenti non potremmo fare proposizioni vere o false su fatti contingenti e tutte le proposizioni dovrebbero essere analitiche, cioè tautologie o contraddizioni[15]. Non solo per l'esistenza di Dio si potrebbe fare un argomento ontologico che parta dal puro significato del termine «Dio», ma un tale argomento sarebbe possibile per l'esistenza di ogni cosa, della quale possediamo un nome e la questione della verità si ridurrebbe a quella del possedere i termini, i concetti o piuttosto le «idee» giuste[16].

Tuttavia, anche la questione del *riferimento non* si decide a livello dei termini. Non tutti i termini hanno un riferimento alla realtà. Possedere certi termini o idee non garantisce che ci sia un certo tipo di realtà. Bisogna ricordarsi che il linguaggio e il pensiero umano sono *creativi*. Ogni parola, ogni pensiero, ogni concetto, insomma ogni termine, può essere usato per mentire e per creare una favola[17].

---

[13] Vedi c. XII, **1.** e **5.**
[14] Cfr. P. HOENEN, *La théorie du jugement.*
[15] Leibniz tiene una posizione simile: tutte le verità sono necessarie, anche se noi essere umani non lo sappiamo, data la limitatezza del nostro intelletto. Ma conseguentemente, per Leibniz, non ci sono neanche fatti contingenti.
[16] Questa infatti è la posizione non solo di Cartesio ma anche di Locke, Russell e del *Tractatus* di Wittgenstein.
[17] Proprio per questo Platone rifiuta la poesia creativa. Cfr. *Resp.*, 392-398.

D'altra parte, un'interpretazione non realistica dei termini universali, e in genere dello strumentario del parlare, del pensare e del sapere umano, *non comporta* necessariamente una posizione non realistica del sapere umano. È però necessario che lo strumentario del pensare sia compreso in modo *operativo* e la conoscenza umana stessa venga accettata non come rappresentativa ma come l'inserimento *attivo* dell'uomo nella realtà vissuta che garantisce un contatto *reale* con il mondo.

Che un'accettazione attiva della conoscenza umana *non* porti all'idealismo, l'abbiamo affermato già varie volte[18]. Anzi, è proprio l'esagerazione della *passività* della conoscenza umana con la conseguente posizione rappresentazionista e il parallelismo epistemologico a portare alla negazione della realtà indipendente[19]. Proprio il contatto operativo del parlare, pensare e sapere umano costituiscono la possibilità di una conoscenza oggettiva e realistica. Come vedremo subito, questo vale anche per lo strumentario del sapere, cioè per i termini universali.

b. *Le altri soluzioni, anche quella del realismo moderato, sono in contrasto con molti fatti evidenti*

Ci sono *fatti* evidenti che difficilmente si spiegano con le altre teorie sulla natura e sul valore conoscitivo dei termini universali.

Esistono tante diverse *lingue* umane naturali nelle quali l'esperienza umana è *diversamente* concettualizzata e nelle quali la stessa realtà è diversamente strutturata, cioè sintetizzata e distinta. Generalmente, non è possibile una traduzione biunivoca da una lingua all'altra, perché non esiste una corrispondenza esatta di *una* parola di una determinata lingua con *una* parola di un'altra lingua[20]. Questo dimostra che non solo le parole delle varie lingue sono diverse ma anche il loro significato, cioè il termine, rispettivamente il concetto.

---

[18] Vedi c II, **4.** e c. IX, **4.**
[19] Cfr. c. IX, **3.** e **4.**
[20] Nessuno è stato ancora in grado, infatti, di realizzare un programma per computer in grado di tradurre veramente da una lingua a un'altra, ciò probabilmente rimarrà sempre impossibile o almeno realizzabile in modo assai parziale.

La stessa identica realtà è concettualizzata per mezzo di *diverse terminologie*, secondo le esigenze dei diversi settori del sapere umano, specialmente delle diverse scienze[21].

Non solo il linguaggio ma anche in particolar modo il pensiero umano hanno un aspetto attivo e godono di una vera *creatività*, che si esprime non solo nella possibilità di mentire ma nella poesia e in tutta l'arte, in quanto in ogni arte si trova un pensiero realizzato[22].

Tutte le altre teorie opposte al nominalismo *non spiegano* questi fatti. Per l'ultrarealismo, sia platonico sia medievale, può essere valido solo un *unico* termine per una determinata realtà. «Unum nomen, unum nominatum». Coerentemente si deve anche postulare un linguaggio ideale[23].

Anche il *realismo moderato* degli aristotelici, dei tomisti e dei neotomisti non riesce a spiegare adeguatamente la *pluralità dei tipi* di termini. Tuttavia il difetto maggiore di questa teoria è la sua inadeguatezza rispetto alla creatività del pensiero umano, che è una creatività non solo di combinazione dei termini ma della loro *produzione*. A spiegare questa creatività produttiva dello strumentario del pensare *non* è sufficiente l'intervento attivo dell'intelletto agente, in quanto questo conferisce al termine universale *soltanto* la modalità dell'intelligibile attuale ma *non* il suo contenuto.

D'altronde, anche il *concettualismo* non riesce a spiegare i fatti sopraccennati. Per il concettualismo moderno, a partire da Locke, tutto il processo della concettualizzazione è un processo *psichico* e *individuale*. Un tale processo non spiega il valore *intersoggettivo* dei nostri termini generali e la loro esistenza istituzionale.

---

[21] Cfr. *Teoria e metodo delle scienze*, 21-22. 28ss.
[22] Vedi c. VIII, **2. b.**
[23] Cfr. già il *Cratilo* di Platone.

4. I termini universali non sono contenuti ma funzioni schematiche di azioni umane intelligenti

a. *I termini universali non sono dei contenuti*

Ci sono *errori fondamentali* nella posizione realista che generalmente non sono espliciti ma che determinano tutta l'impostazione del problema degli universali da parte dei realisti. Per dare un'impostazione giusta al nostro problema bisogna partire dall'eliminazione di questi erronei presupposti fondamentali.

I termini in quanto tali hanno un significato ma *non hanno un oggetto*. Essi possono essere usati all'interno delle proposizioni con riferimento ad oggetti. La funzione di riferimento a un oggetto è una funzione della proposizione o di altre attività intelligenti, ma non è una funzione del termine.

Il noema del termine *non è una realtà naturale* ma culturale e istituzionale[24]. Proprio per questo il processo della concettualizzazione non può essere un processo naturale. Questo esclude il processo di concettualizzazione dai processi che si possono spiegare per mezzo dell'analisi aristotelica di atto e potenza. Il processo di concettualizzazione, perciò, non può far parte del «Peri psyches» o del «De anima». Anche il fatto che la psicologia aristotelico-scolastica è di chiaro tipo metafisico e che l'astrazione è un'attività di un'anima spirituale e immortale non cambia nulla. La natura dei termini universali non è tale da ammettere un'analisi in termini di atto e potenza.

C'è poi un altro errore, ancor più fondamentale, rispetto alla natura non solo dei termini ma rispetto al pensare, al sapere e alla conoscenza umana in genere. Questo errore è però comune al realismo e al concettualismo e consiste nel considerare il *pensare come un possedere contenuti*. Contro questo errore di fondo va affermato che le idee, i pensieri, insomma il noema *non è un contenuto di una coscienza*. Questo si vede chiaramente a partire da ambedue i termini in questione.

---

[24] Vedi c. VIII **3. a.** e c. XII, **1. c.**

Come abbiamo già abbondantemente sottolineato, *la coscienza* non è coscienza di un contenuto, ma è sempre ed esclusivamente coscienza di un oggetto in quanto opposto al soggetto cosciente[25]. Se sono conscio, sono conscio di un oggetto, non di un contenuto. Caso mai, posso riflettere e fare di un eventuale contenuto del mio pensiero un oggetto della mia coscienza, ma allora sono di nuovo conscio di un *oggetto*. Il processo della concettualizzazione, anche sotto questo profilo, non può far parte della psicologia.

Sono poi conscio anche della mia *attività*, cioè, fra altro, dell'*uso* che faccio dei significati istituzionali e della mia capacità di costruzione, di combinazione, ma anche di *produzione* di significati.

D'altra parte, è chiaro — anche questo lo abbiamo già detto varie volte — che il pensare, il sapere e perfino l'essere conscio non consistono in un possedere qualcosa o un avere contenuti; esse sono *attività*[26]. Spesso il pensare consiste non soltanto in attività intelligenti[27], ma lo stesso pensare esplicito e separato è un'attività e non è un possedere idee, immagini o altri contenuti. Altrimenti si ricadrebbe nel parallelismo noetico, nel problema del ponte[28] e in genere in una posizione rappresentazionista che abbiamo già escluso come contraddittoria[29].

I termini universali non sono contenuti, sono mezzi per pensare e lo strumentario del sapere umano nel preciso senso appena esposto. Perciò un termine, un'idea, un concetto è qualcosa che si *usa* per pensare, cioè per *fare* certe cose in maniera intelligente secondo determinate *regole*.

Un concetto non è qualcosa che ho nella mente, del quale sono conscio, come un contenuto depositato là, che posso mantenere, ritrovare o ridepositare[30]. Invece le nostre idee, i nostri

---

[25] Vedi c. VII, **1. b.** e c. I, **2. d.**
[26] Cfr. c. III, **2. c.**; c. XIII.
[27] Cfr. c. XIV, **1. c.**
[28] Cfr. c. II, **3. a.ss.**
[29] Cfr. c. IX, **4. c.**
[30] Platone nel *Teeteto* espone una simile idea rispetto ai contenuti della nostra mente.

concetti o termini *non* sono *qualcosa*. Non sono, se così si vuol dire, un altro tipo di realtà. Sarebbe a dire: ci sono cose nel mondo e ci sono anche *altre cose* nella mente. Una simile posizione ci riporterebbe, come abbiamo già detto, a tutti i problemi insolubili del rappresentazionismo.

I termini universali *non* sono, perciò, *contenuti*, ma *non* sono neanche *qualcosa* in qualsiasi senso di questa parola. Essi non sono cose ma *funzioni*. Un concetto, un termine è qualcosa che si *usa* per fare qualcosa, anzi il concetto stesso lo uso secondo determinate regole. Cioè un termine universale è una *funzione operativa*.

b. *I termini universali sono funzioni schematiche di azioni umane intelligenti*

I termini universali sono funzioni proposizionali, si usano per fare proposizioni e altre operazioni logiche *complesse* simili, come per esempio domande o ordini. Anzi, nel senso tradizionale dell'analisi logica aristotelico-scolastica, un «termine», un «horos» è soltanto quello in cui si risolve logicamente la proposizione, cioè il «termine soggetto» e il «termine predicato». Le parole sono termini, cioè dicono qualcosa soltanto all'interno di una proposizione o di un costrutto logico simile. Nelle proposizioni «Questo gatto miagola» o «Questo cane morde» i termini funzionano come soggetto e predicato e perciò dicono qualcosa. Fuori di una proposizione o di un simile costrutto logico i termini non hanno un valore e *non sono* proprio termini perché non sono usati. Allora essi sono solo vocaboli, che hanno un significato all'interno di un linguaggio ma non dicono nulla. Se un termine non è usato non serve a nulla. Tutta la realtà di un termine sta nel suo *poter essere usato*. Un termine universale, perciò, può essere definito come quello che si può usare per fare proposizioni, cioè come una *funzione proposizionale*.

NB: Fare proposizioni qui si intende evidentemente in senso largo, cioè non solo in senso verbale. Anche gesti e azioni possono essere proposizioni[31]. Inoltre, anche l'uso di un termine per porre una

---

[31] Cfr. c. XIII.

domanda, per dare un ordine o per fare altre azioni simili è da considerarsi una funzione proposizionale.

I termini universali sono *funzioni di predicazione*. L'uso tipico del termine universale non è quello di soggetto di una proposizione ma di *predicato*. Il soggetto di una proposizione, almeno in ultima analisi, è *referenziale* e perciò *singolare* e deittico. Il predicato di una proposizione, invece, è sempre universale. L'uso specifico del termine universale è, perciò, l'uso come predicato o, detto in altre parole, i termini universali sono funzioni predicative.

La caratteristica di un termine universale come funzione predicativa è la sua *ripetibilità*. Se dico adesso «Questa è una finestra» e dopo mezz'ora dico di nuovo «Questa è una finestra.», faccio *due azioni distinte* ma *dico lo stessa cosa*.

Si considerino poi i seguenti esempi: «Questa è una finestra», «Anche quest'altra è una finestra», «Chiudi la finestra!», «Questo *non* è una finestra»[32]. Come si vede, il termine *finestra* è usato allo stesso modo nonostante la *differenza* del suo uso.

Così la caratteristica di un termine universale è che esso si può usare allo *stesso* modo, cioè con identico contenuto o significato, *ripetendolo* in vari contesti e situazioni per fare *diverse* cose. Usando lo *stesso* termine *gatto, cane, finestra, uomo, animale, camminare, alto, basso* ecc., in vari momenti, in varie situazioni, da persone diverse, in contesti diversi, il termine in se stesso fa sempre lo *stesso* effetto, ha lo stesso contenuto, *funziona* allo stesso modo.

I termini universali sono *funzioni dell'uso di una parola*. Essere predicato di una proposizione è un *uso specifico che si fa di una parola*. Questa parola deve avere già un significato, ma se è usata come predicato in una proposizione, allora viene usata per un determinato scopo, cioè quello della predicazione. Ci sono molti altri usi che si possono fare con parole, in molti

---

[32] L'uso anche *negativo* è essenziale. Un termine universale che non si può usare in una proposizione negativa non è propriamente un termine.

di essi l'uso che si fa è sufficientemente simile a quello delle proposizioni, in quanto tutti questi usi sono *referenziali*. Questo vuol dire che si usano le parole per parlare della *realtà*. Evidentemente *non* è il termine universale stesso che svolge la funzione referenziale, ma il termine soggetto della proposizione o qualche altro strumento referenziale, per esempio un gesto, l'indicazione o una pura situazione significativa. Il termine universale, tuttavia, in tutti questi casi è usato all'interno di un'azione referenziale per *dire qualcosa*.

I termini universali sono *funzioni operative di azioni umane intelligenti*. La capacità di ripetere la *stessa* operazione non è limitata al pensare o al parlare, cioè all'uso dei termini universali in senso proprio. Anche molte altre azioni umane intelligenti godono della stessa caratteristica.

A questo punto bisogna fare il passaggio dalle funzioni dell'uso delle parole alle funzioni operative delle azioni umane intelligenti. Le parole e i termini si usano, oltre che per fare proposizioni, anche per dare ordini. Dicendo «Chiudi la finestra!», quest'ordine può funzionare soltanto se la stessa *azione* comandata è, in qualche modo, *ripetibile* dalla persona alla quale l'ordine è rivolto. Soltanto se tu sai che cosa vuol dire *chiudere* allora puoi eseguire il comando di chiudere quella finestra.

Ci troviamo, però, adesso di fronte a una *doppia* ripetizione. Dicendo: «Hai chiuso questa finestra, chiudi adesso anche l'altra», si ripetono non soltanto i termini *chiudere la finestra*. Nell'esecuzione di questo ordine si ripete la stessa *azione* di «chiudere la finestra». L'azione fisica di «chiudere la finestra» è essa stessa qualcosa di ripetibile. Una persona può eseguire un ordine soltanto se capisce che deve fare qualcosa che sa *come* si fa e che perciò può ripetere. Un'azione che non si capisce come farla non si è in grado di svolgerla. Un'azione, quindi, si comprende qualora la si possa *ripetere*. Questo vale anche indipendentemente dal fatto che si abbia ricevuto un ordine da eseguire. Il punto importante è, invece, che si abbia *imparato* a fare una certa azione, il che vuol dire che si è capaci di ripeterla.

Attraverso l'attenzione all'uso delle parole e a quello che

avviene, quando si eseguono ordini[33], abbiamo scoperto l'aspetto di ripetibilità delle *azioni* umane intelligenti. Si rileva in tal modo che la ripetibilità di un termine e di una parola da una parte, e la ripetibilità di un'azione umana intelligente dall'altra, sono fondamentalmente la stessa cosa. Non è unicamente l'uso delle parole *chiudere la finestra* o perfino l'uso della sola parola *finestra* ad essere *universale*, ma l'azione stessa del «chiudere la finestra» ha una sua ripetibilità e quindi una sua *universalità*. Cioè, anche le operazioni umane ripetibili sono, in un certo senso, termini universali, sono un pensare.

A questo punto possiamo *invertire* la nostra affermazione e dire: i termini universali sono funzioni di ripetibilità di azioni umane intelligenti. È però importante ricordarsi quanto è stato detto sul pensare nel contesto della relazionalità strutturale del sapere umano[34]. Anche il pensare non si riduce al pensare solitario e distinto da ogni altra attività umana. Questo è solo un tipo di pensare e non è neppure il più frequente. Il pensare è un fare qualcosa nel mondo, cioè un azione umana intelligente. Si pensa anche quando si scrive, eventualmente, senza verbalizzare tutto quello che si scrive. Si pensa quando si mangia, distinguendo i cibi senza verbalizzare ogni boccone. Si pensa con le mani, con la bocca, con i denti, con la lingua o anche con i piedi. Non occorre che si verbalizzi sempre tutto. Spesso si pensa semplicemente facendo operazioni umane intelligenti che sono, però, proprio le azioni ripetibili.

Anche le azioni umane contengono dentro di sé quello che è l'intelligenza umana, o detto altrimenti, esse contengono un «noema». Il noema si trova così oltre che nel linguaggio e nel pensiero solitario anche nelle azioni umane intelligenti e ripetibili. Ovviamente, questa intellettività non si riscontra in tutte le azioni umane: se un essere umano, per esempio, cade dalla finestra del terzo piano e si rompe le ossa, questa azione *non* contiene un noema, proprio perché non è ripetibile come tale. Tale

---

[33] Sul problema dell'obbedire agli ordini, cfr. L. WITTGENSTEIN, *Philosophische Untersuchungen*, I, 431. 433. 458. 461.
[34] Cfr. c. XIV **1.** e **2.**

azione non è una «actio humana» ma solo una «actio hominis»[35], vale a dire che è un qualcosa che accade all'essere umano, ma non è qualcosa che l'uomo *fa* in quanto essere umano. Tutte le azioni, però, che sono «actiones humanae», cioè azioni tipicamente *umane*, contengono questo aspetto di ripetibilità.

C'è da fare, però, attenzione che così *non* si intende eliminare l'intelligibilità e neanche l'aspetto astratto, in senso aristotelico, del noema. L'azione umana della quale parliamo qui, *non* è l'azione puramente fisica ma è l'azione *in quanto ripetibile*. La ragione per la quale è importante insistere su questo punto è la seguente: se uno chiude tre volte la finestra, fa tre volte la *stessa* azione.

Cosa vuol dire che fa la *stessa azione*? Dal punto di vista dell'esistenza fisica e materiale *non* è la stessa azione: *non* si fa un'azione ma *tre*. Ciononostante si fa la *stessa* cosa, si fa la *stessa* azione. Le tre azioni possiedono una reale *identità* fra loro[36]. Se non la possedessero non potremmo *imparare* a farle, essendo l'imparare non altro che sapere *ripetere* la stessa azione. Stando così le cose, è necessario affermare che nella diversità concreta delle azioni umane ripetute si realizza un'*identità universale*.

I termini universali non sono, dunque, contenuti nell'anima o nella coscienza ma funzioni di azioni, attraverso le quali si fanno cose ed elementi di struttura di queste operazioni umane intelligenti e ripetibili. Essi non sono, neanche, soltanto funzioni di predicazione o uso delle parole. Il contatto umano con la realtà non è costituito unicamente tramite la predicazione o l'uso del linguaggio. Ci sono altri tipi di contatto. L'uomo è in contatto intelligente con la realtà per mezzo di tutte le sue azioni intelligenti ripetibili. Ripetere un'azione identica, in questo senso è la stessa cosa come ripetere una parola o, detto semplicemente, come pensare e usare termini universali.

---

[35] Questa distinzione è di lunga tradizione nella filosofia morale.
[36] Per la problematica dell'identità, cioè del «to auton», cfr. ARISTOTELE, *Metaph.*, V 9, 1017b 27-1018a 19.

Evidentemente, nell'*azione* intelligente e ripetibile *non* sono distinguibili in modo concreto il termine dalla proposizione come lo sono nella loro realizzazione linguistica. Ma l'aspetto che viene elaborato nella logica dei *termini* si trova nella *ripetibilità* dell'azione, l'aspetto invece che viene elaborato nella logica delle *proposizioni* e in certe parti della semantica, si trova nell'*uso* di questa azione in un contesto vissuto. La piena evoluzione della logicità, sia del termine universale sia della proposizione, si trova poi, evidentemente, soltanto nel linguaggio umano e nel suo uso concreto parlando intersoggettivamente della realtà oggettiva[37].

Rispetto al problema degli universali abbiamo effettuato un trasferimento dalla *contemporaneità logica* alla *temporalità* della *ripetizione*. Non si tratta più solo e in prima linea del fatto che lo *stesso* termine possa riferirsi a una molteplicità *contemporanea* di oggetti o di fatti ma lo stesso termine, la stessa parola, la stessa azione può essere *ripetuta* in diversi momenti *successivi*. Così oltre alla ripetibilità temporale abbiamo trasferito la realtà dell'universale dal contenutistico all'attività. L'universale, pertanto, non consiste nel possedere un contenuto ma nella *capacità* di *ripetere* un'*azione*[38].

Il fatto che l'uso dei termini universali, e con ciò la capacità umana di pensare, di parlare, di dire qualcosa sulla realtà, è legata alla capacità di *ripetere* la stessa azione e di importanza decisiva per capire non solo la realtà del pensare e del sapere umano ma anche la stessa realtà dell'esistenza umana. Noi esseri umani abbiamo bisogno di usare termini universali, cioè un pensiero astratto e un linguaggio concettuale perché siamo esseri *distesi nel tempo*. D'altra parte siamo capaci di ripetere le

---

[37] Per tutta questa considerazione dei termini universali come funzioni operative di azioni umane intelligenti e ripetibili sono in debito verso i filosofi della scuola di logica operativa e construzionista di Erlangen, specialmente Lorenz, Lorenzen, Schwemmer e altri. Cfr. specialmente: P. LORENZEN, *Konstruktive Wissenschaftstheorie*; K. LORENZ, *Elemente der Sprachkritik*.

[38] Così ritorna anche il concetto del sapere come *capacità*. Vedi c. III, **2. c.**

stesse azioni e di produrre termini universali proprio perché siamo esseri distesi nel tempo[39].

Nel senso esposto, i termini universali si possono considerare come funzioni di sintesi intellettuale in seguito alla filosofia trascendentale di Kant e all'idealismo di Hegel[40].

I termini universali sono *funzioni di comportamento istituzionale* secondo regole determinate di uso. Io posso ripetere la stessa azione soltanto se so *come* farlo, cioè se ci sono *regole* e io le conosco. Questo non vale soltanto quando si tratta di varie persone distinte; anche un'unica persona può ripetere per se stessa un'azione soltanto *secondo regole determinate*.

Seguire le regole, però, costituisce un *comportamento* che possiede una certa *stabilità* che permette la ripetizione. Questo comportamento deve essere stabile *individualmente*. Non si può seguire una regola una sola volta; non sarebbe una regola[41]. Tuttavia seguire le regole per ripetere un'azione costituisce anche un comportamento *comune e pubblico* di una certa stabilità, cioè un comportamento *istituzionale*. La ragione di questo non si trova soltanto nella necessità di comunicazione per l'apprendimento del comportamento rispettivo, seguire una regola è di natura sua un comportamento *pubblico* e perciò *comune*[42].

Le regole di un comportamento pubblico e istituzionale per

---

[39] Per tutto questo cfr. AGOSTINO, *Confessiones*, XI-XIII; I. KANT, *KrV*, B, 33-73 (Die transzendentale Ästhetik); 176-187 (Von dem Schematismus der reinen Verstandsbegriffe); trad. italiana, *Critica della ragion pura*, 65-92 (Estetica trascendentale); 163-169 (Dello schematismo dei concetti puri dell'intelletto); cfr. M. HEIDEGGER, *Sein und Zeit*.

[40] In qualche modo Juergen Habermas propone una simile interpretazione della filosofia trascendentale e dell'idealismo. Cfr. J. HABERMAS, *Erkenntnis und Interesse*.

[41] Cfr. L. WITTGENSTEIN, *Philosophische Untersuchungen*, I, 199: «Non è possibile che un solo uomo abbia seguito una regola una sola volta».

[42] L. WITTGENSTEIN, *Philosophische Untersuchungen*, I, 202: «Per questo 'seguire una regola' è una prassi. E *credere* di seguire la regola non è seguire la regola. E perciò non si può seguire una regola '*privatim*': altrimenti credere di seguire la regola sarebbe la stessa cosa che seguire la regola».

la ripetizione delle azioni umane intelligenti si possono giustamente chiamare «regole d'uso», usando l'analogia dell'uso linguistico delle parole[43], dato che l'uso di una parola è il caso più evidente di ripetizione della *stessa* azione umana intelligente.

Più importante è però un altro aspetto della ripetibilità della *stessa* azione: l'identità di un'azione nella ripetizione *non può essere un'identità naturale*. Dal punto di vista naturale, le azioni ripetute sono *distinte e diverse*. La loro identità deve essere di un altro tipo, cioè essa deve essere un'identità *istituzionale*.

Anche questo si vede meglio nell'uso ripetuto della *stessa* parola. La ripetizione di una parola non costituisce un'identità naturale; ciononostante si tratta della *stessa* parola che ha lo *stesso* significato. Altrimenti, non solo la comunicazione linguistica ma l'esistenza stessa del linguaggio sarebbero impossibili.

Se, però, il cosiddetto «contenuto» dei termini universali, in analogia al significato delle parole, si riduce all'uso istituzionale secondo regole, allora non si parla più definitivamente di *contenuti* del pensare e del sapere umano. La modalità della conoscenza umana è soltanto quella della pura *intenzionalità*, che esclude ogni rappresentazione[44].

I termini universali sono *schemi funzionali di azione umana intelligente*. Come abbiamo visto, i termini universali non sono semplicemente funzioni di azioni umane intelligenti, ma sono funzioni di ripetibilità delle azioni. L'azione nella sua realtà naturale è sempre diversa, ma *funziona* sempre allo *stesso* modo: essa è lo *stesso* termine. L'identità non è un'identità naturale, ma funzionale o *schematica*. Per affermare che si tratta della stessa azione bisogna considerare come *non* pertinenti certi aspetti delle azioni ripetute, specialmente la loro distinzione numerica e naturale e considerare invece come pertinenti altri aspetti che garantiscono un'identità funzionale.

Anche questo si spiega meglio con un esempio preso dal funzionamento del linguaggio. Per esempio: «cane - CANE - *cane*

---

[43] Vedi c. XII, **3**.
[44] Vedi c. IX.

- c a n e» è quattro volte la stessa parola. Le differenze di scrittura non contano. Quello che conta è l'identità funzionale. La stessa cosa vale per le differenze fonetiche[45]. L'identità di una parola o anche di un'azione ripetuta consiste così in un'identità *schematica*[46]. Il che vuol dire che un termine universale non è un'azione ma lo *schema* di un'azione.

Lo schema dell'azione umana intelligente ripetibile *non è astratto*, né in senso lockiano né in senso aristotelico. La ragione di questo è che lo schema non è qualcosa in sé. Non è uno schizzo, un'immagine schematica o un concetto astratto contenutistico *dell'*azione ripetibile ma la *capacità* di ripetere azioni. In questo modo non solo il sapere umano stesso è una capacità a fare certe azioni, come abbiamo visto già all'inizio del nostro trattato (c.IX), anche i «mezzi», che si usano per pensare e sapere, cioè i termini universali, *sono capacità*.

Dalla conoscenza umana è da eliminare *ogni* aspetto *contenutistico* e *cosistico*, che necessariamente porta a una duplicazione della realtà in una realtà reale e un'altra realtà nel pensiero. Anche una successiva identificazione di queste due realtà non supera l'errore iniziale, quello cioè di considerare il pensiero in modo contenutistico come una cosa. La conoscenza umana non è un «esercizio d'identità» fra contenuti mentali e la realtà stessa[47]. Pensare, sapere e tutta la conoscenza umana non sono nient'altro che un agire, un riferirsi alla realtà, un simbolizzare, un giudicare, un predicare ed eventualmente anche un costruire, ma mai una qualsiasi *cosa*.

In termini scolastici si può continuare a parlare della conoscenza come di una «operatio immanens», ma bisogna elimina-

---

[45] Questa identità funzionale nella diversità fonetica nel funzionamento del linguaggio si trova fino a livello dei fonemi Cfr. c. XII, **1. c**

[46] L'identità di *significato* di parole diverse è una conseguenza di questa identità schematica di funzione: «cane - chien - dog - Hund» sono quattro parole distinte, perché appartengono a quattro lingue diverse; ma queste quattro parole hanno lo *stesso* significato, perché funzionano schematicamente nella *stessa maniera* nelle varie lingue.

[47] L'«Identitätsvollzug» di certi neotomisti ispirantisi a una terminologia idealista.

re da essa ogni prodotto distinto dalla stessa azione. L'unico «operatum» della conoscenza come «operatio» è la stessa «operatio»[48]. Anche tutte le realtà istituzionali non sono altro che pensieri, cioè attività umane «solidificate»[49].

La partecipazione della conoscenza umana a quella divina non consiste nel rispecchiamento della contemplazione ma nella capacità attiva e creativa di essa, anche se ripetitiva e distesa nel tempo[50].

L'altra questione che si pone qui è quella se il termine universale, inteso nel senso tuttora esposto, sia una realtà *sensibile o intelligibile*. In un certo senso questa questione *non si pone* più. Il termine universale *non* è un contenuto, non è una cosa, non è una realtà; perciò, non è né una realtà sensibile né una realtà intelligibile.

D'altronde, bisogna dire che un'azione, in quanto è ripetibile, *non* è un'azione puramente *materiale* o *sensibile*. L'azione ripetibile, non nella sua ripetibilità ma nella sua esistenza numerica naturale, è senz'altro un'azione materiale e sensibile, ma la sua ripetibilità, cioè la sua identità attraverso le ripetizioni, non è né materiale né sensibile ma possiede una sua *intelligibilità*. Anche la ripetizione stessa è un'azione intelligente. Tutto quello che è stato detto in queste ultime pagine sui termini universali vale anche per i segni, i simboli ecc. Si tratta sempre dell'identità per mezzo di un *uso ripetibile*.

In questo senso i termini universali sono schemi di pensiero. I termini universali sono schemi della capacità strutturale del pensare come *azione*. Ma i pensieri non sono idee, non sono contenuti e ancora meno gli oggetti di una «res cogitans». La nostra posizione non ha niente a che fare con quella di Cartesio

---

[48] Anche per la filosofia aristotelico-tomista la conoscenza umana come «operatio imanens» *non* fa capo alla categoria dell'«actio», che termina in un «passum» e che per questo necessariamente produce un «operatum» distinto dalla stessa «actio». Produrre un prodotto distinto è necessario per un'azione materiale, ma non per un'attività intellettuale.
[49] Cfr. c. VIII, **2. a.**
[50] Cfr. questo capitolo, **4. b.**

o di Locke[51]. La coscienza non è un luogo di contenuti. I termini universali non sono contenuti e i dati di coscienza non sono qualcosa che ho nella mente, ma schemi operativi della capacità di agire e di ripetere azioni, e pertanto sono anche schemi del pensare in quanto il pensare è un'attività.

5. Il valore dei termini universali consiste nel loro essere funzioni schematiche di azioni umane intelligenti oggettivizzanti del sapere umano oggettivo e realistico

Dopo aver chiarito la natura e la funzione dei termini universali risulta piuttosto facile accertare il loro valore per il sapere umano oggettivo e realistico.

Abbiamo visto che i termini universali sono funzioni schematiche di azioni umane, cioè capacità di fare e di ripetere tali azioni. Il loro valore noetico e realistico consiste nel contatto con la realtà che, attraverso queste azioni ripetibili, *possiamo* stabilire e mantenere. Noi mangiamo, cuciniamo, usiamo macchine, parliamo, diciamo qualcosa e facciamo anche proposizioni vere; attraverso tutte queste operazioni ripetibili stiamo in un contatto intelligente con la realtà. Evidentemente, *non* siamo *sempre* in contatto con la realtà quando ripetiamo azioni intelligenti. Ripetiamo anche canti, usiamo parole per fare poesia e usiamo termini universali anche formulando proposizioni erronee e dicendo bugie. Il valore realistico dei termini universali non sta nel fatto che essi garantiscono un contatto con la realtà ma che lo fanno *possibile*. Questo contatto con la realtà è di diversissimi tipi: può trattarsi di un'attività tecnica, del parlare, del pensare privato ecc.

Tutte queste attività umane intelligenti e ripetibili sono azioni *oggettivizzanti*, perché, in quanto sono intelligenti, si svolgono necessariamente a livello di piena coscienza[52] e godono di un'intenzionalità oggettiva e istituzionale[53]. Fra queste azioni

---

[51] Cfr. C. HUBER, «Der englische Empirismus», 652ss.
[52] Vedi c. VII, **3**.
[53] Vedi c. VIII, **3**.

intelligenti e oggettivizzanti c'è anche quella di fare proposizioni, ma proprio anche quando faccio proposizioni e dico qualcosa, ad alta voce o silenziosamente, sono *attivo* in un mondo e *faccio qualcosa* di reale in esso.

Proprio perché i termini non sono contenuti ma funzioni schematiche della capacità di fare proposizioni e di fare altre operazioni umane intelligenti, il pensiero e il sapere umano si riferiscono *direttamente*, attraverso un contatto operativo, alla realtà e non a un surrogato di essa. Nessun mondo dei pensieri si sostituisce al mondo reale degli oggetti opposti al soggetto in modo reale[54]. Il problema del ponte non si pone affatto.

Anche le realtà istituzionali restano dipendenti dall'attività dei soggetti umani concreti e non guadagnano una piena indipendenza anche quando sono reali oggetti per il soggetto umano. Tuttavia, proprio in tal caso il contatto conoscitivo del soggetto con queste realtà è di nuovo un contatto diretto e attivo[55].

In questo modo, penso, si può salvaguardare il valore noetico dei termini universali per una conoscenza umana realistica, anche abbandonando la posizione dei realisti rispetto al valore contenutistico dei termini universali.

6. La formazione dei concetti universali avviene attraverso un processo di socializzazione intelligente, apprendendo la capacità di ripetere azioni e così imparando una lingua

Ðopo aver stabilito la natura e il valore dei termini universali ci resta da indicare, brevemente e in linea di principio, il processo di concettualizzazione, cioè il modo come le *singole* persone umane acquisiscono termini universali, e come nella *comunità* umana si creano questi termini universali. Non intendiamo però sconfinare nel campo della psicologia e della sociologia della conoscenza.

---

[54] Vedi c. IX, **4. d.**
[55] Vedi c. X, **3. b.**

a. *Il processo di concettualizzazione non è un processo di astrazione sensibile*

Il processo di concettualizzazione non può essere spiegato con la teoria dell'astrazione in senso lockiano.

Per formare un'idea generale non si tralasciano determinate differenze sensibili per arrivare a un'immagine sfumata con contorni e configurazioni imprecise[56]. Per una simile operazione bisognerebbe sapere *quali* differenze sensibili si devono tralasciare e quali no e come esse si *riconoscono*, ma un termine generale non è un «blurred image»[57]. L'immagine, anche quel-

---

[56] J. LOCKE, *An Essay*, lib. III, cap. 3, § 6: «le idee diventano generali mediante la separazione da esse delle circostanze di tempo e di luogo, e di qualunque altra idea che possa determinarle nel senso di questa o quella esistenza particolare». «(i bambini) quando il tempo e una conoscenza più vasta hanno fatto loro osservare che ci sono tante altre cose nel mondo, le quali in certe comuni concordanze di forma [*common agreements of schape*] e in molte altre qualità, rassomigliano al loro babbo e alla loro mamma, e a quelle persone che hanno avuto l'abitudine di frequentare, essi vengono a formarsi un'idea [*they frame an idea*], della quale trovano che partecipano quei molti particolari; e a quest'idea, conformemente ad altre persone, essi danno per esempio il nome di uomo. E così vengono ad avere un nome generale e un'idea generale. Col che non fabbricano niente di nuovo, ma soltanto lasciano fuori [*only leave out*] dall'idea complessa che si son fatta di Pietro e di Giacomo, di Maria e di Giovanna, ciò che è particolare a ciascuna, e ritengono solo ciò che è comune [*retain only what is common*] a tutte» (§. 7).

[57] La critica di Berkeley contro la teoria dell'astrazione di Locke è valida. Cfr. G. BERKELEY, *A Treatise*, Intr. §§ 7-17. Nell'introduzione (§§ 7-9) Berkeley espone fedelmente la posizione di Locke; dal § 10 in poi comincia a criticarla. «Se altri possiede tale meravigliosa facoltà di astrarre, ne saprà raccontare meglio» (§ 10). «Ma desidero soltanto che il lettore si renda conto, se in fondo a se stesso trovi o no una simile idea, il che, se non erro, può esser facile ad ognuno di verificare: che di più facile del riflettere alquanto sul proprio pensiero e sperimentare se si ha, o se si riesce ad avere un'idea corrispondente alla descrizione là data dell'idea generale del triangolo "né obliquo né rettangolo né equilatero né isoscele né scaleno, ma tutto ciò e insieme niente di tutto ciò"» (§ 13). «gli oggetti e i loro nomi e idee, che per lor natura sono *particolari*, vengon resi *universali* [...] io prendo un particolare triangolo, qualsiasi forma gli dia, e questo deve sostituire e rappresentare qualunque altro triangolo rettilineo, nel qual senso è universale» (§ 15).

la visibile, contiene già un'operazione intelligente[58].

È vero che i nostri termini generali contengono necessariamente un elemento *sensibile*: la dipendenza dei nostri termini, dei nostri pensieri universali dalla sensibilità è quella del significato di una parola dalla parola sensibile, dal segno visibile o udibile, dall'uso osservabile e pubblico del segno. In questo senso i nostri concetti, idee, cioè tutti i termini universali implicano un elemento sensibile: non ci sono termini senza che essi siano il significato di una parola, di un segno di un'azione sensibile e corporale, senza un uso sensibile e fisico.

Bisogna però distinguere questi due livelli: la sensibilità del segno e la sensibilità del suo uso; anche il secondo è sensibile, ma contiene ancor più direttamente un elemento *non* sensibile del segno, che pure è un segno soltanto se ha un significato, cioè un uso intelligibilmente comprensibile. L'uso anche ripetuto del segno o della parola è infatti un comportamento sensibile e osservabile, ma in quanto nella ripetizione si ripete la *stessa* azione esso *non* è sensibile.

D'altra parte, un termine generale, in quanto è uno schema di un'azione ripetibile, *non* è una cosa *sensibile*, perché il sensibile è sempre singolare, e perciò non ripetibile come tale. Per l'acquisizione di uno schema ripetibile, per imparare a ripetere bisogna afferrare un'identità nella diversità. La diversità è sensibile, l'identità nella diversità sensibile delle azioni ripetute, linguistiche o altre, *non* è sensibile.

Perciò, è necessario che si capiscano in maniera intelligente, che si possano ripetere o anche *non* ripetere oppure combinare in modo nuovo le azioni ripetute. Per questo bisogna afferrare l'intelligibile ripetibile nel sensibile unico e singolare. Bisogna

---

[58] Cfr. L. Wittgenstein, *Tractatus*, 2.1: «Noi ci facciamo immagini dei fatti»; «L'immagine logica dei fatti è il pensiero» (3); «Nella proposizione il pensiero s'esprime in modo percepibile mediante i sensi» (3.1); «Noi usiamo il segno percepibile mediante i sensi (segno fonico o grafico etc.) della proposizione quale proiezione della situazione possibile » (3.11). NB: L'espressione sensibile dell'immagine logica non è solo orale-acustica ma può essere di diversi tipi.

afferrare l'identità dell'operazione nella duplicità, triplicità, insomma nella pluralità fisica e sensibile della medesima. Ricordiamoci: fisicamente, sensibilmente queste tre azioni, questi tre momenti dell'uso della *stessa* parola, questi tre pensieri sono diversi. Fisicamente la mia azione è una, quella del bambino che la imita e la ripete è un'altra; ma imitando la mia azione con intelligenza e imparando poi a ripeterla da solo in certi momenti e a *non* ripeterla in altri, il bambino ha *capito* che sta facendo la *stessa* azione mia.

Questa identità, perciò, è qualcosa di non sensibile; è qualcosa che, in un certo senso, ha bisogno di essere colto *nel* sensibile attraverso la capacità dell'intelletto, che, a differenza della sensibilità, è capace di cogliere il *non* presente.

Se questo processo si vuol chiamare «astrazione» bisogna tenere ben presente che non si tratta di un astrarre da qualcosa ma di un estrarre qualcosa[59].

b. *Il processo della concettualizzazione non è un processo svolto dall'intelletto individuale attraverso un'astrazione contenutistica*

L'errore della teoria dell'astrazione aristotelico-tomista consiste nel considerare il processo della formazione dei concetti universali un processo esclusivamente individuale[60]. Questo processo, invece, è un processo di socializzazione intelligente del singolo soggetto dentro un mondo. Più specificamente si tratta di un processo di apprendimento intelligente (*Lernprozess*). Altrimenti, non si capiscono né la possibilità della comunicazione umana né le sue difficoltà che nascono precisamente dalla *diversità* sociale, culturale e storica del pensiero umano, cioè dei termini universali.

Resta vero che l'acquisizione dei termini universali da parte

---

[59] Cfr. questo capitolo, **1. a**.
[60] L'aspetto sociale e con ciò l'aspetto intersoggettivo dei nostri termini universali è garantito *esclusivamente* per mezzo della natura comune umana e dal conseguente funzionamento identico dell'intelletto umano, cioè da considerazioni ontologiche.

del singolo soggetto consiste nell'attuazione di una facoltà, cioè di una «potentia activa», che esiste in un soggetto intelligente; ma anche in un contesto aristotelico-tomista questa acquisizione è da considerare come la formazione di un «habitus acquisitus».

Rispetto all'apprendimento da parte del singolo individuo, i termini universali possiedono una *aprioricità*. Essi precedono l'apprendimento da parte del singolo soggetto umano ed esistono in forma *istituzionale*. Il «luogo», per così dire, della loro esistenza non è la facoltà dell'intelletto ma sono il linguaggio[61] o, più generalmente, il comportamento umano collettivo.

c. *Il processo di concettualizzazione da parte del singolo individuo consiste nell' apprendimento di una lingua*

In quanto i termini universali sono quelli che normalmente vengono chiamati tali e fanno parte della vita umana comune (*cane, cavallo, casa, uomo, verde, mangiare* ecc.), li acquisiamo attraverso l'apprendimento delle parole, *imparando una lingua*. L'argomento per la verità di quest'affermazione sta nella *diversità* delle lingue umane e, perciò, nella *diversità* di uso dei termini che sono il significato delle parole che appartengono a diverse lingue.

A proposito di questo apprendimento possiamo domandarci più *in concreto* come si svolge, senza entrare in dettagli psicologici o sociologici. Se l'universale è uno schema di un'azione — linguistica o altra — ripetibile, come lo acquisisce il singolo soggetto? Avverrà allo stesso modo come si apprendono *azioni* ripetibili, cioè imparando a ripeterle. Questo avviene di fatto quando un bambino o anche un adulto capisce che deve ripetere quello che gli è stato mostrato. Impara a ripetere una parola allo stesso modo come impara a ripetere un'azione. Il bambino *imita* le azioni che vede fare dagli adulti fino a che capisce ed è

---

[61] Cfr. c. XII, **5.**

capace di fare la *stessa* azione che fanno loro[62]. In questo apprendimento si può essere aiutato, anche fisicamente, perfino colla forza, ma quest'ultimo aiuto non crea evidentemente la ripetizione *intelligente*. Questa consiste nel ripetere la *stessa* azione, nel ripeterla in situazioni simili e *dissimili*, nel ripeterla e nel *non* ripeterla[63].
Qui si riscontra *la differenza fra l'intelligenza umana e quella degli animali*. Questa differenza non consiste nel fatto che da parte dell'uomo si trova tutta l'intelligenza e da parte degli animali nessuna. La differenza fra l'intelligenza animale e l'intelligenza umana consiste piuttosto nel fatto che quella degli animali non è capace di un progresso indefinito, invece quella umana lo è.

d. *La capacità umana di concettualizzazione è una capacità creativa istituzionale*

Dopo avere determinato l'acquisizione dei termini universali come un apprendimento della capacità linguistica di ripetizione identica delle azioni umane, ci resta da risolvere il problema dell'*invenzione* di termini universali *nuovi*, cioè della loro creazione *originale*.

L'invenzione di nuovi termini universali generalmente avviene come *elaborazione* concettuale *ulteriore* sulla base della concettualizzazione precedente.

---

[62] Cfr. AGOSTINO, *Confessiones*, I, 8, (citato da L. WITTGENSTEIN, *Philosophische Untersuchungen*, I, 1): «cum ipsi (maiores homines) appellabant rem aliquam, et cum secundum eam vocem corpus ad aliquod movebant, videbam, et tenebam hoc ab eis vocari rem illam, quod sonabant, cum eam vellent ostendere. Hoc autem eos velle ex motu corporis appariebatur: tamquam verbis naturalibus omnium gentium, quae fiunt vultu et nutu oculorum, ceterorumque membrorum actu, et sonitu vocis indicant affectionem animae in petendis, habendis, rejiciendis, fugendisve rebus. Ita verba in variis sententiis locis sui posita, et crebro audita, quarum rerum signa essent, paulatim colligebam, measque jam voluntates, edomito in eis signis ore, per haec enuntiabam».
[63] Cfr. P. LORENZEN, *Konstruktive Wissenschaftstheorie*, 22-96. K. LORENZ, *Elemente der Sprachkritik*, 147-192.

Questo vale chiaramente a livello *linguistico*. Nuove parole si inventano all'interno di una determinata lingua e secondo le strutture di essa. Anche le cosiddette «parole straniere», cioè quelle prese da altre lingue, vengono inserite nella propria lingua secondo la struttura della medesima. Anche l'invenzione di tutta una terminologia scientifica si fa sul fondamento del linguaggio comune preesistente. Perfino la creazione di un linguaggio logico artificiale e formale presuppone il linguaggio umano naturale e vi si fa riferimento[64].

Anche l'invenzione di nuove *azioni intelligenti ripetibili* avviene nello stesso modo. Il comportamento umano intelligente e sociale di ogni singolo essere umano costituisce dal primo momento della sua esistenza un'unità strutturale e complessa, anche se inizialmente essa è molto semplice. Sul fondamento di questo comportamento e in dipendenza da esso non solo si apprendono altri tipi di comportamento, ma se ne inventano anche nuovi.

La capacità creatività umana rispetto a strutture del pensiero umano è la stessa capacità creativa delle istituzioni[65]. La relazione, intenzione del soggetto al suo oggetto, si stabilizza e si istituzionalizza precisamente attraverso azioni umane intelligenti e ripetibili, che formano un comportamento umano sociale relativamente stabile. I termini universali sono non solo una *realizzazione* di questo comportamento intelligente e stabile dentro un mondo reale e in contatto con esso, ma essi *sono* realmente questo comportamento.

La creazione originale dei termini universali non *inizia* dal nulla. Come non esiste un inizio del sapere, un determinato primo atto o momento del sapere[66], così non esiste un primo sin-

---

[64] Il riferimento al linguaggio naturale è necessario *non solo* per l'introduzione pedagogica del linguaggio formale. Ogni tale linguaggio presuppone *logicamente* il linguaggio naturale e comune. Sotto questo aspetto ci opponiamo alle tesi del costruzionismo logico della scuola di Erlangen, come esposto, per esempio, da K. LORENZ, *Elemente der Sprachkritik*, 167ss. ; M. GATZEMEIER, *Theologie als Wissenschaft*.

[65] Vedi c. VIII, **3. a**.

[66] Vedi c. XVIII **3**.

golo termine universale, una prima singola azione intelligente e ripetibile. Se inteso in questo senso, la questione sull'origine è una questione sbagliata e priva di senso. Una tale questione si applica giustamente solo a realtà fisiche, ma posta in relazione a realtà logiche e istituzionali essa non ha né senso né applicazione.

7. Il processo di apprendimento linguistico è ben spiegato dalla teoria dell'astrazione aristotelica

Nel processo dell'apprendimento intelligente delle azioni ripetibili, sia linguistiche sia altre, si mostra la validità della teoria aristotelica dell'astrazione, come è esposta nel *Peri Psyches* e nel *De anima*[67]. Bisogna *estrarre l'intelligibile dal sensibile*, ma bisogna cogliere *l'identico* intelligibile dentro il diverso sensibile. Già riconoscere qualcosa come la *stessa* identica è un'operazione intelligente che coglie l'intelligibile nel sensibile. Anzi, la capacità di riconoscere l'identità nella diversità *temporale* è logicamente più fondamentale dell'assegnazione di diverse cose alla *stessa classe* e la precede.

Abbiamo così trasferito o piuttosto riportato il problema degli universali dall'unità nella pluralità delle cose alla ripetibilità dell'azione; da una considerazione statica e atemporale e perciò contenutistica a una considerazione *temporale*, *dinamica* e *attiva*.

8. La nostra posizione sul problema degli universali porta a conseguenze filosofiche importanti

Nella nostra impostazione del problema degli universali abbiamo abbandonato certe posizioni tradizionali. D'altra parte, abbiamo assunto certe posizioni che hanno conseguenze filosofiche globali.

Cosa abbiamo abbandonato e cosa abbiamo perso? Non con-

---

[67] La teoria aristotelico-tomista dell'astrazione è bene esposta da: C. GIACON, «Astrazione». Cfr. anche: M. LIBERATORE, *La conoscenza intellettuale*: è ancora un testo classico.

sideriamo più l'universale un contenuto ma un'operazione. L'identità intelligibile non è quella sincronica e statica dell'appartenenza alla stessa classe di oggetti, ma quella dinamica dell'azione identica ripetibile.

Non abbiamo abbandonato invece il realismo della conoscenza umana, neppure l'intelligenza, l'identità intelligibile, l'intelligibile nel sensibile. Abbiamo anche riaffermato il valore della teoria aristotelico-tomista dell'astrazione.

D'altra parte, sono cambiate determinate posizioni filosofiche abbastanza importanti, sia epistemologiche, sia ontologiche, sia antropologiche.

Abbiamo guadagnato una diversa visione non solo del sapere umano, ma dell'uomo, della sua finitudine e della sua apertura all'infinito. Il soggetto è un soggetto distinto dagli oggetti e identico con se stesso per mezzo della sua consapevolezza attiva, *attraverso il tempo*.

L'identità delle cose, cioè degli oggetti opposti al soggetto, dipende da questa identità del soggetto con se stesso. Le cose sono le *stesse* ed hanno una loro identità in quanto il soggetto le riconosce tali, cioè come le stesse intelligibilmente attraverso la differenza temporale sensibile. Evidentemente ci sono vari livelli d'identità da riconoscere, sia da parte del soggetto sia da parte degli oggetti. Sembra che i livelli d'identità del soggetto e quelli degli oggetti siano correlati. Non esistono delle «res cogitantes», cioè delle «cose intelligibili», delle «substantiae» intelligibili, non-materiali, spirituali, ma solo delle *attività* intelligibili o spirituali, che sono certamente realtà. Dio non è una cosa, una *res*, una *substantia*. E neppure lo è l'anima umana.

9. Bibliografia ragionata

AGOSTINO, *Confessiones*, I, VIII; XI–XIII.
ARISTOTELE, *Metafisica.*, V 9, 1017b 27-1018a 19.
G. BERKELEY, *A Treatise*, Intr. nn. 7-17.
P. DEZZA, *Alle origini del Neotomismo.*
M. GATZEMEIER, *Theologie als Wissenschaft.*
CARTESIO, *Discorso sul metodo*, pt. II.
C. GIACON, «Astrazione. II».
J. HABERMAS, *Erkenntnis und Interesse.*
M. HEIDEGGER, *Essere e tempo.*
P. HOENEN, *La theorie du jugement d'après St.Thomas d Aquin.*
C. HUBER, *Anamnesis bei Plato*, pt. II (Anamnesis oder Wiedererinnerung), pp. 259ss.
———, *Der englische Empirismus als Bewusstseinphilosophie* l.c. 652ss.
———, *Die Vollendung der englischen Empirismus*, l.c.132-143 (Die Bedeutung der Kausalität für di Geltung der Bewußtseinsinhalte und die daraus folgende Eigenart des Bewußtseins selbst anhand Locke).
C. HUBER, «Il rapporto tra filosofia e scienza», 21-22. 28-44.
I. KANT, *Critica della ragion pura*, B 33-73 (*Estetica trascendentale; Dello schematismo dei concetti puri dell'intelletto*).
M. LIBERATORE, *La conoscenza intellettuale.*
J. LOCKE, *Saggio sull'intelligenza umana*, lib. III, cap. 3, nn. 6-7.
K. LORENZ, *Elemente der Sprachkritik*, 147-192.
P. LORENZEN, *Konstruktive Wissenschaftstheorie*, 22-96.
J. MARITAIN, *Distinguer pour unir.*
PLATONE, *Cratilo*; *Theeteto*; *Respubblica.*
B. RUSSELL, *The Analysis of Mind.*
O. SCHWEMMER, *Philosophie der Praxis.*
L. WITTGENSTEIN, *Ricerche filosofiche*, I, 1. 43. 199. 202. 431. 433. 458. 461.
———, *Tractatus*, 2.1; 3; 3.1; 3.11.

Capitolo XXII

LA TRASCENDENZA E I LIMITI DEL SAPERE UMANO

Il capitolo precedente sulla natura e il valore dei termini universali ha, in un certo senso, concluso l'arco del nostro trattato filosofico sulla validità del sapere umano, riagganciandosi all'inizio. Infatti, nella concezione dei termini universali come delle funzioni schematiche delle *azioni* umane intelligenti (c.XXI **2.** e **3.**), si conferma definitivamente il sapere come «capacità di *fare* delle proposizioni vere e dare ragioni valide per esse» (c. III, tesi IV, **2.**) e si eliminano gli ultimi residui di una concezione rappresentazionistica del sapere umano.

In quest'*ultimo* capitolo intendiamo mostrare che la dinamicità di questa attività del sapere umano, della quale abbiamo parlato in tutta questa quinta parte del nostro trattato, *trascende* continuamente non solo se stessa ma ogni suo limite restando, ciononostante, *finita*.

Il contenuto di questo capitolo è estremamente semplice, in quanto non propone niente di nuovo, ma riprende soltanto contenuti già più volte considerati. Basta tornare indietro e individuare i punti dove abbiamo parlato della trascendenza, da un lato e dei limiti del sapere umano, dall'altro. Si tratta poi solo di vedere insieme questi aspetti e di trarne le conseguenze.

TESI XXIX: La trascendenza e la finitudine del sapere umano costituiscono il fondamento di una possibile metafisica e apertura alla conoscenza di Dio.

Il termine *trascendenza* — inteso in senso logico — significa «la qualità logica di un termine di possedere un'*estensione* che supera, trascende appunto i limiti dei massimi generi, cioè delle categorie». Tali termini sono chiamati *trascendentali*, essere, uno, vero, buono, bello. In senso *critico* (kantiano) significa «la proprietà di un'eventuale conoscenza noumenica (non umana) che si riferisce alla realtà come è in se stessa, specialmente all'Infinito, cioè a Dio».

NB: Distinguere dal termine *trascendentale* che si riferisce alle condizioni di possibilità di ogni conoscenza nel soggetto conoscente stesso.

Finitudine significa «qualsiasi limite, sia estensivo sia intensivo di una perfezione».

Il sapere umano trascende ogni limite.
Il sapere umano è finito e non supera mai la sua finitudine.
La dialettica fra la trascendenza e la finitudine del sapere umano costituisce il fondamento della metafisica e l'apertura alla conoscenza di Dio trascendente.

1. La trascendenza del sapere

Il sapere umano è una *capacità illimitata* che non si esaurisce in alcun singolo atto né in una serie finita di tali atti ma li trascende. La capacità del sapere supera infinitamente ogni sua attualizzazione e queste attuazioni possono continuare senza fine. Questo non vale soltanto per il sapere in quanto è una capacità di fare proposizioni vere, anche il sapere come capacità di poter dare ragioni è inesauribile e trascende ogni singola ragione, in quanto per ogni ragione data potrà essere necessario darne un'ulteriore.

Anche la *riflessività* del sapere porta all'infinito e continuamente trascende se stessa. Se so qualcosa, so di saperlo; so di possedere la capacità di saperlo; so di possedere una capacità illimitata di sapere (c. VII, **4. b.**).

La validità del sapere ha il suo fondamento in nient'altro, ma soltanto in se stesso (c. VI, **1.**).

Il sapere umano, in quanto è intenzionale, trascende se stesso sempre verso *l'altro da sé*[1], cioè verso l'oggetto e lo coglie

---

[1] Questo è il significato originario del termine *trascendente* se usato per la conoscenza. Cfr. anche cap. IX.

come è oggettivamente e assolutamente in sé (8-10). In questo il sapere umano partecipa alla creatività di Dio, che crea qualcosa di distinto da Sé, anzi, nel caso delle creature intelligenti, qualcosa di libero anche verso se stesso.

Il sapere umano, contro ogni settorializzazione scientista (c. XV) è, sotto tutti gli aspetti, una struttura *aperta*. Le strutture del significato linguistico, della verità proposizionale e del ragionamento sono tutte *strutture illimitate* (cc. XII-XIV). Questa apertura illimitata garantisce al sapere non solo la sua oggettività, ma anche la *verità assoluta* (c. X), in opposizione alla sensibilità che è una struttura limitata della rispettiva soggettività (c. XX).

2. I limiti del sapere umano

Il sapere umano è limitato perché è una *capacità* illimitata *attuata* in singoli *atti sempre ed essenzialmente finiti*. Anche continuando senza posa a porre atti di conoscenza non potrò mai esaurire la mia capacità di sapere. Non arriverò mai *attualmente* all'infinito. Posso muovermi, si, continuamente verso l'infinito, il quale, però, non diventa mai un mio possesso. L'infinito resta sempre soltanto una mèta.

L'uomo è conscio del suo sapere ma questa sua *coscienza non è mai piena*, né dell'oggetto, né dell'atto, né di se stesso, né della propria capacità di sapere. Non possiedo mai la piena lucidità o autotrasparenza nella quale avrei attualmente presente tutta la mia capacità di sapere o anche soltanto un unico mio atto consapevole di conoscenza. Perciò non potrò mai conoscere me stesso in maniera totale ed esauriente. Dal punto di vista naturale, una piena conoscenza di se stesso non è possibile. Detto in altre parole: non conoscerò mai me stesso come Dio mi conosce. Perciò conoscerò me stesso soltanto in quanto mi conoscerò *in* Dio[2]. La piena conoscenza di se stessi risulta, anche in

---

[2] Si ricorda il famoso detto di Agostino nei *Soliloquia*: «Noverim Te noverim me». Lo stesso tema rieccheggia nella risposta di Gesù a Teresa d'Avila nel famoso poema *Vejamen*: «Buscate en mi», cioè «Cerca te stessa in Me».

questo contesto, una conoscenza nella quale il soggetto deve *trascendere* pienamente se stesso e che quindi non può trovare in stesso. L'amante si conosce nell'amato e l'anima conosce se stessa, finalmente, solamente in Dio, ma questo in senso pieno è un dono sovrannaturale dell'amore di Dio[3].

Anche nella sua trascendenza verso l'oggetto come altro da sé, il sapere umano resta dipendente e, perciò, limitato *dal suo oggetto* verso il quale si autotrascende, in quanto l'intelletto umano non è creativo nel senso assoluto della creatività di Dio.

Il sapere è sempre organizzato a priori in orizzonti finiti e relativi. L'organizzazione strutturale ci apre questi orizzonti e ci permette di muoverci all'interno di essi. Tuttavia, questi orizzonti determinano pure a priori il nostro sapere e lo limitano. Il sapere umano è determinato dalle strutture del *linguaggio*, della *cultura* e della *società*, cioè dalle singole lingue, culture e società (c. XIX, 2. e.). È vero, che questi limiti strutturali possono sempre essere allargati e superati, ma continuano pur sempre a determinare e limitare il sapere umano concreto (c. XII).

Così il sapere *dipende* dal linguaggio, dalla cultura e dalla società; inoltre dipende anche dalla sensibilità (C. XX). Attraverso la dipendenza dalla *sensibilità*, l'attività del sapere umano dipende anche dal *tempo*[4]. Noi possiamo parlare, pensare e sapere solamente e sempre in dimensioni di successione, cioè passo dopo passo nel tempo. La stessa dipendenza del sapere umano dal tempo si scopre considerandolo come *processo dinamico* del soggetto. Acquisendo e aumentando sapere, il soggetto è attivo e si perfeziona, ma, pur superando sempre di nuovo ogni momento temporale, il soggetto resta finito e legato al tempo, poiché ogni momento temporale è superato unicamente facendo un ulteriore passo temporale. La vita intellettiva umana, pur restando insuperabilmente temporale, è aperta all'eternità di Dio. La «distensio» attraverso il tempo è proprio l'aspetto decisivo ed essenziale attraverso il quale la creatività intellettuale umana è distinta da quella di Dio[5].

---

[3] Cfr. *1Gv* 4,19 e *1Cor* 14,10.
[4] Cfr. le riflessione su questo tema di M. HEIDEGGER, *Sein und Zeit*.
[5] Cfr. AGOSTINO, *Confessiones*, XI-XII.

Attraverso la sensibilità e la temporalità, il sapere umano dipende poi anche dalla *corporeità umana* e dal modo corporale delle cose ed è limitato da esse (c. XIX, 2. e.).

3. La dialettica fra la trascendenza e la finitudine del sapere umano costituisce il fondamento della metafisica e l'apertura alla conoscenza di Dio trascendente

a. *L'autotrascendenza degli orizzonti ultimi del sapere umano rende possibile la conoscenza oggettiva del significato, del senso e del fine; e costituisce in tal modo il fondamento della metafisica e dell'etica*

La conoscenza umana, solo in quanto conosce unità strutturate in orizzonti a loro volta strutturati (cc. XII-XIV), ha la capacità di conoscere il significato (*Bedeutung/meaning*), il senso (*Sinn/sense*) e il fine, anche nella loro ultimatezza.

Il *significato*, come abbiamo visto (c. XII), non è dato se non attraverso l'unità strutturata in un certo orizzonte. Il senso e il fine esprimono la relazione interna e la coordinazione di più elementi a un'unità superiore che costituiranno. Non esistono se non in un certo ordine; il quale, in quanto orizzonte, precede i singoli elementi ordinati che hanno senso e fine. Il senso e il fine sono pensabili, conoscibili e reali soltanto attraverso quell'orizzonte e quell'ordine.

I campi o gli orizzonti nei quali si hanno e si conoscono il senso e il fine sono vari: l'orizzonte vitale biologico, pratico, tecnico, scientifico (secondo le varie scienze), politico, personale ecc.[6] Si danno infine *orizzonti ultimi*: il mio orizzonte, l'orizzonte umano in quanto tale, di tutto il mondo, di tutta la storia, della realtà in quanto tale.

Non è possibile cominciare una *riflessione filosofica* e neppure fare una descrizione critica di questi orizzonti, specialmente degli ultimi, come realmente esistenti, a partire dai loro

---

[6] Cfr. La gerarchia dei valori in M. SCHELER, *Le forme del sapere e la società*.

singoli elementi quasi costruendoli. Dobbiamo condurre la riflessione su ciò che realmente accade, che facciamo, che percepiamo, che pensiamo ecc. Riflettendo *vedremo* che tali ordini, anche *ultimi*, esistono e che debbono essere presupposti come *condizioni di possibilità* per ciò che effettivamente accade e che noi facciamo. Il modo di dimostrare la realtà di tali ordini, specialmente degli ordini ultimi, quindi non è un'argomentazione diretta, ma una riflessione e ricognizione metodica, simile all'evidenza della visione di qualche figura o all'audizione di una melodia.

Da tutto questo segue che *l'unico modo di giustificare la possibilità della filosofia*, specialmente della metafisica, che tratta dell'ultimo orizzonte della realtà e della conoscenza, consiste in questo modo riflessivo di ricognizione della trascendenza e dei limiti del sapere umano.

Anche la trattazione metodica del *bene*, del *valore*, soprattutto del bene e dei valori *morali*, dell'obbligatorietà ecc., deve essere fatta in tal modo. Specialmente la giustificazione riflessa e metodica dell'ordine morale, non solo formale ma anche materiale e oggettivo, deve essere fatta per mezzo di una simile riflessione[7]. Dobbiamo *vedere* che i singoli fatti che costituiscono il mondo non sono mai fatti semplicemente singoli, indifferenti e senza interesse. Essi costituiscono sempre unità strutturate e delle totalità. Essi sono il *mio mondo*, il mondo degli uomini. Già inizialmente sono da me conosciuti, anzi già un po' percepiti come *tali*. Infatti, nella percezione umana il soggetto e l'oggetto, l'uomo e il mondo, il conoscere e il desiderare costituiscono un'unica realtà totale ma già finalizzata[8].

Un qualsiasi fatto è prima di tutto un fatto significativo, che ha senso e fine, che attrae e respinge, che è importante, valorizzato ed eventualmente porta con sé un'obbligazione, ma non è mai un «puro fatto». Questo vale sia per la nostra conoscenza sia in se stesso. Solo dopo, nell'oggettivazione del pensiero, il

---

[7] M. Scheler, *Der Formalismus in der Ethik*.
[8] Cfr. M. Heidegger, *Sein und Zeit*, §§ 12-18.

fatto può essere separato dal valore e l'ente dal bene. Questo avviene necessariamente a causa dell'astrattezza del pensiero umano oggettivante (cap. VII). Quindi è vero che nessun argomentazione è possibile dal fatto al valore e all'obbligazione, dall'ente al bene. Tuttavia non c'è bisogno di tale argomentazione, poiché non esiste mai il fatto puro, né il valore puro. Così anche la *possibilità dell'etica* è fondata nella finitudine e nella trascendenza di essa dall'attività intelligente umana.

Gli orizzonti, nei quali si danno e si conoscono il senso e il fine, si presentano già inizialmente al livello della percezione (c. XIX). Tuttavia, considerati e riconosciuti come orizzonti che costituiscono il senso *in quanto* senso e il fine *in quanto* fine, essi non sono percepiti ma *pensati*. Così, da una parte, essi sono reali, anzi *oggettivi*; dall'altra, partecipano alla soggettività tipica della percezione. Tale *soggettività* generalmente *non* li rende *relativi*. I campi o gli orizzonti *ultimi*, precisamente in quanto tali, non sono relativi ma assoluti[9]. Il fatto che tali orizzonti non sono riconosciuti da tutti, anzi che forse certi uomini non sono in grado di conoscerli, non depone contro la loro realtà. Neppure le figure visibili e le melodie sono immediatamente percepite da tutti. Forse per alcuni è quasi del tutto impossibile percepirle. Tuttavia esistono e nessuna persona sana di mente oserebbe negare l'esistenza reale delle melodie di Bach o di Vivaldi. Spesso si esige una lunga preparazione, un'educazione, addirittura un certo stile di vita affinché tali orizzonti possano essere riconosciuti.

b. *L'autotrascendenza degli orizzonti ultimi e la dialettica fra la trascendenza e la finitudine del sapere umano costituiscono il fondamento dell'apertura alla conoscenza di Dio trascendente*

È chiaro che tutto ciò che abbiamo detto sopra vale soprattutto per la conoscenza di Dio. In quanto il sapere umano tra-

---

[9] Vedi c. XVII.

scende ogni limite, esso è aperto a una conoscenza non solo metafisica ma anche a un'eventuale conoscenza di Dio infinito e trascendente, di Dio che secondo la famosa espressione di Anselmo, è «Id quo maius *cogitari* nequit»[10] e «maius quam *cogitari* possit»[11].

E proprio con questo si deve concludere il discorso dei limiti della trascendenza del sapere umano: questi limiti e la trascendenza di essi sono i limiti e la trascendenza dell'*attività* intellettiva umana come *partecipazione limitata alla creatività divina*.

Dall'analisi filosofica del sapere umano, come capacità di attività intellettuali, emerge la trascendenza del soggetto che non è, per così dire, chiuso in se stesso in una sorta di autismo, ma che, per la *sua* realizzazione e perfezione, ha bisogno dell'*altro* che gli è opposto, verso il quale, però, si autotrascende. Il sapere non si realizza e non si evolve continuamente in una progressione senza limiti, se non rispetto a un altro da sé, che resta sempre non solo distinto ma anche infinitamente distante da sé, verso il quale, ciononostante, non cessa di autotrascendersi. Ed è proprio in questo punto dove la trascendenza del sapere umano e i suoi limiti sono inseparabilmente uniti[12].

---

[10] ANSELMO D'AOSTA, *Monologion*, cap. II.
[11] ANSELMO D'AOSTA, *Monologion*, cap. XV. Nota bene che per Kant, nonostante che neghi la validità dell'argomento anselmiano, *pensare* Dio, cioè l'«ideale della ragione pura», è una condizione necessaria della possibilità di *ogni* pensare.
[12] Con questa posizione mi distanzio parzialmente da una concezione del sapere intesa come operazione *immanente* della psicologia filosofica *neotomista*, nella quale il conoscere e il volere sono considerati operazioni immanenti, in cui l'anima perfeziona se stessa. La verità di questa posizione sta nella distinzione del conoscere e del volere come operazioni immanenti alle *azioni transeunti* che sono delle «actiones in passo». Ma se il conoscere o, ancora peggio, il volere e l'amare sono considerati semplicemente attività del soggetto rivolte a se stesso, allora nasce il pericolo della chiusura del soggetto in se stesso, che porta, per esempio, al cosiddetto «problema del ponte» (c. II, tesi III).

Dato che noi, esseri umani, siamo dotati di questa attività trascendente ma limitata, si pone coerentemente la questione seguente: quest'attività del sapere è, in ultima analisi, un'attività totalmente autofondante che ha la sua razionalità completa in se stessa, oppure no? Abbiamo visto, all'inizio del nostro trattato, che la *validità* del sapere è autofondante (c. VI), ma era rimasta aperta la questione sul fondamento dell'*esistenza* di esso e perciò sul sapere umano come *attività*.

C'è da insistere che il sapere umano come attività trascendente, ma limitata, non possiede una sua *piena intelligibilità* in se stesso. Per capire realmente l'attività intelligente umana e lo stesso soggetto umano attivo, la riflessione del soggetto su se stesso non è sufficiente. Per dare a quest'attività, all'esistenza del soggetto e all'esistenza della stessa persona umana che gode di quest'attività[13] una piena intelligibilità secondo il principio di ragione sufficiente (c. XVI, **2. a.**), bisogna, un'ultima volta, trascendere tutto questo e trovare la loro intelligibilità *non* in essi, ma *nell'Infinito*, cioè in *Dio*.

Da quanto esposto risulta possibile costruire un *argomento per l'esistenza di Dio*, che consiste e si può esprimere nel modo seguente: la dialettica fra la trascendenza e i limiti del sapere umano *non si spiega* in se stessa, *ma*, d'altra parte, questa dialettica *ha assolutamente bisogno* di spiegazione razionale, proprio *perché* si tratta della dialettica del *sapere*, il quale è esso stesso la ricerca razionale dell'intelligibilità. Sapere consiste nel poter *dare ragioni*. Un sapere che *non può dare ragione* di se stesso è un *non-sapere*.[14]

Personalmente sono dell'opinione che questa considerazione non manchi in *alcun* argomento per l'esistenza di Dio e che costituisca un elemento essenziale di *tutti*.

---

[13] Si ricorda che il soggetto del sapere umano *non* è un soggetto generico o trascendentale ma il soggetto empirico individuale. Vedi c. VII, **4. c.**.
[14] Questo argomento ha una certa somiglianza coll'argomento per l'esistenza a partire del dinamismo dell'intelletto umano.
Cfr. J. MARÉCHAL, *Le point de départ de la métaphysique*, V; ID., «Abstraction ou intuition».

Presupponendo poi l'esistenza di Dio, il sapere umano si mostra come una partecipazione alla conoscenza divina. Una partecipazione *non* a un Dio, per così dire, super-cervello elettronico nel quale tutti i contenuti pensabili sono già dall'eternità preparati. La partecipazione del sapere umano all'intelletto divino appare piuttosto come partecipazione *creativa* a un Dio Creatore che crea un mondo, ma specialmente delle intelligenze e delle libertà come *altro* da Sé.

In questo modo il sapere umano si mostra qui di nuovo come *azione*, non come contenuto, e riprende il discorso della «creazione» delle istituzioni (c. VIII, **3.**) da parte dell'uomo. In questo contesto l'oggettività del sapere umano, che conoscendo la realtà la lascia essere com'è in sé, rispecchia la libertà di Dio che ci crea liberi. L'impossibilità di una chiusura del sapere, che Popper[15] così fortemente sottolinea e che formalmente si esprime nel teorema di Gödel[16], rispecchia invece l'imprevedibilità di Dio. Il sapere umano e tutta l'attività intellettuale in una simile prospettiva vengono chiaramente visti come integrati nella dimensione della *ragion pratica*, come lo fa Fichte e come insinua lo stesso Kant.

---

[15] Cfr. specialmente K. POPPER, *La ricerca non ha fine*.
[16] K. GÖDEL, *Über formal unentscheidbare Sätze*.

4. Bibliografia ragionata

ANSELMO D'AOSTA, *Monologion*, cap. II.
AGOSTINO, *Confessiones*, XI-XII.
———, *Soliloquia*.
M. HEIDEGGER, *Essere e Tempo*, §§ 12-18.
C. HUBER, *Zeichen Gottes - Zeichen der Freiheit*, in: W. SANDFUCHS, *Die Kirche* Würrzburg 1978.
———, *We can still speak about God*.
K. GÖDEL, *Über formal unentscheidbare Sätze*.
J. MARÉCHAL, *Au seuil de la métaphysique*.
ID., *Le point de départ de la métaphysique*, V.
K.R. POPPER, *La ricerca non ha fine*.
M. SCHELER, *Der Formalismus in der Ethik*.
———, *Die Wissenformen und die Gesellschaft*.
TERESA D'AVILA, *Vejamen*.

INDICE BIBLIOGRAFICO

AGAZZI, E., «Considerazioni epistemologiche su scienza e metafisica», in *Teoria e metodo delle scienze*, ed. C. Huber, Roma, Editrice Pontificia Università Gregoriana, 1981, 311-340.
———, «Le comunità filosofiche», in *La filosofia*, ed. P. Rossi, I, Torino, UTET, 1995, 35-65.
AGESCI, *Progetto unitario di catechesi*, Milano, Ancora, 1984³.
AGOSTINO, *Confessiones*, in *Opere di sant'Agostino*, I, ed. A.Trapé, Roma, Città nuova, 1965.
———, *Contra Academicos*, in *Opere di sant'Agostino*, III, ed. A.Trapé, Roma, Città nuova, 1970.
———, *Soliloquia*, in *Opere di sant'Agostino*, III, ed. A.Trapé, Roma, Città nuova, 1970.
———, *De Trinitate*, in *Opere di sant'Agostino*, IV, ed. A.Trapé, Roma, Città nuova, 1973.
ANSELMO D'AOSTA, *Monologion*, in *Anselmi opera omnia*, I, ed. F. Schmitt, Stuttgart 1968; trad. italiana, in *Opere filosofiche*, ed. S. Vanni Rovighi, Bari, Laterza, 1969.
ARISTOTELE, *De anima*, ed. W.D. Ross, Oxford, Clarendon, 1956; trad. italiana, *De anima*, ed. e tr. G. Movia, Milano, Rusconi, 1996.
———, *Metafisica*, ed. G. Reale, I-III, Milano, Vita e pensiero, 1993.
———, *Physica*, ed. W.D. Ross, Oxford, Clarendon, 1956²; trad. italiana, *Fisica*, ed. e tr.L. Ruggiu, Milano, Rusconi, 1995.
———, *Politica*, ed. W.D. Ross, Oxford, Clarendon,1957; trad. italiana, in *Opere*, IX, tr. R. Laurenti, Bari, Laterza, 1989³.
AUSTIN, J.L., *How to do Things with Words. The W. James Lectures delivered at Harvard University in 1955*, Oxford, Oxford University Press, 1989²; trad. italiana, *Come fare cose con le parole*, Torino, Marietti, 1983.

———, *Philosophical Papers*, ed. by Warnock, Oxford, Clarendon, 1966.
———, *Sense and Sensibilia*, ed. by Warnock, Oxford, Clarendon, 1962; trad. italiana, *Sensa et sensibilia*, tr. W.L. Antuone, Roma, Lerici, 1968.
BACONE, F., *Novum Organum*, ed. T. Fouler, Oxford, Clarendon, 1889; trad. italiana, *Nuovo Organo*, in *Opere filosofiche*, I, tr. E. De Mas, Bari, Laterza, 1965.
von BALTHASAR, H.U., *Wahrheit. Ein Versuch*, Zürich, Henzieger, 1947; trad. francese, *Phénoménologie de la verité*, Paris, Beauchesne, 1952.
BERKELEY, G., *New Theory of Vision*, in *Works of J. Berkeley*, I, ed A. Fraser, Oxford, Clarendon, 1901; trad. italiana, *Saggio di una nuova teoria della visione*, tr. G. Amendola, Lanciano, Carabbo, 1920.
———, *A Treatise Concerning the Principles of Human Knowledge*, in *Works of J. Berkeley*, I, ed. A. Fraser, Oxford, Clarendon, 1901; trad. italiana, *Trattato sui principi della conoscenza umana e Dialoghi tra Hylas e Filonous*, tr. M. Rossi, Bari, Laterza, 1991[2].
BLONDEL, M., *L'action. Essai d'une critique de la vie et d'une science de la pratique*, Paris, PUF Quadrige, 1993 = *Oeuvres complètes*, I, ed. C. Troisfontaines, Paris, PUF, 1995; trad. italiana, *L'azione. Saggio di una critica della vita e di una scienza della prassi*, tr. S. Sorrentino, Milano, Edizioni Paoline, 1993.
BRENTANO, F., *Psychologie vom empirischen Standpunkt*, Wien 1874 = *Von der Klassifikation der psychischen Phänomene*, Leipzig 1911; trad. italiana, *La classificazione delle attività psichiche*, tr. M. Puglisi, Lanciano, 1922.
BROCHARD, V., *Les sceptiques grecs*, Paris, Vrin, 1923.
CHISHOLM, R.M., *Theory of Knowledge*, New York, Prentice Hall, 1966.
CHOMSKY, N., *Language and Mind*, New York, Harecourt, 1968.
COLOMBO, A., «Sensazione», in *Enciclopedia Filosofica del Centro di Studi di Gallarate*, VII, Roma 1979[2], 592-598.

CORETH, E., *Metaphysik*, Innsbruck-Wien-München, Tirolia, 1980.
CROCE, B., *Estetica come scienza dell'espressione e linguistica generale. Teoria e storia*, ed. G. Galasso, Milano, Adelphi,1990.
DAL PRA, M., *Lo scetticismo greco*, I-II, Bari, Laterza, 1975^2.
DESCARTES, R., *Discours de la méthode*, in *Oeuvres de Descartes*, VI, ed. Ch. Adam – P. Tannery, Paris, Cerf, 1902; trad. italiana, *Discorso sul metodo*, in *Opere filosofiche*, I, tr. E. Lojacono, Torino, UTET, 1994.
———, *Meditationes de prima philosophia*, in *Oeuvres de Descartes*, VII, ed. Ch. Adam – P. Tannery, Paris, Cerf, 1904; trad. italiana, *Meditazioni metafisiche*, in *Opere filosofiche*, I, tr. E. Lojacono, Torino, UTET, 1994.
DEZZA, P., *Alle origini del neotomismo*, Milano, Bocca, 1940.
ECO, U., *Trattato di semiotica generale*, Milano, Bompiani, 1984^8.
GADAMER, H.G., *Wahrheit und Methode*, Tübingen, Mohr, 1965^2; trad. italiana, *Verità e metodo*, tr. G. Vattimo, Milano, Fabbri, 1972.
GATZEMEIER, M., *Theologie als Wissenschaft*, Stuttgart, Bad Cannstatt, 1974-75.
GIACON, C., «Astrazione. II. Nella tradizione aristotelico-tomista», in *Enciclopedia Filosofica del Centro di Studi di Gallarate*, I, Roma 1979^2, 536-541.
GÖDEL, K., *Über formal unentscheidbare Sätze der principia Mathematica und verwandter Systeme*, in *Collected Works*, ed. S. Fefeman, New York – Oxford, Clarendon, 1986-1995.
HABERMAS, J., *Erkenntnis und Interesse*, Frankfurt am Main, Suhrkamp, 1968; trad. italiana, *Conoscenza e interesse*, tr. G.E. Rusconi, Bari, Laterza, 1970.
HEIDEGGER, M., *Sein und Zeit*, Tübingen, Max Niemeyer, 1986; trad. italiana, *Essere e tempo*, tr. P. Chiodi, Torino, UTET, 1969.
HEGEL, G.W.F., *Encyclopädie der philosophischen Wissenschaften im Grundrisse*, in *Gesammelte Werke*, XX, Hamburg, Felix Meiner, 1992; trad. italiana, *Enciclopedia delle scienze filosofiche in compendio*, I-II, tr. B. Croce, Bari, Laterza, 1980^5.

———, *Die Phänomenologie des Geistes*, in *Gesammelte Werke*, IX, Hamburg, Felix Meiner, 1980; trad. italiana, *Fenomenologia dello spirito*, tr. E. De Negri, I-II, Firenze, La Nuova Italia, 1960.

———, *Religionsphilosophie*, in *Gesammelte Werke*, VII, Hamburg, Felix Meiner, 1987; trad. italiana, *Lezioni di filosofia della religione*, tr. E. Oberti e G. Borrusso, Bologna, Zanichelli, 1974.

HOENEN, P., *La théorie du jugement d'après St.Thomas d'Aquin*, Analecta Gregoriana 39, Roma, Editrice Pontificia Università Gregoriana, 1953.

HUBER, C., *Anamnesis bei Platon*, Pullacher philosophische Forschung 6, München, Verlag Berchmanskolleg, 1964.

———, «Der englische Empirismus als Bewusstseinsphilosophie», *Gregorianum* 58 (1977) 641-674.

———, «H. Pfeil, "Der Psychologimus im englischen Empirimus"», *Gregorianum* 59 (1978) 434-438.

———, «Il rapporto tra filosofia e scienza come problema filosofico», in *Teoria e metodo delle scienze*, ed. C. Huber, Roma, Editrice Pontificia Università Gregoriana, 1981, 11-44.

———, «Die Vollendung des englischen Empirismus als Bewusstseinsphilosophie», *Gregorianum* 59 (1978) 129-174.

———, «We Can Still Speak about God», *Gregorianum* 49 (1968) 667-693.

———, «Zeichen Gottes - Zeichen der Freiheit», in *Die Kirche*, ed. W. Sandfuchs, Würzburg, Echter, 1978, 11-24.

HUME, D., *An Inquiry Concerning Human Understanding*, in *The Philosophical Works*, IV, ed. T. Green and T. Grose, Aalen, Scientia reprint, 1964; trad. italiana, *Ricerche sull'intelletto umano e sui principi della morale*, tr. M. dal Pra, I-II, Bari, Laterza, 1978.

IGNAZIO DI LOYOLA, *Exercitia spiritualia S. Ignatii de Loyola et eorum directoria*, ed. J. Calveras – C. de Dalmases, MHSI 100, Romae, Institutum Historicum Societatis Iesu, 1969.

KANT, I., *Kritik der reinen Vernunft*, Hamburg, Felix Meiner, 1956; trad. italiana, *Critica della ragion pura*, tr. G. Gentile – G. Lombardo-Radice – V. Mathieu, Bari, Laterza, 1977[6].

LEIBNIZ, G.W., *Nouveaux essais sur l'entendement humain*, in *Philosophischen Schriften*, , V, ed. C.I. Gerhardt, Berlin 1882; trad. italiana, *Nuovi saggi sull'intelletto umano*, in *Scritti filosofici*, I, tr. D. Omero Bianca, Torino, UTET, 1967.

———, *Principes de la Nature et de la Grace fondés en raison*, in *Philosophischen Schriften*, VI, ed. C.I. Gerhardt, Berlin 1885; trad. italiana, *Principi della natura e della Grazia fondati sulla ragione*, *Scritti filosofici e lettere*, tr. V. Mathieu, Bari, Laterza, 1963.

LIBERATORE, M., *La conoscenza intellettuale*, I-II, Roma 1857-58.

LOCKE, J., *An Essay concerning Human Understanding*, in *The Works of J. Locke*, I-II, Aalen, Scientia reprint, 1963; trad. italiana, *Saggio sull'intelligenza umana*, I-II, tr. C. Pellizzi, Bari, Laterza, 1988.

LONERGAN, B.J.F., *Insight. A Study of Human Understanding*, London, Darton Longman and Todd LTD, 1957.

LORENZ, K., *Elemente der Sprachkritik*, Frankfurt am Main, Suhrkamp, 1970.

LORENZEN, P., *Konstruktive Wissenschaftstheorie*, Frankfurt am Main, Suhrkamp, 1974.

MARÉCHAL, J., *Le point de départ de la métaphysique*, I-V, Paris, Desclée de Brouwer, 1927-1949.

———, *Au seuil de la métaphysique: abstraction ou intuition*, in *Revue de neoscolastique* (1929) 27-52. 121-147. 309-342.

MARITAIN, J., *Distinguer pour unir. Les degres du savoir*, Paris, Desclée de Brouwer, 1932; trad. italiana, *Distinguere per unire. I gradi del sapere*, Brescia, Morcelliana, 1981.

MARX, K., *Das Kapital. Kritik der politischen Oekonomie*, I-III, Hamburg, Meissner, 1885-1894; trad. italiana, *Il Capitale*, I-III, tr. D. Cantimori – R. Panzieri – M.L. Boggeri, Roma, Editori Riuniti, 1970.

MERLEAU-PONTY, M., *Phénoménologie de la perception*, Paris, Gallimard, 1945; trad. italiana, *Fenomenologia della percezione*, tr. A. Bonomi, Milano, Il Saggiatore, 1968.
MOORE, G.E., *The Commonplacebook*, London, Allen, 1962.
NESTLE, W., *Vom Mythos zum Logos*, Stuttgart 1940.
MORANDINI, F., *Critica*, Roma, Editrice Pontificia Università Gregoriana, 1963[5].
NEWMAN, J.H., *An Essay in Aid of a Grammar of Assent*, ed. I.T. Ker, Oxford, Clarendon, 1985.
NICCOLÒ CUSANO, *De docta ignorantia*, in *Opera omnia*, I, ed. I. Koch et C. Bormann, Hamburg, Felix Meiner, 1970; trad. italiana, *Dotta ignoranza*, in *Opere filosofiche*, tr. G. Federici Vescovini, Torino, UTET, 1972.
PASSMORE, J., *Philosophical Reasoning*, London, Duckworth, 1961.
PLATONE, *Platonis Opera*, I-V, ed. J. Burnet, Oxonii, Scriptorum Classicorum Bibliotheca Oxoniensis, 1901-1905; trad. italiana, *Opere complete*, I-IX, Bari, Laterza, 1971.
POLE, D., *The later Philosophy of Wittgenstein*, London, Athlone, 1958.
POPKIN, R., *The History of Scepticisme from Erasmus to Spinoza*, Berkley, University of California press, 1964.
POPPER, K., *La ricerca non ha fine. Autobiografia intellettuale*, tr. D. Antiseri, Roma, Armando, 1972; orig., «Autobiography of Karl Popper», in *The philosophy of Karl Popper*, I, ed. P.A. Schilpp, The Library of Living Philosophers 14, La Salle Illinois, The Open Court Publisching Company, 1974.
─────, *Logik der Forschung*, Tübingen, Mohr, 1982[6]; trad. italiana, *Logica della scoperta scientifica*, tr. M. Trinchero, Torino, Einaudi, 1978.
RICHTER, R., *Der Skeptizismus in der Philosophie*, Leipzig 1904-08.
ROSENZWEIG, F., *Der Stern der Erlösung*, Haag, Nijhoff, 1976; trad. italiana, *La stella della redenzione*, tr. G. Bonola, Casale Monferrato, Marietti, 1985.
RUSSEL, B., *The Analysis of Mind*, London, Macmillan, 1932; trad. italiana, *Analisi della mente*, tr. J. Sanders – L. Breccia, Roma, Newton Compton, 1969.

Ryle, G., *The Concept of Mind*, London, Hutchinson, 1945; trad. italiana, *Lo spirito come comportamento*, tr. F. Rossi Landi, Torino, Einaudi, 1955.
de Saussure, F., *Cours de linguistique générale*, ed. T. de Mauro, Paris, Payot, 1972; trad. italiana, *Corso di linguistica generale*, ed. T. de Mauro, Bari, Laterza, 1967.
Scettici antichi, ed. A. Russo, Torino, UTET, 1978.
Scheler, M., *Der Formalismus in der Ethik und die materiale Wertethik*, Halle, Niemeyer, 1921; trad. italiana, *Il formalismo nell'etica e l'etica materiale dei valori*, tr. G. Alliney, Milano, Bocca, 1941.

————, *Die Wissenformen und die Gesellschaft*, Leipzig, 1926 = *Gesammelte Werke*, VIII, ed. M. Scheler, Bern – München, Franke Verlag, 1960².
Schwemmer, O., *Philosophie der Praxis. Versuch zur Grundlegung einer Lehre vom moralischen Argumentieren*, Frankfurt am Main, Suhrkamp, 1971.
Selvaggi, F., *Filosofia del mondo*, Roma, Università Gregoriana Editrice, 1985.
Sesto Empirico, *Ipotiposeon Pyrronianon*, in *Sexti Empirici Opera*, I, ed. H. Mutschmann, Lipsiae, Teubneri, 1912; trad. italiana, *Schizzi pirroniani*, Bari, Laterza, 1988.
The skeptical Tradition, ed. M.F. Burnyeat, Berkley, University of California Press, 1983.
Stegmüller, W., *Metaphysik, Wissenschaft, Skepsis*, Wien 1954.
Teoria e metodo delle scienze, ed. C. Huber, Roma, Editrice Pontificia Università Gregoriana, 1981.
Teresa de Jesus, *Vejamen*, in *Obras completas*, II, BAC 120, Madrid 1954.
Tommaso d'Aquino, *De unitate intellectus contra Averroistas*, in *Opuscola philosophica*, ed. R.M. Spiazzi, Torino, Marietti, 1954.

————, *De veritate*, in *Quaestiones disputatae*, I, ed. R.M. Spiazzi, Torino, Marietti, 1953⁹; trad. italiana, *La verità*, in *Le questioni disputate*, I-III, Bologna, Ed. Studio Domenicano, 1992.

————, *Quaestio disputata de Anima*, in *Quaestiones disputatae*, II, ed. P. Bazzi, Torino, Marietti, 1953⁹.

WITTGENSTEIN, L., *Philosophische Bemerkungen*, ed. R. Rhees, Frankfurt am Main – Oxford, Suhrkamp – Blackwell, 1964; trad. italiana, *Osservazioni filosofiche*, tr. M. Rosso, Torino, Einaudi, 1976.

———, *Philosophische Untersuchungen*, ed. R. Rhees – G.E.M. Anscombe, Oxford, Basil Blackwel, 1953; trad. italiana, *Ricerche filosofiche*, tr. M. Trinchero, Torino, Einaudi, 1967.

———, *Tractatus logico-philosophicus*, London, Kegan Paul, Trench, Trubner & Co., 1922 = *Logisch-philosophische Abhandlung. Tractatus logico-philosophicus*, ed. B. McGuinness – J. Schulte, Frankfurt am Main, Suhrkamp, 1989; trad. italiana, *Tractatus logico-philosophicus*, tr. A.G. Conte, Torino, Einaudi, 1989.

———, *Über Gewißheit. On Certainty*, ed. G.E.M. Anscombe – G. Henrik von Wright, Frankfurt am Main – Oxford, Suhrkamp – Blackwell, 1969; trad. italiana, *Della Certezza*, tr. M. Trinchero, Torino, Einaudi, 1978.

Indice

Parte prima:
IL PROBLEMA DEL SAPERE

Introduzione

Capitolo I
LA QUESTIONE DELLA VALIDITÀ DEL SAPERE UMANO

1. La formazione del problema
2. L'origine del problema
3. L'importanza del problema
4. I nomi del trattato filosofico sul sapere
5. Bibliografia ragionata

Capitolo II
IL SIGNIFICATO DEL PROBLEMA DEL SAPERE

1. L'esposizione dello schema
2. Applicazione dello schema per la determinazione del significato della questione sulla validità del sapere umano
3. La radicalizzazione dello schema
4. La critica della rappresentazione schematica che ci facciamo spontaneamente del sapere umano
5. Il valore della rappresentazione schematica del sapere
6. L'articolazione della questione sulla validità del sapere umano e la conseguente divisione del nostro trattato
7. Bibliografia ragionata

Capitolo III
IL SIGNIFICATO DEL TERMINE *SAPERE* E IL SUO CAMPO LINGUISTICO

1. Il problema
2. Il concetto linguistico di *sapere*

3. Spunti per un'analisi linguistica del termine *conoscere*
4. Il significato dei termini *vero* e *verità*
5. Conclusione
6. Bibliografia ragionata

CAPITOLO IV
IL CARATTERE FILOSOFICO DEL PROBLEMA
DELLA VALIDITÀ DEL SAPERE UMANO

1. Lo sviluppo storico del problema della validità del sapere umano
2. L'aspetto filosofico del problema della validità del sapere umano
3. Le caratteristiche di filosoficità del problema della validità del sapere umano, in quanto opposte a quelle di un problema scientifico
4. La specificità filosofica del problema del sapere in quanto esso costituisce una disciplina speciale
5. Bibliografia ragionata

PARTE SECONDA
LA VALIDITA' DEL SAPERE

INTRODUZIONE

CAPITOLO V
LA VALIDITÀ DEL SAPERE UMANO
CONTRO LO SCETTICISMO

1. La tesi della soluzione del problema del sapere
2. Lo scetticismo
3. Il rifiuto dello scetticismo come autoaffermazione del sapere umano nella sua validità
4. La ragione fondamentale dell'irrefutabilità, anzi, dell'autoaffermazione del sapere e della contraddittorietà dello scetticismo universale
5. Bibliografia ragionata

Capitolo VI
CONCLUSIONE SPECULATIVA DELLA PARTE SECONDA: L'ASSOLUTEZZA DEL SAPERE

1. La validità del sapere è assoluta
2. Conseguenze della validità assoluta del sapere umano
3. Il sapere assolutamente valido è il sapere tipicamente umano

PARTE TERZA
LA VALIDITA' DEL SAPERE PER LA REALTA'

INTRODUZIONE

Capitolo VII
LA RELAZIONE DELL'OGGETTO AL SAPERE: LA COSCIENZA

1. Il fatto della coscienza del sapere
2. Gradi di coscienza
3. Il livello di coscienza del sapere
4. La riflessività del sapere
5. Bibliografia ragionata

Capitolo VIII
LA RELAZIONE DEL SAPERE ALL'OGGETTO: L'INTENZIONALITÀ

1. Il fatto dell'intenzionalità del sapere
2. Tipi e gradi di intenzionalità
3. Il sapere umano con tutti i suoi elementi oggettivi come *istituzione*
4. Bibliografia ragionata

Capitolo IX
L'IMMEDIATEZZA DEL SAPERE: LA CONFUTAZIONE DELLE TEORIE RAPPRESENTAZIONISTICHE

1. Il problema
2. Origine storica

3. Ragioni che si portano a favore della *teoria dell'immagine (picture theory)* della conoscenza e di ogni teoria rappresentazionistica
4. Ragioni contro la teoria rappresentazionistica
5. Conclusione
6. Bibliografia ragionata

Capitolo X
LA VALIDITÀ OGGETTIVA DEL SAPERE UMANO CONTRO IL SOGGETTIVISMO

1. Spiegazione della tesi sul soggettivismo
2. Ogni forma di soggettivismo universale rispetto al sapere umano è contraddittoria
3. Ammettiamo la soggettività della percezione sensibile
4. Il giudizio sulla percezione, cioè la proposizione che esprime una tale percezione, è oggettivamente valido
5. Anche per altri campi determinati è da ammettere la validità oggettiva dei rispettivi giudizi
6. Bibliografia ragionata

Capitolo XI
LA VALIDITÀ REALISTICA DEL SAPERE UMANO CONTRO L'IDEALISMO TRASCENDENTALE KANTIANO

1. Spiegazione della tesi
2. Soluzione del problema
3. Bibliografia ragionata

Parte quarta
LA STRUTTURA DEL SAPERE UMANO

Introduzione

Capitolo XII
LA RELAZIONALITÀ STRUTTURALE DEL LINGUAGGIO CONTRO L'ATOMISMO LOGICO

1. Un'espressione linguistica è significativa in quanto non è semplice ma complessa

2. Un'espressione linguistica è significativa solo in relazione ad altre espressioni linguistiche sia attuali che potenziali
3. Le parole e le frasi sono significative in quanto appartengono a una determinata lingua
4. Le parole e le frasi sono significative in quanto fanno capo a diversi «giochi linguistici», cioè a diversi modi di parlare
5. La lingua e il rispettivo gioco linguistico determinano a priori il significato delle espressioni linguistiche
6. L'orizzonte del parlare umano non è limitato ma aperto
7. Bibliografia ragionata

Capitolo XIII
LA RELAZIONALITÀ STRUTTURALE DEL PENSIERO UMANO CONTRO L'ATOMISMO EPISTEMOLOGICO

1. Il pensiero ha un contenuto e si riferisce intenzionalmente alla realtà in quanto non è semplice ma composto
2. Il pensiero ha un contenuto e si riferisce intenzionalmente alla realtà in quanto è relato ad altro pensiero: non esiste pensiero isolato e separato
3. Il pensiero ha un contenuto e si riferisce intenzionalmente alla realtà in quanto si svolge in diversi orizzonti
4. La struttura dell'orizzonte rispettivo determina a priori il pensiero che si svolge in esso, precisamente quanto al suo contenuto e alla sua relazione intenzionale alla realtà
5. Ogni pensiero, finalmente, si svolge in un orizzonte ultimo, comune, analogo e non limitato ma illimitatamente aperto
6. Bibliografia ragionata

Capitolo XIV
LA RELAZIONALITÀ DEL SAPERE UMANO CONTRO L'ATOMISMO LOGICO

1. Il sapere umano è valido per la realtà in quanto costituisce una struttura aperta
2. La verità delle proposizioni si realizza solo all'interno della struttura aperta della logica
3. Il ragionamento costituisce esso stesso una struttura aperta
4. Bibliografia ragionata

Capitolo XV
LA STRUTTURALITÀ SVILUPPATA DEL SAPERE UMANO: IL SAPERE COME SCIENZA

1. Il significato di *scienza*
2. L'origine della scienza
3. La validità della scienza
4. I limiti della logicità del sapere umano
5. Bibliografia ragionata

Capitolo XVI
LA STRUTTURALITÀ FORMALE DELLA CONOSCENZA INTELLETTIVA UMANA: I COSIDDETTI «PRINCIPI DEL PENSARE»

1. Il principio di non contraddizione
2. Gli altri principi del pensare
3. Bibliografia ragionata

Capitolo XVII
LA VERITÀ ASSOLUTA DEL SAPERE UMANO CONTRO IL RELATIVISMO

1. La verità non è una relazione sistematica
2. La verità proposizionale si riferisce all'orizzonte ultimo del sapere che non è limitato
3. Il relativismo rispetto alla verità si contraddice
4. Bibliografia ragionata

Parte quinta
LA DINAMICA DEL SAPERE UMANO

Introduzione

Capitolo XVIII
IL SAPERE UMANO È UN PROCESSO DINAMICO

1. La realtà del sapere umano
2. La formazione del sapere umano

3. Il sapere umano, in quanto avviene sempre in un determinato orizzonte, specialmente in quello ultimo, comune e aperto, non ha inizio
4. Bibliografia ragionata

Capitolo XIX
LA RELAZIONALITÀ STRUTTURALE DELLA PERCEZIONE SENSIBILE

1. La percezione sensibile umana è conscia in quanto costituisce una struttura relazionale
2. La percezione sensibile umana in quanto ordinata verso il sapere umano
3. Bibliografia ragionata

Capitolo XX
LA DIPENDENZA E LA TRASCENDENZA DEL SAPERE UMANO DALLA PERCEZIONE SENSIBILE

1. Il problema della relazione fra intelletto e sensibilità
2. Tutto il sapere umano è acquisito
3. La posizione empirista è contraddittoria
4. Il sapere non è riducibile alla percezione sensibile né per la sua verità né per i suoi contenuti
5. La dipendenza del sapere dall'esperienza non è semplice e lineare, ma molteplice e complessa
6. Esperienza, simbolo, concetto
7. Bibliografia ragionata

Capitolo XXI
LA NATURA E IL VALORE DEI TERMINI UNIVERSALI E IL PROBLEMA DELL'ASTRAZIONE

1. Il problema degli universali
2. Le posizioni
3. Il valore oggettivo e realistico del sapere umano non esclude una posizione nominalista
4. I termini universali non sono contenuti ma funzioni schematiche di azioni umane intelligenti

5. Il valore dei termini universali consiste nel loro essere funzioni schematiche di azioni umane intelligenti oggettivizzanti del sapere umano oggettivo e realistico
6. La formazione dei concetti universali avviene attraverso un processo di socializzazione intelligente, apprendendo la capacità di ripetere azioni e così imparando una lingua
7. Il processo di apprendimento linguistico è ben spiegato dalla teoria dell'astrazione aristotelica
8. La nostra posizione sul problema degli universali porta a conseguenze filosofiche importanti
9. Bibliografia ragionata

CAPITOLO XXII
LA TRASCENDENZA E I LIMITI DEL SAPERE UMANO

1. La trascendenza del sapere
2. I limiti del sapere umano
3. La dialettica fra la trascendenza e la finitudine del sapere umano costituisce il fondamento della metafisica e l'apertura alla conoscenza di Dio trascendente
4. Bibliografia ragionata

Indice Tesi

Tesi I
Per la conoscenza umana si pone un problema radicale, che consiste nella questione: il sapere umano è valido?

Tesi II
La validità del sapere consiste nella relazione noetica di adeguazione sulla validità (corrispondenza) del contenuto (noema) all'oggetto del sapere.

Tesi III
La rappresentazione schematica del sapere umano, se portata all'estremo, implica conseguenze assurde (il *parallelismo noetico* e il *problema del ponte*); ciononostante, è utile per la comprensione del problema della validità del sapere e della sua storia.

Tesi IV
Sapere significa «essere capace di fare proposizioni vere e di dare valide ragioni per esse».

Tesi V
Il termine *conoscenza*, in senso generico, è usato in molti sensi e non può facilmente essere ridotto a un unico senso.

Tesi VI
Una proposizione si dice vera se ciò che dice corrisponde alla realtà. Si dice falsa se ciò che dice non corrisponde alla verità.

Tesi VII
Il problema della validità del sapere umano è un problema non scientifico ma filosofico.

Tesi VIII
Il sapere umano è valido

Tesi IX
La validità del sapere è assoluta e autofondante.

Tesi X
Il sapere implica coscienza.

Tesi XI
Il sapere implica la coscienza piena.

Tesi XII
Il sapere implica una riflessione su se stesso e sul soggetto.

Tesi XIII
Il sapere umano è intenzionale.

Tesi XIV
Il sapere umano gode di una intenzionalità istituzionale

Tesi XV
Le teorie rappresentazionistiche non spiegano il sapere umano, ma lo rendono impossibile e sono intrinsecamente contraddittorie. La conoscenza e specialmente il sapere umano si riferiscono immediatamente e per se stessi all'oggetto da essi distinto.

Tesi XVI
Ogni forma di soggettivismo universale rispetto al sapere umano è contraddittorio. In diversi campi la conoscenza umana si realizza come sapere oggettivo; per essi, perciò, è da respingere anche il rispettivo soggettivismo particolare. Le forme di conoscenza umana preoggettiva, specialmente quelle percettivo-sensitive, invece sono soggettive.

Tesi XVII
Il sapere umano coglie la realtà com'è assolutamente in sé.

Tesi XVIII
Le espressioni linguistiche hanno un significato in quanto appartengono alla struttura aperta del linguaggio.

Tesi XIX
Il pensiero ha un contenuto e si riferisce intenzionalmente alla realtà in quanto appartiene a una struttura aperta.

Tesi XX
Il sapere umano è valido per la realtà in quanto costituisce una struttura aperta

Tesi XXI
Il sapere scientifico in genere è valido; la sua validità e la sua razionalità dipendono da quella del sapere comune, non-scientifico.

Tesi XXII
Il principio di non contraddizione esprime in maniera formalissima la relazionalità strutturale del parlare, pensare e sapere umano: esso vale, perciò, non solo per il parlare e pensare umano, ma per la realtà stessa.

Tesi XXIII
Il sapere umano è vero in senso assoluto.

Tesi XXIV
Il sapere umano è una proprietà reale del soggetto umano.

Tesi XXV
Il sapere implica un processo formativo reale del soggetto umano.

Tesi XXVI
La percezione sensibile umana è conscia in quanto costituisce una struttura relazionale; come tale è ordinata al sapere umano.

Tesi XXVII
Tutto il sapere umano è acquisito ma non è riducibile alla percezione sensibile. La dipendenza del sapere dall'esperienza non è semplice ma complessa.

Tesi XXVIII
Il valore dei termini universali per il sapere umano viene meglio spiegato dalla posizione nominalista.

Tesi XXIX
La trascendenza e la finitudine del sapere umano costituiscono il fondamento di una possibile metafisica e apertura alla conoscenza di Dio.

INDICE BIBLIOGRAFICO

INDICE

INDICE TESI

Finito di stampare
nel mese di aprile 2001

presso la tipografia
"Giovanni Olivieri" di E. Montefoschi
00187 Roma - Via dell'Archetto, 10,11,12